当代翻译跨学科研究文库

本书获得上海工程技术大学"学术著作出版专项"资助

应用文体翻译研究

刘金龙◎著

U0366649

On Pragmatic
Translation

上海交通大学出版社
SHANGHAI JIAO TONG UNIVERSITY PRESS

内容提要

本书主要聚焦应用文体翻译研究，通过对应用翻译进行定义，阐述应用翻译的基本特征，指出应用翻译研究中的几个方向；然后对旅游翻译、科技翻译和新闻翻译等应用文体进行专题研究，以期让读者了解应用文体的翻译特征。本书可供从事应用翻译的教师、科研工作者和相关从业人员参考使用。

图书在版编目（CIP）数据

应用文体翻译研究 / 刘金龙著. − 上海 ：上海交通大学出版社，2023.3
（当代翻译跨学科研究文库）
ISBN 978 - 7 - 313 - 26787 - 0

Ⅰ.①应… Ⅱ.①刘… Ⅲ.①应用文−翻译−研究 Ⅳ.①H059

中国版本图书馆 CIP 数据核字(2022)第 072590 号

应用文体翻译研究
YINGYONG WENTI FANYI YANJIU

....

著　　者：刘金龙
出版发行：上海交通大学出版社　　　　地　　址：上海市番禺路 951 号
邮政编码：200030　　　　　　　　　　电　　话：021 - 64071208
印　　刷：上海新华印刷有限公司　　　经　　销：全国新华书店
开　　本：710mm×1000mm　1/16　　印　　张：14
字　　数：258 千字
版　　次：2023 年 3 月第 1 版　　　　　印　　次：2023 年 3 月第 1 次印刷
书　　号：ISBN 978 - 7 - 313 - 26787 - 0
定　　价：68.00 元

F 前 言
Foreword

在全球化语境下,应用翻译异军突起。随着综合实力的日益增强,我国参与全球治理的程度日益加深,应用翻译在我国经济、政治、文化、外交等各个领域发挥的作用愈发重要。

谢天振教授曾在《中西翻译简史》一书中根据历史上主流翻译对象的变化,结合人类对翻译活动认识的发展以及翻译在各历史阶段社会中所占据的地位和产生的影响,尝试把中西翻译发展史划分为三个阶段:一是以宗教文献为主要翻译对象的宗教翻译阶段;二是以文学(也包括一定的社科)经典名著为主要翻译对象的文学翻译阶段;三是以实用文献为主要翻译对象的非文学翻译阶段。其中,第三阶段的实用文献翻译把翻译带入了职业翻译时代,为传统的翻译理念注入了不同于建立在宗教文献翻译和文学翻译基础上的翻译新理念,同时也促进了当代翻译事业的进一步繁荣(谢天振,2010:19)。这里的实用文献翻译即指应用翻译,也被称为非文学翻译。

近年来,无论是应用翻译实践,还是应用翻译(理论)研究,都得到了长足发展。在应用翻译实践方面,据《2020 中国语言服务行业发展报告》,全球语言服务产值保持了良好的持续增长势头,2019 年总产值为 496 亿美元,相比 2018 年增速达6.62%,增长 30.8 亿美元。此外,位列全球前 100 的语言服务企业增速达 20.08%,全球语言服务行业在过去 11 年的平均年增长率为7.76%。而在 2019 年,中国含有语言服务的在营企业 403,095 家,语言服务为主营业务的在营企业 8,928 家,总产值为 384 亿元,年增长 3.2%。实际上,语言服务行业中几乎全部为应用翻译。由此观之,应用翻译活动贯穿于涉外经济活动的始终,成为社会和经济发展中不可或缺的重要推动力量,并成为一个新兴的文化产业和知识产业。任何翻译实践都离不开理论方法的指导,应用翻译也不应仅仅停留在"技"的层面,而忽视"道"的作用,理想的状态是"技"与"道"的融通。

实用文献翻译的繁荣,也带动了对非文学翻译的理论研究,并对建立在宗教典籍翻译和文学翻译基础上的传统译论带来一定的冲击。但由于我国的实用文献翻译的繁荣比西方晚了将近 30 年，其翻译研究还不太成熟，较多著作关注的还是非文学翻译的史料整理与技巧介绍，而鲜有创新性的理论突破。因此，如何构建符合新世纪翻译发展现实的翻译理论，也是摆在我国广大翻译研究者和教学工作者面前的一项重要课题。（谢天振等，2010：42）

实际上，以方梦之教授为代表的不少学者敏锐地观察到应用翻译理论与实践的关系，提出应用翻译（理论）研究迫在眉睫，并于 2003 年倡导并发起了首届全国应用翻译研讨会。2003 年 9 月 18—21 日，中国翻译工作者协会和上海大学外国语学院联合主办了这次会议。这是一次论题相对集中的高质量学术会议。时任中国译协常务副会长的林戊荪先生在开幕词中高瞻远瞩地指出，这次会议是一个里程碑，标志着我国应用翻译研究开始深入研究。结果不出他所料，应用翻译研究回应社会需要，逐年有所进展。"从 2003 年至 2019 年的 17 年间，8 次会议一步一个台阶，结合我国国情，把应用翻译研究从泛泛的理论探讨和实践经验总结推向建构理论体系、改善翻译教学和促进语言服务之道，提升了理论研究和实践研究的高度。"（方梦之，2019：前言）

目前，在应用翻译（理论）研究方面，众多学术论文相继发表，一些标志性学术著作陆续出版，如贾文波的《应用翻译功能论》（中国对外翻译出版公司，2004）、张沉香的《功能目的理论与应用翻译研究》（湖南师范大学出版社，2008）、方梦之的《应用翻译研究：原理、策略与技巧》（上海外语教育出版社，2013；2019 年修订版）、陈建平等的《应用翻译研究》（苏州大学出版社，2013）、黄忠廉、方梦之和李亚舒等著的《应用翻译学》（国防工业出版社，2013）、吕和发和李巍的《应用创意翻译研究》（国防工业出版社，2014）、喻珊的《多元化视角的现代应用翻译理论研究与实践》（中国水利水电出版社，2018）等。此外，一些书名中未出现"应用翻译"字眼但内容却是研究应用翻译的著作，数量也不在少数。随之，我国第一个以"应用翻译"立名的译学丛书"应用翻译理论与教学文库"诞生，顺应了译事的发展和学科的成长。方梦之教授是我国应用翻译研究的领军人物，他曾对我国的应用翻译历史与现状进行了综述研究，从多个维度深入系统地钩沉了我国应用翻译的历史脉络，展现了其发展现状。首先，方梦之回顾了应用翻译历史，概述了历代的科学翻译、民国时期的应用翻译和 1949 年后（分为 1949—1966 年、1966—1976 年和 1978 年后三个阶段）的应用翻译情况。其次，他论述了翻译与我国近代科学的关系，主要是从西学的本土化和应用翻译的影响两方面展开。再次，他回顾了当代应用翻译研究的情况，主要从创办学刊、交流学术、发表论著和研究理路等四个方面回顾了近 40 年来应用翻译的研究发展状况。最后，他阐述了新时期的翻译情况，包括翻译教学的层次、翻译教学的发展和翻译教学的方法三个方面。经过系统的文献耙梳和严谨的分析后，他指出：

　　古代的科学翻译随佛经翻译夹带而来，间或有之，零星分散，不成规模；直至明末清初，有识之士始有醒悟，促成西学东渐。及至清末民初各地陆续出现专业翻译机构，有组织、有计划的科技翻译才逐渐开始。到了民国，更有不少负笈重洋、学成归国的学子加入翻译队伍，翻译门类和翻译量远超历史，形成真正意义上的翻译事业。解放后翻译事业虽有起落，但更趋向好，规模空前。（方梦之，2019：350）

方梦之的总结是准确的、到位的，他的系统梳理无疑让我们对我国应用翻译的历史与现状有了清晰的认识，也为我国的应用翻译研究指明了方向。

　　笔者与应用翻译研究的结缘始于 2003 年在上海大学召开的首届全国应用翻译研讨会。当时，笔者还是上海大学外国语学院的在读研究生，颇有近水楼台之感，有幸参会并聆听各位专家的高论。这是笔者人生第一次参加翻译学术研讨会，这次参会不仅开阔了笔者的学术视野，也让笔者萌生了从事应用翻译研究的念头。

　　笔者参加工作后，致力于应用翻译研究，申请的第一个项目为上海高校选拔培养优秀青年教师科研专项基金项目"应用翻译理论与批评研究"，侧重于应用翻译理论和旅游文本翻译研究；后来，又对新闻文本、科技文本和商务文本的翻译产生浓厚兴趣，并对其进行了持续深入研究，直到如今。近年来，随着教学和学科建设的需要，尽管笔者的研究兴趣有所扩展，但应用翻译仍然是笔者的一个主要研究方向和领域，兴趣和热忱不减。

　　鉴于此，笔者不揣浅陋，根据自己多年积累的教学资料，结合应用翻译教学、应用翻译实践与研究成果，独立完成了本书的撰写工作。一方面，该书是对已有研究进行一番阶段性的梳理总结，进一步明确笔者应用翻译的后续研究；另一方面也希望就笔者在应用翻译研究领域所取得的一点成绩与读者进行分享，让读者对应用翻译有个更加深入的了解。

　　本著作主体内容包括"应用翻译概述""科技文体翻译""旅游文体翻译"和"新闻文体翻译"。本书聚焦科技、新闻和旅游三种常用且非常重要的应用文体文本，摒弃对其翻译进行方方面面的研究思路和视角，而是针对当前翻译研究中存在的问题或薄弱环节，针对这三种应用文体的文本特征，取英汉对比、美学和修辞研究视角，有针对性地探讨了科技、新闻和旅游三种应用文体翻译研究中的新思路和新方法。本书在探讨应用文体时论及翻译，在研究翻译时论及文体，注意吸收相关领域国内外的最新研究成果。理论阐述与例证分析紧密结合，既考虑到面又照顾到点，点面结合，使整个研究系统深入。该研究思路和方法将使应用文体翻译研究日臻完善，有助于提高译者的翻译能力和译作的翻译质量；同时，也对应用翻译人才培养具有指导作用。本书适合高等院校翻译专业和英语专业的本科生和研究生使用，也可供对应用文体翻译实践与理论研究感兴趣的研究者和读者使用。

值本书付梓之际，笔者首先要向各位关心本书的良师益友表示感谢。应用文体翻译研究少不了使用很多鲜活的例证，为了夯实书稿内容，笔者在书稿撰写过程中参考了国内外有关报刊书籍的资料，引用了学界不少专家学者的真知灼见，凡此种种，笔者要向原作者表示衷心感谢。其次，要感谢方梦之、李亚舒、傅敬民、黄忠廉、范武邱等教授，他们不仅引领笔者走上应用翻译研究之路，而且一路提携和点拨，这让笔者永怀感激、终身受益。在应用翻译研究的道路上，除了以上提到的几位教授外，还有很多良师益友也曾给予过笔者很多热情的帮助。一些学术期刊如《中国翻译》《中国科技翻译》《上海翻译》《山东外语教学》《西安外国语大学学报》《民族翻译》《外语与翻译》等，也曾发表了笔者的相关学术研究成果，在此一并致以诚挚的谢意。再次，要感谢上海工程技术大学各级领导、外国语学院领导一直以来对笔者学术上的栽培，以及工作和生活上的帮助和关怀，让笔者在工作之余有更多的精力投入学术研究之中。最后，还要感谢上海交通大学出版社编辑信艳女士的鼎力支持和默默奉献，才使本书能及时与读者见面。当然，也要感谢我的家人对我的鼎力支持。

书中错漏不当指出，恳请学界同仁和广大读者不吝指正。

刘金龙

上海工程技术大学

2022 年 6 月

C 目 录
ONTENTS

第 1 章

应用翻译概述

近年来,随着全球化进一步深化,经济、政治、法律、文化、体育、卫生等各领域对相关专业的翻译需求在快速增长,翻译的范围也日渐扩大,应用翻译得到了前所未有的大发展。"各类应用文体的翻译有较大需求量,如经贸翻译,包括协议、合同等法律文件和商业书信等的翻译;各种行业技术资料的翻译,如工程说明书、使用说明书、产品宣传材料、工作手册、咨询调查报告、财务计划、物流调度计划等的翻译。"(张沉香,2008:29)也就是说,现代的翻译研究大大突破了传统意义上的文学翻译研究领域,翻译实践日趋多元化,各类应用翻译逐渐成为翻译实践中的主流,"据有关方面统计,如今,译者中单纯从事文学翻译的只占 4%,绝大部分译者面对的是实用类翻译"(陈小慰,2006:前言 2 - 3)。然而,目前的应用翻译中还存在很多问题,需要加以研究。

1.1 定义与特征

1.1.1 应用翻译的定义

应用翻译之"实"早已存在,但应用翻译之"名"尚未明确。或者说,学界对何谓应用翻译,见仁见智。一些学者在发表的学术论文中,常冠以"实用翻译""实用性文章""实用文本翻译""应用文翻译""实用英语翻译""英语应用文体翻译""应用翻译""实用文体翻译"等名称,如林本椿的《漫谈汉英实用翻译》(1997)、郭建中的《实用性文章的翻译(上)》(2001)、周红民的《实用文本翻译三论》(2002)、郑秋芳的《应用文翻译的功能主义标准》(2004)、林克难和籍明文的《应用英语翻译呼唤理论指导》(2003)、方梦之的《我国的应用翻译:定位与学术研究——2003 全国应用翻译研讨会侧记》(2003)、张莲敏的《翻译教学中实用翻译对策浅议》(2003)、贾文波的《应用翻译功能论》(2004)、李国英的《英语应用文体翻译的美学思考》(2005)、王方路的《国内实用文体翻译研究综述》(2006),等等。从这些研究成果来看,学者们大多认为,所谓的应用翻译,其实就是"实用翻译",是"应用性文体翻译"的简称。林本椿(1997:58)认为实用翻译是和文学翻译相对而言的,"实用翻译,可以说是'nonliterary'translation,政府文书、外交公文、法律文件、科技信息、商务书信、旅游资料等方面的翻译基本上都是属于实用翻译。"林戊荪(2003:1)认为,所谓应用文体翻译,包括科技、经贸、法律、媒体、旅游、广告翻译等,以区别于文学、政治、外交、社科等翻译。贾文波(2004:1)认为,"应用翻译是一种以传递信息为主要目的、又注重信息传递效果的实用型翻译,它的最大特点是实用性强,应用面广,其范围几乎涵盖当今政治、经济、社会、文化生活的各个领域,大大不同于强调艺术审美与文学欣赏的文学翻译"。方梦之和毛忠明(2005:前言 1)则认为,"应用翻译,或称实用翻译,国外对它的提法为'practical translation','applied translation'或'pragmatic translation'"。应用文体翻译以传达信息为目的,同时考虑信息的传递效果。它区别于传达有较强情感意义和美学意义的文学翻译,其特点除了信息性之外,还有匿名性、劝导性、功利性等。应用文体的翻译内容几乎包括除文学及纯理论文本以外的人们日常接触和实际应用的各类文字,涉及对外宣传、社会生活、生产领域等多个领域。陈小慰(2006:前言 3)认为,"应用翻译"或"实用翻译"区别于传达有较强情感意义和美学意义的文学翻译。它涵盖了人们日常接触和实际应用的各类文字,涉及对外宣传和对外交往的方方面面,包括政论文章、法律文件、科技资料、商务信函、合同协议、新闻报道、公司简介、商标广告、产品简介、产品说明、个人简历、名片、画册文字、论文摘要、菜肴名称、公共标牌、旅游宣传资料,等等。

应用翻译是和带有较强感情意义和美学意义的文学翻译相对的,它们属于两种不同性质的翻译类型。然而,在涉及应用翻译所囊括的具体内容时,还存在一定的分歧。例如,韩子满(2005:49)认为:

> 应用翻译的范围其实比方梦之、林戊荪等学者规定的要宽,应包括文学翻译之外所有以信息传达为主的文本翻译。科技、法律、经贸等实用文本的翻译,以及各种应用文的翻译都属于应用翻译。纯理论文本和政治、社科、外交文本的翻译也是应用翻译,因为这些文

本同样也是以传达信息为主要目的。

由此可见,应用翻译范围更为宽泛,它不仅就文体而言的,还与翻译的目的密切相关。

实际上,应用翻译研究的范围比以上范围广泛得多。傅敬民和王一鸣(2017:2)基于方梦之凸显"务实"(pragmatic)及黄忠廉重在应用(applied)学理,认为根据不同的使用语境,应用翻译作为一个翻译研究中的重要术语,尤其作为应用翻译学的核心术语,它所指至少与三方面内容有关,具体为:一为实践层面的,即应用型文体(文本)翻译的活动、现象或事件,如法律翻译、公示语翻译等;二为理论层面的,即翻译理论在应用文体(文本)翻译活动、现象或事件中的应用,如法律翻译的性质、方法、策略与标准等;三为实用层面的,即涵盖与翻译有关的其他领域及学科的应用性翻译研究,如翻译教学、语料库翻译、翻译技术、本地化等。在他们看来,以上前两个层面与文学翻译形成对应,而第三个层面却涵盖了所有类型的翻译,即相关学科的应用性翻译研究。在此基础上,傅敬民(2019b:95)进一步阐述了其对应用翻译及其研究的认识,认为应用翻译不只是应用文体翻译研究和应用翻译理论研究,它的范畴还包括应用翻译实践的研究、应用翻译教学的研究以及与应用翻译相关的行业、学科等方面的研究,指出引用翻译研究是一个综合体,至少应该包括四个方面的研究内容:①应用翻译文体研究;②翻译理论的应用性研究;③应用型翻译问题研究;④应用翻译研究的元理论研究。

当今,应用翻译研究正在经历转型发展巨变,如研究内涵日益深化,研究范围不断扩展,研究方法更加多元化,学科交叉与融合更为明显,在翻译研究学科发展中呈现出前所未有的理论与实践意义。正因为此,傅敬民和喻旭东(2021:128 - 140)基于这一认识以及之前对应用翻译研究的阐述,对应用翻译研究的论述做了适当调适,认为应用翻译研究具有自洽的发展逻辑,植根于我国社会发展历史传统,形成了四个维度的研究范畴:应用文体翻译研究、应用型翻译问题研究、各种理论针对翻译的应用性研究及应用翻译研究的话语体系研究。由此观之,这大大拓展了应用翻译研究的范围。无论从理论上,还是从实践上,应用翻译都可以形成一个独立的研究体系。本书主要聚焦于应用翻译中的应用文体翻译研究。

1.1.2　应用翻译的特征

应用翻译作为翻译的一个重要组成部分,必定具有翻译的某些共性特征。

应用翻译是以传递文本信息为首要目的,注重信息传递的效果,并区别于着重传递有较强情感意义和美学意义的文学翻译。从文本类型划分角度来看,应用翻译可以划归到信息功能和感召功能(交际功能)两种功能文本范围之内。任何文本的交际功能都不是绝对单一的,往往是一个文本兼具几种不同、侧重点各异的功能(如宣传、指导、警示、鼓动、劝导、说教等),会出现功能重叠现象,故而有的应用翻译文本也常常带有文学渲染色彩,以达到宣传效果,如广告、旅游宣传资料等。方梦之(2019:58)认为:

> 应用文体翻译都有现实的甚至功利的目的,要求译文达到预期的功能。目的和功能是应用文体翻译的依据和依归。翻译的功能目的论认为,原文和译文是两种独立的具有不同价值的文本,各有不同的目的和功能,作者通过源语文本提供信息,译者则将源语的语言和文化信息有条件地传递给目的语的接受者。至于译者对源语文本信息的选择、翻译策略的运用以及译文的表现形式,则取决于翻译委托人和译本接受者的需要和愿望。

以下以旅游宣传资料翻译为例。

> 原文:这里三千座奇峰拔地而起,形态各异,有的似玉柱神鞭,立地顶天;有的像铜墙铁壁,巍然屹立;有的如晃板垒卵,摇摇欲坠;有的若盆景古董,玲珑剔透……神奇而真实,迷离而又实在,不是艺术创造胜似艺术创造,令人叹为观止。——《武陵源风景》
>
> 译文1:3000 crags rise in various shapes. They are like whips or pillars propping up the sky; or huge walls, solid and sound; or immense eggs piled on an unsteady boarder; or miniature rocky or curios... Fantastic but actual, dreamy but real! They are not artistic works, but more exquisite than artistic works. One can not help marveling at the acme of perfection of Nature's creation.
>
> 译文2:3000 crags rise in various shapes-pillars, columns, walls, shaky egg stacks and potted landscapes...—conjuring up fantastic and unforgettable images.(贾文波,2000:230-240)

以上实例是关于景点介绍的宣传性材料。原文文笔优美,大量使用四字格表达,唤起了国人欲对景点参观的向往之情,达到了旅游宣传的预期目的。应该注意的是,原文基本上遵从了汉语的思维方式、文化传统和审美意识,在进行语际转换时,译者应该洞察英汉语言间的细微差异,译文方能为目标语读者接受。译文 1 明显带有中式英语的倾向,用词汉化,语言啰嗦,处处流露出汉语僵化的逻辑思维,有悖于英语读者对语言的美感诉求;译文 2 则是译者经过精心处理而得出,译文简练而意义信息明确,丝毫不觉得只言片语之累赘。

通过以上例子可以看出,翻译是一门杂学,涉及的相关学科知识很多。毋庸置疑,译文 2 的译者必然对英汉语言的表达习惯、英汉读者的心理审美差异、译文的目的语读者胸有成竹,因为其译品不仅在语言上进行增减调整,还省略了"多余"和"重复"的信息,明白什么是真正的"为何译"和"译何为"的翻译宗旨,其结果还可能使游客更"魂牵梦绕"于该景点。这种处理方法和我国著名翻译理论家黄忠廉教授提出的"变译理论"①中的变译手段处理方法——减和改——有异曲同工之妙。

实际上,该例句向我们揭示了应用翻译,尤其是旅游文本翻译的某些特征。方梦之(2003:48)教授曾总结了应用翻译的三大特点:"应用文体包罗广泛,不同的次语域具有不同的特点。信息性、劝导性和匿名性是绝大多数应用语篇具有的主要特点。根据不同的文体特点及翻译委托人的要求,应采用不同的翻译策略。"实际上,后来,他也意识到这三个特点并不能涵盖所有应用翻译的特点,又增加了"时效性"这一特点,他说:"信息性、劝导性、匿名性和时效性是绝大多数应用语篇具有的主要特点。"(方梦之,2019:58)张沉香(2008:32－33)也曾总结了应用翻译的三个特点:首先,科技翻译的比重不断下降,其他应用翻译的比重不断上升。其次,商业化程度不断加深,产业化趋势日益明显。最后,翻译形式灵活多样,辅助手段应用广泛。继而,她还指出应用文本以传递信息为主要目的,注重信息传递效果,具有信息性、匿名性和诱导性等特点,并尤其指出应用翻译与文学翻译在审美价值上的差异:

> 从审美价值来看,应用翻译注重客观事实,而不是艺术创造。艺

---

① 黄忠廉教授在《变译理论》(中国对外翻译出版公司,2002 年版)中指出,"变译是译者根据特定条件下特定读者的特殊需求,采用增、减、编、述、缩、并、改等变通手段摄取原作有关内容的翻译活动"(p. 19),"它是一种重要的翻译操作方法与翻译策略,作为特定条件下解决特定翻译任务的操作方法,只有变译才能更好地改造原作,构建新作。"(pp. 32－33)而变译理论是"从变译实践中概括出来的反映变译的本质和规律的科学原理和思想体系,它以变译为其研究对象,研究变译过程的一般特点和规律,寻求总的适于一切变译方法的一般原理和方法。"(p. 32)

术语言是寓言的、象征的,而非文学语言是具体的、直叙的。文学译者力争达到忠实和美这一理想,从而寻求信的表达形式;而信息文本的译者,则在于精确而有效地传递信息。艺术交流的成败,决定于它的形式和内容之间所创造的和谐及其对读者所发生的影响的程度;而信息文本的翻译,重要的是表达清晰、恰当并符合语法和惯用法的要求。(张沉香,2008:33-34)

总之,应用翻译涵盖的内容广泛,而且特征鲜明。由于不同的次语域文本具有不同的特点,译者在翻译时,需要明确文本特征,据此选择恰当的翻译策略,才能产生质量较高的翻译产品。

1.2　应用翻译的理论研究

随着应用翻译的崛起,应用翻译研究逐渐成为翻译理论与实践研究中的一枝独秀。但受到传统观念的束缚和认识的偏差,人们对翻译理论研究具有偏向性,"在翻译理论研究中,绝大部分却是对文学翻译的研究,尤其是对英汉翻译的研究居多,研究实用翻译的文章少而且没有得到像文学翻译研究那样的重视"(林本椿,1997:58)。不仅如此,自改革开放以来的40多年里,我国的翻译研究经历了学科建设、理论发展,取得了令人瞩目的成果,其中应用翻译研究也取得了前所未有的发展。鉴于此,傅敬民(2019a:41)基于40多年来我国应用翻译研究的事实,简要概述了应用翻译研究的历程,在梳理所取得的成就的同时,也反思了其中存在的问题,主要表现在以下六个方面:①套用国外翻译理论观照本国现实问题时往往断章取义,缺乏系统地汉译国外相关翻译理论经典著述,进而需要更加有效地应用于中国实际翻译问题;②诸多创新理论话语流于昙花一现地提出新概念、新视角,缺乏对所提出的概念和视角做系统深入、持续科学的发展与完善;③热衷于发掘我国本土传统翻译理论资源,缺乏将发掘出来的有关理论观照当下现实问题做系统深入的应用性探索;④跟风扎堆式地聚焦于某些理论的应用,偏废其他一些理论的应用性研究;⑤应用翻译研究元理论的建构与发展依然任重道远,在应用其他学科理论成果进行应用翻译研究自身发展进程中,如何增强自身学科意识、厘清学科边际、坚守学科独立方面,尚有待进一步努力;⑥在将应用翻译研究成果融入翻译研究整体、服务于文学翻译研究甚至其他学科研究方面,即在理论输出方面尚存不足。

无独有偶,方群(2020)以中国知网收录的 17 种外语类核心期刊为数据源,以方梦之应用翻译研究路线图为基本框架,对 2000—2019 年应用翻译研究的发展情况进行描述和分析,研究发现当下应用翻译研究存在的四方面问题,并提出应用翻译研究应为蓬勃发展的应用翻译实践和语言服务产业提供理论指导,语言服务、翻译技术、翻译管理和翻译伦理研究亟待跟进,成为未来应用翻译研究的主要方向与思路。总之,应用翻译理论研究仍较为零散和滞后,严重影响到应用翻译研究的向前发展。因此,应用翻译理论研究迫切需要提上议事日程。

1.2.1　加强应用翻译的理论研究

应用翻译的实践已经深入社会的各个行业,而且社会对应用翻译实践的依赖程度也在逐年增大。然而,"近十几年来,中国的译学研究硕果累累,但主要集中在对文学翻译的研究上,而文学翻译在大量的翻译活动中所占的比例不到百分之一"(林本椿,2000:34)。不难看出,我们过去对翻译研究失之偏颇,花了大量的力气研究在整个翻译系统中占有相对较小部分的文学翻译,这种局面亟须得到改变。

劳陇先生说,翻译学的任务是研究解决翻译的 why(为什么)、what(是什么)和 how(怎么办)的基本问题,逐步建立起完整的翻译理论体系来(李田心,2003:71)。无独有偶,早在 1972 年,詹姆斯·霍姆斯(James Holmes)(2000:172-185)在其纲领性论文《翻译学的名与实》中指出,翻译学是一门实验学科,它可分为三大类:理论翻译学、描写翻译研究和应用翻译研究。理论翻译学和描写翻译研究属纯翻译研究性质,理论翻译学包括普通翻译学、部分翻译学;描写翻译研究包括产品指向研究、过程指向研究和功能指向研究。劳陇和霍姆斯都谈到了翻译的研究本质,但需要指出的是,霍姆斯所说的应用翻译研究和本书所指出的应用翻译研究并非同一概念。霍姆斯的应用翻译研究主要包括翻译教学、翻译工具和翻译评估,而本书所指应用翻译研究主要是指应用文本的理论与实践研究,两者具有诸多重叠之处,但不能等同。

作为科学必须有较完整的知识体系,我国的翻译实践活动已有几千年的历史,翻译研究虽然起步较晚,但也有百年历史,其发展也初具规模,初步形成了翻译科学体系——翻译学。"科学有理论科学（或纯科学）和应用科学之分。"（方梦之，2003：47）就应用翻译而言，它具有理论科学和应用科学的双重特征。从改革开放迄今，我国的翻译研究得到了长足的发展，而应用翻译表现尤为突出。傅敬民（2019a：41）总结了四个方面的鲜明特点：①应用翻译研究的话语体系建设得到不断完善，尤其在挖掘中国传统翻译研究理论资源，建构具有中国特色应用翻译研究话语体系方面，近年来更是取得了前所未有的成果；②学科交叉的疆域不断拓展，语言服务产业的不断发展、跨学科研究、视界融合等，使得应用翻译研究的研究领域呈现出越来越多元化的趋势；③研究方法越来越技术化、科学化；④研究服务于国家战略的意识得到不断增强，中国文化走出去、"一带一路"倡议下的语言服务研究、典籍翻译研究、外宣翻译研究、汉语核心词语外译研究、汉译外策略研究、翻译赛事研究等，无一不彰显出我国应用翻译研究特色。

笔者以为，当前的应用翻译应该加强理论体系建设。建立起与应用翻译实践相对应的理论研究体系，具有极为重要的现实意义。

第一，建立应用翻译理论体系是时代的召唤。随着中国与世界各国在各个领域的交流更加频繁，社会对各类翻译的需求也更加多样化，它大大突破了传统意义上的文学翻译研究领域，翻译实践呈现多元化趋势，各类应用翻译已成为翻译实践的主流。在堆积如山的资料面前，翻译工作者具备一定的应用翻译能力。相应地，应用翻译工作者应该采取怎样的翻译策略、翻译方法和翻译标准，应视各类翻译的目的和对象而定。比如，科技翻译的常用翻译方法有选译、摘要、综述、编译等，而这些方法在过去往往是不入流的"正道"，备受人们指责。在现行的翻译教学过程中，我们应该有意识地培养学生的应用翻译能力。通过应用翻译教学，我们不仅要让学生掌握一些常见的应用翻译策略和方法，还要让学生通过翻译实践掌握英汉两种语言的细微差异，提高双语水平，确实培养和提高学生的实际翻译能力，把原语所表达的信息用精准的译入语重新表达出来，并达到较高的翻译质量。而这些需要应用翻译理论来指导。

第二，建立应用翻译理论体系是应用翻译实践发展的必然要求。总的来说，近些年来，我国的翻译研究取得了巨大成就，但是理论研究仍然相对落后。在所有翻译研究的相关论文中，翻译技巧、翻译方法和翻译策略的相关论文数量众多，高水平的纯理论研究论文仅占了较小的比例。作为翻译研究中的一支重要力量，应用翻译的广泛存在具有其独特价值，也可以说是其"唯一性"

(uniqueness)，而正是它的这种独一无二性，使之区别于其他类型的翻译。应用翻译的独特性在于，它的本质特性、翻译标准、产品评估（翻译批评）和其他类型的翻译不尽相同。目前，应用翻译的深入系统研究仍然缺乏，还没有形成就应用翻译的范畴、属性、特点以及翻译实践等一系列问题进行深入系统研究的高水平研究成果。一般说来，"应用理论包括程序论和方法论，涉及翻译的技能、技巧研究，其突出的特点是理论的实用性和对翻译实践的指导性，因此这个层面的理论研究最能体现翻译研究的本位论原则"（刘宓庆，1996：3）。当然，这里并非否认对应用翻译的一些基本理论、方法和基础研究的重要性，而是说如何将这些方面进行研究整合，形成一个体系，将它们用来解决应用翻译实践中遇到的翻译实际问题，因为"学必借术以应用，术必以学为基本，两者并进始可"（蔡元培语）。

第三，建立应用翻译理论体系是翻译学科内在发展的迫切需求。翻译学作为一门学科，其实践研究是基础，理论建构是关键。这里所说的理论建构指不和实践研究直接相关的"术"（纯理论）的研究。傅敬民（2002：46）认为：

> 要使翻译理论不再停留在实践经验的泛谈上，我们要认识到，翻译研究应当是双向的，一方面，可以从实践总结并上升为理论，然后再回过头来指导实践；另一方面，也应该允许从纯粹形式上的思辨层面进行某种纯学术性的理论观照。

通过对翻译实践的经验总结提出应用性的理论固然重要，但翻译研究的目的绝不限于提出什么具有永恒价值或普遍真理的理论或理论模式，翻译理论研究也不能局限于应用和指导，翻译理论有义务也有权利促使人们对翻译勤于观察和思考。傅敬民说得很明白，翻译理论研究并非一定要直接指导翻译实践，也可以只对翻译实践活动进行客观描写和理论阐释，记录这个过程中的每一个细节。这和我国著名哲学家金岳霖先生的观点不谋而合，他从分析学问的"学"和"术"角度提出纯理论与技术理论之说："有些学问只有学，有些兼术"；"专就有学而无术的学问着想，理论是与事实相对待的。就有学而有术的学问着想，理论一方面是与事实相对待的，另一方面是与实际相对待的。"（曾利沙，2003：2）也就是说，我们不仅要发展能指导实践的应用性翻译理论，还要发展形而上的纯翻译理论。基于此，黄忠廉、方梦之和李亚舒等学者联合国内众多学者撰写了《应用翻译学》，对应用翻译学的构建进行了系统阐述，包括应用翻译学构建的缘起、立说、专论、交叉论和未来，并在书中明确了应用翻译学的性质,讨论其是何,为何建立,有何意义,理论来源及其关系,描述其研究现状,建立其体系等(黄忠廉、方梦之等,2013:草创之言)。

应用翻译虽与翻译实践关系甚大,但是要把应用翻译作为一门学科来建设、来研究,非常有必要从纯粹的学术理论层面对之进行深入系统研究。由于学科的细分,翻译学科建设也日益细化,比如有学者提出了"文化翻译学""文学翻译学""大易翻译学""中国企业翻译学"等概念。此外,应用翻译研究与其他学科相互渗透也是大势所趋,日益显示出其多学科性,故而有学者提出"心理翻译学"概念。

应用翻译理论源于一般翻译理论又不同于一般翻译理论,对其理论的探讨也存在从具体模式走向纵深发展和深层理性认识的过程,对应用翻译理论研究的科学方法阐释已成为应用翻译界乃至整个翻译界应紧迫关注的问题。因此,黄忠廉、方梦之和李亚舒等(2013:5)提出了创建应用翻译学的构想,并将其性质界定为"研究应用翻译、译论用于各种实践及其他学科理论用于翻译理论和实践的规律的学科"。同时,他们还论述了创建应用翻译学的可能性、可行性、可观性和可持续性,并阐述了应用翻译学建立的意义:提升译艺,研究基础;立于中观,顶天立地;突出问题,孕育创新;分立深究,旨趣高远;彰显独特的中国气派(黄忠廉、方梦之、李亚舒,2013:5-11)。应用翻译学和应用翻译研究体系提出后,其建立的必要性、必然性和可行性得到学界的广泛认同,很多学者自觉地加入应用翻译研究的队伍中来,产生了一批标志性研究成果。然而,当前的应用翻译学研究仍然存在很多不足之处,黄忠廉和朱灵慧(2017:9-14)基于此提出了"应用翻译学"重构的设想,指出为适应理论研究、学科发展、社会时代之需,理性反思"应用翻译学"研究态势,适时调整重构,规划学科理论体系,丰富学科文库是学科深入构建和持续迈进的必要举措。

总之,在积极实践和探索应用翻译内在规律的同时,我们也应该进行更多的理性思考,寻求更多、更深层次的理论指导,只有这样,应用翻译研究才能进一步体现出其多元性、开放性和跨学科性特征,最终形成一个新型的、综合性的研究体系。

1.2.2　应用翻译研究的三个方面

根据应用翻译的文本特征,应用翻译所具有的某些特征要求译者采取不同的方法论对之进行研究,才能使其本体论得到充分展现。本节仅从应用翻译与文本功能论、方法论和本体论三者的辩证关系着手,强调需要加强三者的综合研究,才能推进应用翻译研究的理论深化。

1.2.2.1　应用翻译与文本功能论

"翻译是一种基于源语文本的有意图的、人际的、部分地通过语言媒介的跨文化互动行为。"(范祥涛、刘全福,2002:26)其实,任何文本的翻译都是在某种特定的语境中发生,带有某种特殊意图的以语言作为其媒介的跨文化交际行为。那么,作为特定言语交际的翻译,就自然成了一种有目的、有意图的活动,它传递着源语的意图(intention),包括信息意图(informative intention)和交际意图(communicative intention)。根据关联论的观点,"意图、语境等语用因素不仅在推理识别话语意义方面起着重大作用,而且还决定其使用的语言手段、语言表达风格等,主宰并影响着语篇的制作策略及其形式。""在意图、意义、语言三者的关系上,意图赋予语言以意义,意义是意图和语言相结合的产物,语言则是联结意图和意义的中介或纽带,也是这两者的外化、物化手段。"(贾文波,2002:30)

借助于卡尔·布莱尔(Karl Büher)和罗曼·雅各布森(Roman Jacobson)提出的语言三大功能为理论基础,即表达功能(expressive function)、信息功能(informative function)劝说功能(vocative function),凯塔琳娜·赖斯(Katharina Reiss)将语言分类学说运用于翻译研究,将文本类型、功能和翻译方法联系起来,提出文本功能的四大类型学说:一是表达(expressive)功能文本,强调文本的创造性构建(creative composition)和语言的美学层面,突出文本作者及文本本身。二是信息(informative)功能文本,凡是旨在传递信息、知识、意见等事实的文本,属于信息功能文本,文本的重心在其内容和主题(content or topic)。三是感召(operative)功能文本,旨在通过说服文本读者或者接受者采取某种行动,从行为上对文本作出反应,其语言特点是对话式的,文本的重点在于感召。四是视听性(audio-visual)文本,这类文本重在视觉的或者听觉的意象,如电影、广告或者音乐,是对其他三种文本的补充。之后,英国著名翻译理论家彼得·纽马克(Peter Newmark)也提出了其文本功能分类学说,将各类文本体裁划分为三大类型:表达型文本(包括诗歌、小说、戏剧等富于想象的文学作品,权威性的声明、演讲、宣言、自传、散文和私人通信)、信息型文本(新闻报道、科论文、普通教科书,大多数非文学作品包括科技、工商、经济等为内容的格式文本,它的作用是面向读者,重在信息的传播)和呼唤型文本(包括广告、政治宣传品、通俗小说、公告、说明书规则,它强调的是读者获得信息后所施的行为)。此外,他还据此提出了语义翻译(semantic translation)和交际翻译(communicative translation)两大翻译手法(转引自祝朝伟、李萍,2002:7)。再到后来,德国翻译理论家克里斯蒂安·诺德(Christiane Nord)根据译者在翻译活动中的不同侧重点,并根据文本功能和翻译目的的关系,提出了两大基本翻译策略:纪实翻译(documentary translation)和工具翻译(instrumental translation)。

根据以上学者的观点,对翻译文本进行分类,从不同的角度去分析文本功能会得到不同的分类结果。从我们对应用翻译的定义来看,应用翻译的范围极为广阔,不仅包括除文学翻译之外所有以信息传达为主的文本翻译,还包括纯理论文本和政治、社科、外交文本等的翻译,因为这些文本同样也是以传达信息为主要目的的。文本功能分类对应用翻译具有极为重要的现实指导意义。需要指出的是,必须明白文本功能并不是应用翻译研究中唯一要注意的要素,因为翻译语境中的其他诸要素(如译者意图、翻译目的、读者层次)也可能对应用翻译研究起到重要的决定性作用。所以,应用翻译研究可以说是基于对文本在交际中的功能和目的来确定其研究的性质和范围。

1.2.2.2 应用翻译与方法论研究

郭建中(2001:14)认为:"翻译不同类型的文章,应该运用不同的翻译原则和方法,这是当代翻译理论的核心。"郭建中的这一观点强调了文本类型分类对翻译原则和方法的决定性作用。目前,不少探讨应用翻译的文章属于经验性散论,且多囿于对应用翻译基本策略、方法和技巧的探讨,其讨论倾向于双语文化比较或具体翻译策略与方法(比如围绕"忠实"所采取的各种处理方法),而探讨应用翻译研究中的方法论的文章极为少见。

我国先贤们早就悟出"工欲善其身,必先利其器"的道理了。在应用翻译研究过程中,我们不仅要研究原则、策略、方法和技巧,更要加强其理论层面——方法论的研究。何谓方法论? 我们必须弄明白方法论和方法之间的辩证关系。丁金国(2001:111)认为:

> 从认识论的观点来看,方法就是指从实践上、理论上认识自然、社会和思维,进而达到把握其目的的途径、手段和方式的总和。而方法论则是关于方法的学说,也就是有关方法的理论。如果说方法是具体的,具有实践上的可操作性;那么方法论则是抽象的,更具有形

而上的色彩,它通常渗透于某种理论模式的整体之中。

　　狭义的方法论指的是哲学意义上的方法论,它与世界观保持着一致的关系,是人们用于观察世界、改造世界的总的指导原则;广义的方法论是指科学意义上的方法论,它是人们所运用的具体的指导方法和原则。

方法就是方法论上的一条重要原则。方法论和方法的关系应是共性与个性、普遍与具体的矛盾对立,它们是一组悖论。

　　作为人文社科研究的应用翻译研究,它必须接受一定的方法论作为指导,因为"从根本上说,任何学术研究都必定受制于一定的方法论,只是有自觉与不自觉之分"(丁金国,1996:80)。和文学翻译实践相比,应用翻译实践所采用的翻译策略或翻译方法中,"变译"的采用概率要更高,是应用翻译文本的文本功能和目的使然。近年来,随着应用翻译实践的快速发展,我国的应用翻译理论研究也快速发展起来了。就目前发表的论文和专著来看,我国的应用翻译研究呈现突飞猛进发展之势,但应用翻译理论体系仍然不够成熟。这不能说和研究者缺乏整体意义上的方法论的建构、视角单一、容易陷入封闭状态不无关系。然而,遗憾的是,研究者无不因为孤行己见而在应用翻译理论和方法研究之间顾此失彼,其原因在于大多数研究都只局限于具体的、亚层次领域或某一问题解决的操作程序,而缺乏整体意义上的应用翻译理论方法论研究的构建及标准与评价,致使应用翻译理论和实践研究因其偏激的终极依据及旨趣而使研究者难识"庐山真面目"。

　　加强应用翻译研究中方法论的研究,可以形成一套行之有效的方法论体系,用来对应用翻译实践中的各种现象进行描述和阐释,这是应用翻译研究发展的必然趋势和内在要求。"方法论与理论本体之间是一种相生相契、密不可分的关系。方法论产生于理论而服务于理论,没有与理论本体相脱离的方法论,也没有不具备方法论意义的理论本体。"(丁金国,2001:111)应用翻译研究中的方法论与应用翻译理论本体之间的关系何尝不是如此?

1.2.2.3　应用翻译与本体论研究

　　本体论一直是古代西方哲学的一个中心话题。西方哲学中的本体论一词最早出现于 17 世纪,到了 18 世纪,本体论一词在西方哲学中得到普及。所谓"本体论"是指研究世界本原、本体或本质问题的哲学理论。"本体论问题虽然是一个哲学问题,但确切来说,它是一个现象学的概念,或者说,它是一个以现象学为逻辑基础的学科范畴。"(舒也,2006:125)现象学的"本体论"(Noumenology)一说,是指在现象学方法论意义上的"本体科学",即"描述某物之为某物的学问",亦即"描述某一本体,即某一事物、某一现象或某一社会事实的学问"(舒也,2006:126)。科学的本体论是描述某一本体、某一社会现象和社会事实的现象学"本体论"。较为可取的做法是,从社会实在论现象学考察出发,通过综合了"现象"与"本质"的"本体"(Noumenon)范畴,来建构科学的"本体论"(舒也,2006:128)。据此,在某些学科领域,人们提出了一些与本体论有关的说法,如艺术本体论、美学本体论、文学本体论、电影本体论等,不一而足。"本体论模式的特点是为哲学提供现实的世界观点、认识论与知识论基础,它的语境是'being'(存在),属于'事实'领域,在本质上属于科学认识的范畴。"(游兆和,2006:71)同理,在翻译研究领域中,在应用翻译研究方面,也应该存在相应的翻译本体论,只是学界对这方面的涉足较少。

我国翻译历史源远流长,最早始于佛经圣典的翻译。对于古典译论,有不少学者曾经做过或正在不断地挖掘个中精髓。王宏印就对道安"五失本,三不易"翻译主张的本体论进行诠释。"五失本"从客体角度论述翻译本体论,"三不易"从主体性差异角度论述翻译本体论。此外,他还对翻译本体论的失落进行了充分的现代诠释(王宏印,2003:11-27)。此外,钱钟书也对翻译中必有"失本"表达了他的真知灼见,他说:"故知'本'有非'失'不可者,此'本'不失,便不成翻译"(王宏印,2003:14)。这已经触及了翻译的本质问题,也可以说是翻译的本体问题了。

一门学科的学科性,主要体现在它有独特的、不可替代的研究对象作为其本体。应用翻译是从文本功能和翻译目的来区别于一般翻译的,它除了具有一般翻译的共性之外,还有其特殊之处。"翻译目的功能不同,译文策略手法各异,关键在于能否有效实现翻译目的才是翻译的最根本原则。"(贾文波,2002:33)其实,笔者经过对比研究发现,应用翻译特别强调以目的语读者为目标受众这条原则,以传递信息为终极目的,侧重信息传递的内容和效果,文本的"信息"和"呼唤"功能尤其突出。在各类应用翻译实践中,译者往往采用"非正统"的变译策略来达到信息交际的目的。在翻译的过程中,必然会有大量"信息"流失,保留那些为达到目的而所需的信息,这就是钱钟书所说的失此"本"而得彼"本",这也与黄忠廉的变译理论不谋而合。

和文学翻译相比,应用翻译范围更宽广。方梦之(2003:48)曾指出:"应用翻译面广量大,文本类型各异,要求多样,非常需要有针对性的理论作指导,发挥理论的对策功能。"他又指出:"对策包括理论观念上的、翻译策略上的以及方法技巧上的。"(方梦之,2003:48)笔者以为,应用翻译策略和方法的选择主要是依据应用翻译的文本功能,也就是根据应用翻译的本质属性而定,因为"应用翻译传递信息往往是有选择性的:或综合地、或概要地或部分地传递"(方梦之,2003:48)。由此观之,应用翻译的功能决定策略和方法的采用,而方法的采用又鲜明地反映了应用翻译的"非正统"本质(本体属性),三者是统一的。

从实践层面上来说,如果说文本功能决定翻译策略和方法,翻译策略和方法反映翻译本质,那么,翻译本质也会反过来决定翻译策略和方法的采用,并反映文本功能。同理,从理论上来说,应用翻译的文本功能论决定应用翻译方法论,应用翻译方法论反映应用翻译本体论特征,应用翻译本体论也反过来决定方法论并反映其文本功能,这三者是彼此交错联系的。

周红民(2002:17)认为:"实用文体是人们用于日常交际的功能性文体,那么就是一种交际行为,行为具有强烈的目的性。"正是因为这种强烈的目的性,译者在处理应用翻译文本过程中,要根据应用翻译的本质特征,需要采取适时的翻译策略和方法,更好地让译作为读者所接受和欣赏,真正使之"有所思,有所悟,有所动,有所为"。应用翻译研究与其功能论、方法论和本体论三者的关系是互为条件的,在理论与实践研究过程中,研究者需要加强三者的理论联系研究,不可偏废,才能推动应用翻译研究的理论深化与建构。

1.2.3　功能目的理论与应用翻译

翻译实践需要翻译理论指导。"翻译工作者一方面要充分认识到翻译理论对翻译实践的指导作用,另一方面要提高翻译理论的对策性,注重应用研究,使翻译理论成为翻译工作者的必备工具和'精神食粮'。"(张沉香,2008:36)需要指出的是,翻译理论是通过对翻译经验观察揭示和描写翻译过程的内在联系与基本特征,并反过来指导翻译实践,其功能表现在"认知功能、执行功能、校正功能和提升功能"(张沉香,2008:36)等四个方面。

理想的翻译是把原文的信息完全转移到译文中,使译文忠实地再现原文,这是我们用于评判翻译好坏的传统惯用标准。从历史发展的角度来看,我国传统翻译理论大致经过了"案本—求信—神似—化境"的阶段,代表了三种既相互联系又相对独立的学说,即古代的"文质说"、近代的"信达雅说"和现代的"神化说",之后出现了许渊冲的"竞赛论""优势论"等翻译理论。但相关理论都是针对文学翻译而言,讨论的是如何使文学翻译尽可能在艺术形式和内容上达到完美的统一,体现原作的语言艺术和文学价值。然而,使用文学翻译理论来指导应用翻译,有时难以作出合理解释。因此,有学者把目光转向西方翻译理论,以期能找到更好的解决办法。但是,西方翻译理论异彩纷呈、流派林立,如何取舍也成为难点,因为"当代西方翻译研究的一个最本质的进展是越来越注重从文化层面上对翻译进行整体性的思考,诸如共同的规则、读者期待、时代的语码,探讨翻译语译入语社会的政治、文化、意识形态等的关系,运用新的文化理论对翻译进行新的阐述"(穆雷、仲伟合,2002:72)。可以看出,并非所有的西方翻译理论都可以用来指导各种翻译实践。

近几十年来,翻译研究的重点几经转向,如从句子转向语篇,从语言系统转向语言具体应用,使得翻译理论对翻译实践的现实指导意义得到凸显。德国功能目的理论的出现,不仅为苦苦思索的译者带来了一股清风,也为翻译理论研究提供了新的视角。

在翻译实践中,译者所遇到的原本文体是多种多样的,翻译目的也不尽相同,所以功能目的理论提出的以目的法则为主导的翻译标准多元化的理论体系有助于诠释译者在翻译过程对译文所作出的种种处理,以决定处于特定语境中的哪些源语信息可以保留以及哪些必须根据译语语境进行调整或删减,实现客户或委托人的翻译要求、译者的翻译目的以及译文读者的特殊情况等三方面因素的交融。

1.2.3.1　功能目的理论概述

在西方,早期的翻译是词对词的翻译,译者不考虑译文是否达到预期的目的。但是,在翻译实践中,采取"词—词"对译往往行不通,译文要么是忠实再现原文的语言形式,要么经过处理符合译文读者的要求。此外,交际理论、行为理论、话语语言学、语篇学说以及文学研究中接受理论等一系列研究活动取得了丰硕成果,这便为功能目的理论的产生提供了便利条件。

20世纪70年代,德国学者提出了功能翻译理论,该理论的核心在于三个方面:翻译的实质、翻译过程的参与者以及翻译功能理论的原则,其代表人物有凯塔琳娜·赖斯(Katharina Reiss)(提出"功能翻译批评理论")、汉斯·J.弗米尔(Hans J. Vermeer)(提出"目的论")、贾斯塔·霍尔兹-曼塔利(Justa

Holz-Manttari)（提出"翻译行为理论"）和克里斯蒂安·诺德（Christiane Nord)（提出"功能＋忠诚"原则）。

1971 年,凯塔琳娜·赖斯在《翻译批评——潜力与制约》(*Possibilities and Limitations in Translation Criticism*)一书中首先将文本功能列为翻译批评的一个标准,提出"要把翻译行为所要达到的特殊目的"作为翻译批评的新形式,也就是从原文和译文两者功能之间的关系来评价译文,从而建立了功能翻译理论的雏形。一方面,她依然"坚持以原作为中心的等值理论";另一方面,她也认为应该以"原文和译文两者功能之间的关系"来评价文本,指出"理想的译文应该从概念性的内容、语言形式和交际功能上与原文对等",她称这种翻译为"综合性交际翻译"(integral communicative performance)。赖斯是一位富有经验的译者和翻译培训者,她也意识到"有些等值是不可能实现的,而且有时也是不该追求的",认为这些例外的情况是由具体的"翻译要求"(translation brief)造成的。她在与汉斯·J. 弗米尔合著的《翻译理论基础概论》(*General Foundations of Translation*,1984)一书中指出译者应该优先考虑译文的功能特征,而不是对等原则;参照系不应是对等,而应该是译文在译语文化环境中所预期达到的一种或几种交际功能。

汉斯·J. 弗米尔是赖斯的学生,和赖斯相比,他表现出要和以原语为中心的"等值论"相决裂的决心要更加强烈得多。弗米尔认为单靠语言学是解决不了翻译问题的,根据行为理论依据,指出翻译是人类的一种有目的的行为活动,创立了功能翻译理论学派的基础理论（核心理论）,即"翻译目的论"(skopos theory)。他认为,翻译是将一种语言中的语言和非语言交际符号转移到另一种语言中去的活动。因此,翻译是"一种人类行为"。根据行为理论,弗米尔又指出,人的行为是在特定情况下发生的有目的的行为,它既是构成具体情境的一部分,又对情境有一定的影响。而且,情境是根植于文化背景之中,对任何一个特定情境,以及在特定情境中的语言的和非语言因素的判断,都取决于情境以及情境中具体因素在特定的文化体系中的地位。翻译时,译者根据客户或委托人的要求,结合翻译的目的和译文读者的特殊情况,从原作所提供的多源信息中进行选择性的翻译。

汉斯·J. 弗米尔提出了 skopo stheory(目的论)。Skopos 一词源自希腊语,意思是"目的、动机、功能"。目的性原则指的是翻译应在译语情境和译语文化中,按译文接受者所期待的方式发生作用。目的性原则是决定翻译过程的根本原则,也被当作翻译的最高原则。诺德将翻译目的分为三类:译者的基本目的(如赚钱);译文文本的交际目的(如启迪读者);特定翻译策略或手段要达到的目的(如为了说明某种语言中语法结构的特殊之处而采用按其结构直译的方法)。此外,他还认为统领译文文本的规则就是广义上所说的"目的性原则"(skopos rule)、连贯性原则(coherence rule or intra-textual rule)和忠实性原则(fidelity rule or inter-textual rule)。此三条原则之间的关系是:忠实性原则服从于连贯性原则,而二者均服从于目的性原则(张景华,2003:66)。总而言之,根据目的论,所有的翻译行为都是以语用为起点,以翻译的目的和译文的功能为准绳,来选择翻译的策略。此外,目的论的产生,使译者对于翻译目的、翻译目的的确定、原文与译文的关系、译者充当的角色、具体翻译方法的确定进行了深刻思考,这是一种"自上而下"(top-down)的翻译程序。

基于弗米尔的目的论,贾斯塔·霍尔兹-曼塔利(1984)将功能翻译理论大大向前推进了一步。她的理论建立在行为理论基础之上,不言而喻,翻译行为成为其核心理论基础。她区分了"翻译"(translation)与"翻译行为"(translation action)两个概念,认为传统的翻译只涉及原文的使用,而翻译行为是为实现信息的跨文化、跨语言转换而设计的复杂行为。她利用"信息传递"(message transmitters)来指文本、图片、声音、肢体语言等各种各样的跨文化转换,将翻译的外延扩大到各种跨文化转换,认为这种跨文化交际翻译行为的最终结果是能在特定情况和语境下产生恰当功能的文本。她的理论主要强调翻译过程的行为、参与者(发起者、译者、译文使用者和译语受众者)的角色和翻译过程发生的环境(时间、地点和媒介)三个方面。此外,她还强调译者不仅是翻译"专家",还是翻译过程中各种关系的"协调者"。

克里斯蒂安·诺德是功能派翻译理论的集大成者。1997年,他出版了《目的性行为——析功能翻译理论》(*Translating As a Purposeful Activity — Functionalist Approaches Explained*)一书,在总结以往功能翻译研究得失的基础上,提出了"功能+忠诚"(functionality + loyalty)原则。在该书中,他系统概括了功能派翻译理论的各种学术思想,并列举了许多实例阐述了功能派理论形成的过程、基本思想和功能理论的不足方面,以及目的理论在译员培训、文学翻译、口译等领域的具体应用及对译者翻译道德观念的影响。

应该说,文本类型和翻译类型学是德国功能派翻译理论的核心依据。因为不同种类的文本/文体需要不同的翻译策略,能够解决所有类型文本的万能翻译方法并不存在。诺德似乎看到了这一点,所以他根据文本的功能模式,将翻译文本分为四种,即指称、表现、呼唤和交际,然后又根据文本功能把翻译分为两大类,即"纪实翻译"和"工具翻译"(Nord,2001:47-52)两大翻译策略。纪实翻译是以原文为指向,忠实再现原文的语言和文化信息;工具翻译是以目的语/读者为指向,可以根据需要适当改变原文以实现原文功能。纪实翻译包括隔行对照翻译、直译、语文式翻译、异化式翻译(Nord,2001:48);工具翻译包括功能对等翻译、功能相异翻译和同质翻译。(Nord,2001:51)

此外,诺德还突破了对传统的文本翻译单位的横向划分(传统的划分包括单词、短语、句子、句群、段落和篇章),介入了纵向(vertical)的功能单位划分。文本的功能体现在各个层次上,如全文、段落、句法、词汇、形态、语音、语调和信息焦点等,这些便构成了不同的功能单位,(共同)服务于功能指向。这种功能指向其实就说明了在翻译过程中,原文中哪些成分可以保留,哪些则可以或必须根据译文功能进行适当调整甚至是"离经背道"的"改写"。

1.2.3.2　功能目的理论的意义

在翻译实践中,译者所遇到的翻译文本是多种多样的,翻译目的也不尽相同,这就亟须适当的翻译理论来对翻译实践进行指导。功能目的理论提出的以目的法则为主导的翻译标准多元化的理论体系有助于解释为什么同一篇原文会有不同的译文。也就是说,翻译目的决定翻译方法,最终决定译作的生成形态。"应该看到,翻译内容是立体的、多层的,翻译活动从其整体过程来说是一个远远超出技巧范畴的动态,是一个以两种语言代码的转换为物质载体的特殊的信息传递程序,在不同的信息源面前,翻译也呈现异常复杂的状态。"(曹建新,1994:57)可见,翻译界的观念在发生转变,理论意识已经觉醒。理论和实践的良性互动是翻译事业健康发展的必要条件。

> 功能目的理论是以目的法则为主导的翻译标准多元化的理论体系,翻译标准多元化使功能更贴近实际,因为在翻译实践中,单一的翻译标准并不能囊括一切,而功能目的论在分析源文的基础上,以译文预期功能为目的,根据各语境因素,选择最佳处理方法,把译者从"信"的束缚中解脱出来,有利于译者发挥自己的主观能动性。(张沉香,2008:40-41)

也就是说,功能目的理论关注的重心在于译文,以实现译文的预期功能为第一要义,不仅是对翻译理论的革新,也为翻译理论的发展开拓了新思路。功能目的理论跳出对源语文本——对应转换的樊篱,将"翻译放到了一个综合原文作者、译文作者和译文读者多重关系的动态的行为范畴,从文本的交际功能方面进行系统的理论研究"(王小风,2004:42)。

1.2.3.3 功能目的理论在应用翻译中的应用

功能目的理论对翻译实践具有较强的指导作用,尤其是对应用翻译的指导作用更是如此。张沉香(2008:40-41)曾说:"就应用文体翻译具有现实的,甚至功利的目的性而言,它要求译文在最大限度上达到并满足预期的目的。因此,把功能目的理论应用于应用翻译中具有较高的科学性和可操作性。"迄今为止,学者们除了发表大量相关研究的论文外,还出版了一些高质量的专业教材和专著。

2003年4月,上海大学外国语学院和中国翻译协会联合主办了首届全国应用翻译研讨会。乘会议之东风,方梦之和毛忠明组织应用文体翻译领域的各路专家共同编写了《英汉—汉英应用翻译教程》,并于2005年4月出版。该教材在理论上主要以功能目的理论为指导,"将该理论与应用文体翻译实践相印证,则能较好地解决我们在应用文体翻译中所碰到的诸多问题"(方梦之、毛忠明,2005:前言)。该教材出版后受到各高校欢迎,几经改版,并多次重印。陈小慰编著的《新编实用翻译教程》于2006年3月出版,她在书中指出,功能目的理论对指导整个翻译实践,包括文学翻译和实用翻译,都提供了较为客观、可行的原则和标准。相比较而言,它对实用类语篇翻译的指导作用表现得更为明显(陈小慰,2006:17)。在专著方面,有些著作将功能目的理论作为全书的指导理论进行系统研究应用翻译,代表作有贾文波的《应用翻译功能论》(中国对外翻译出版公司,2004)、张沉香的《功能目的理论与应用翻译研究》(湖南师范大学出版社,2008)、陈凯华的《功能翻译理论及其应用翻译探研》(冶金工业出版社,2018)和喻珊的《多元化视角的现代应用翻译理论研究与实践》(中国水利水电出版社,2018)等。而有些专著则将功能目的理论作为其中的指导理论之一,如陈建平等的《应用翻译研究》(苏州大学出版社,2013)、张国敬的《非文学文体解析与翻译——以功能文体学为理论视角》(南开大学出版社,2017)等。这些教材和专著的面世,充分说明了功能目的理论对应用翻译的指导作用。这些作品的出版具有重要的学术价值和意义,主要表现在以下三个方面。

第一,应加强文本类型理论与应用翻译的关联研究。不少学者将文本按不同的规律和特点分成不同的类型。例如,赖斯将文本划分为三种类型:信息文本(着重于内容和信息)、形式文本(着重于语言形式)和呼唤文本(着重于对读者发出呼吁)。彼得·纽马克(Peter Newmark)(1981)将语言的功能分为三种:表达功能(expressive function)、信息功能(informative function)和呼唤功能(vocative function),并将文本的类型按照语言的功能分为三种:诗歌、小说、戏剧等富于想象的文学作品,权威性的声明、自传、散文、私人通信等属于表达功能型的文本;以科技、工商、经济为主题的一切格式文本属于信息功能型文本;能够感染读者并使其"获得信息"的所有文本则均属于呼唤功能型文本(贺学耘,2006:58)。在《应用翻译功能论》中,作者讨论了纽马克的文本功能分类说,按照表达功能型文本(时政翻译)、呼唤功能型文本(旅游翻译、企事业广告翻译)、信息功能型文本(科技翻译、经贸公文翻译)这三种分类形式对各种文本进行了详细论说,并按照文本特征讨论了相应的翻译策略。由此观之,只有细分了各类翻译文本,然后在文本类型理论的观照下研究各类应用翻译文本,才有较强的针对性。应该说,《应用翻译功能论》作为 2003 年首届全国应用翻译研讨会后的第一部将功能目的理论与应用翻译相结合而做系统探索的著作,具有十分重要的意义,诚如方梦之在序中所说:"这是我国第一部将应用翻译理论与实践相结合的专著。本书以功能翻译理论为指导,系统地研究了时政、科技、广告、经贸、旅游等应用文类的翻译问题,令人耳目一新。"(方梦之,2004:序 V)该书的出版,也为后来学者将功能目的理论应用于应用翻译研究树立了良好的典范。

　　第二,应加强翻译策略与应用翻译的应用研究。"翻译策略问题一直被认为是翻译研究的核心问题,因为翻译本身就是实践性很强的学科,基本理论研究和应用理论研究难以分开。"(张允、朱章华,2005:6)应用翻译的一个鲜明特征是目的性较强,任何一种功能文本的翻译都具有一种或几种目的。而要使这些应用翻译的文本功能得以实现,我们必须按照译文读者的要求来处理原文,采取必要的翻译策略,因为翻译策略常因翻译目的和功能的不同或因文化差异而作适当的调整。在贾文波的《应用翻译功能论》一书中,作者针对时政、旅游、企事业广告、科技、经贸公文等不同文体的文本翻译,提出了具有针对性的翻译策略与方法。在《功能目的理论与应用翻译研究》一书中,作者张沉香针对科技英语、旅游英语、法律英语、新闻英语、广告英语、商务英语和公示语等不同文体的文本翻译,提出了具有针对性的翻译策略与方法。"功能目的论重视应用翻译的文本分析与研究,并强调根据文本的不同类型,采用不同的翻译策略,达到翻译的目的。"(张沉香,2008:49)

　　第三,应加强理论与实践的互动研究,突出应用理论对应用翻译实践的指导作用。吕俊在谈到翻译理论与翻译实践的关系时,曾肯定地指出翻译是有理论的,认为理论是人们理性认识的结果,它具有"认识功能、解释功能、预测功能、方法论功能、批判功能、对实践的指导功能"(吕俊,2003:3)。的确,翻译理论是翻译实践升华的必然结果,是翻译实践的规律性总结。但是,并不是任何翻译理论都能反过来指导翻译实践,因为翻译理论可以分为纯描述性翻译理论和应用翻译理论,而后者是可以直接用来指导翻译实践的。"应用理论的针对性表现为提供对策的功能。对策包括理论观念上的、翻译策略上的和方法技巧上的。"(方梦之,2002:3)在《应用翻译功能论》一书中,作者无处不凸显出应用理论(如功能目的论、文本功能论)对应用翻译实践的指导作用,使翻译理论和翻译实践形成一种良性互动。实际上,在应用翻译理论与实践研究中,不少学者提出了一些切实可行的应用理论,如林克难、籍明文(2003)提出了"看译写"的翻译原则(后又将"看译写"改为"看易写"),认为该原则是应用翻译中一个行之有效的翻译原则。丁衡祁(2006)提出了公示语翻译的"A—B—C模式"(the "adapt—borrow—create" approach),即"模仿—借用—创新"的模式:如果英语中有现成的对应的表达,就可以直接照搬(borrow);如果英语里有类似的表达,就可以参照它加以改造(adapt);如果前两种情况都不存在,那么就按照英语的习惯和思路进行创译(create,即创造性的翻译:creative translation),并认为这能够解决公示语翻译中的许多现实问题。方梦之(2010)则根据严复的翻译思想和翻译实践,结合文化学派规范理论和功能目的论,提出了应用翻译的达旨、循规和共喻三原则,以在更大范围内适应应用翻译的实践和研究,提高理论的概括力和解释力。以上学者所提出的应用翻译原则或策略,着眼于我国应用翻译的现状与实际需求,打破了传统的翻译模式,对应用翻译实践具有较强的针对性和有效性。

　　目前,在应用翻译研究中,学界除了采用功能目的理论作为理论指导外,还可以采用其他相关理论进行多视角的探索,如笔者曾根据翻译适应选择论的观点,阐述了地方特色文化外译的三个基本原则,即语言维的接受性、文化维的充分性和交际维的互动性,为翻译适应选择论和生态翻译学在旅游翻译中的应用研究提供了一定的参考价值(刘金龙,2017:6-10)。陈建平等

(2013:57-67)在《应用翻译研究》中列举了应用翻译多维性研究的十个视角，即文本类型学视角、目的论视角、功能对等视角、生态翻译学视角、翻译伦理视角、互文性视角、语料库翻译研究视角、翻译美学视角、平行文本分析法视角和现代语言学理论视角等。这些视角能够大大拓宽人们的视野，助力应用翻译研究的深化。

　　综上所述，功能目的理论与应用翻译研究关系密切，功能目的理论的许多思想和方法完全可以用来指导应用翻译的实践与理论研究。功能目的理论不仅能诠释应用翻译中的许多问题，如文本分类、翻译策略的采用等，还能帮助更为深入地探讨翻译中"何为译""为何译"以及"译何为"等关键问题。此外，我们还能深刻感知加强应用翻译理论研究的必要性和现实意义，"应用理论包括程序论和方法论，涉及翻译的技能、技巧研究，其突出的特点是理论的实用性和对翻译实践的指导性，因此这个层面的理论研究最能体现本位论原则"（刘宓庆，1996:3）。

第 2 章

科技文体翻译

　　自 20 世纪 70 年代以来,随着国际交往的增多、科学技术的迅猛发展,科技英语(English for Science and Technology)逐渐发展成为一种非常重要的英语语体或英语文体。科技文体泛指一切话题为科学和技术的书面语和口语,其语域层次多,应用范围广,可粗略分为两大类:普通科技文体和专用科技文体。前者正式程度中等或以下,受过普通教育及未受正规教育的读者均可理解;后者的对象是具有专业背景的人士。二者既有共性,也有个性。总体上来说,科技文体具有以下特点:语言规范、语气正式、陈述客观、逻辑性与准确性强、信息量大,呈现高度专业化并大量使用公式、表格和图表。

　　科技翻译的发展受翻译理论发展的影响,也与一些学者的极力推动密不可分。例如,霍尔姆斯(Holmes)和图里(Toury)分别于 1972 年和 1995 年基于语篇范畴,将翻译语篇划分为文学、商务和科技文本体裁。霍恩比(Snell-Hornby)于 1996 年根据翻译文本功能,将科技、法律、经贸和医学翻译归到专门语言翻译(special language translation),提出对于科技翻译之类的专门用途翻译要学习专门学科知识、掌握专门用途学科的概念、注重信息功能,并通过文本语言学理论(text-linguistics),研究其句法、术语和文本(高巍、范波,2020:65)。

　　一般来说,科技翻译从狭义上讲就是指自然科学与工程技术翻译。科技翻译的首要标准是准确,误译可能会导致生命、财产损失,与之相比,文学翻译的责任则小些,误译可能会招致批评。此外,科技翻译还有着自身的诸多与众不同之处,如被动语态翻译、长难句翻译、科技新词翻译、科技术语翻译、名词化结构翻译等。需要指出的是,按照以上对科技语域的划分,科技翻译也可分为普通科技文体翻译(简称科普翻译)和专用科技文体翻译(简称专业技术翻译)。科技语域层次多,可细分为若干次语域,甚至可以再细分,可谓"体中有体,类中有类",这就决定了科技翻译的标准、原则和方法也不尽相同。

　　本章聚焦于科技英语中的修辞和美学两个方面。无论是科技英语中的美学,还是修辞,其实"就是选用最精练、最简明、最具体、具有语言魅力的语言结构和词语,言简意赅地表达最完整的思想,读者最好理解和接受"(张梅岗等,2008:1)。

2.1　科技英语中的积极修辞与翻译

　　修辞具有悠久的历史,中外皆然。修辞是以语言的使用作为手段来影响读者或听者为其目的,它被广泛地运用到语言写作中。关于修辞,视角不同,所见也不尽相同,如我国的修辞学之父陈望道在其被奉为"中国现代修辞学奠基之作"的《修辞学发凡》(2008:57)中把修辞分为积极修辞和消极修辞,范家材(2003:1)则将修辞分为交际修辞和美学修辞。

　　陈望道(2008:57-58)认为,积极修辞是具体的、体验的,常常有着相对固定格式的修辞手法,却要使人"感受"。使人感受,却不是这样便可了事,必须使看读者经过了语言文字而有种种的感触。他还将积极修辞格分为辞格和辞趣,前者还可分为材料上的辞格、意境上的辞格、词语上的辞格和章句上的辞格四大类。换言之,积极修辞是指积极地随情应景地运用各种表现手法,极尽语言文字的一切可能性,使所说所写呈现出形象性、具体性和体验性。也就是说,积极修辞不仅要使人理会,还要使人感动,这就要求语言不仅意思准确、明白,而且还要形象、生动、活泼。毛荣贵(2006:387-388)对此给出了更为确切的描述,认为积极修辞是指那些"有相对固定格式的修辞性写作技巧",并归纳为词义修辞格(比喻、借代、拟人、反语、夸张、低调、委婉语、对照、矛盾修辞法、移就、双关、异叙、拈连、仿拟、隽语)、结构修辞格(反复、联珠、回文、平行结构、反对、设问、突降)和音韵修辞格(头韵和拟声)三大类。

2.1.1　科技英语中的积极修辞

　　科技英语往往是一种客观的叙述,用来阐明事理和论述问题,有的是叙述、推理、结论等的过程,这种内容性质决定了其语言的特点是平铺直叙、简洁和确切。科技人员注重的是科技事实和逻辑概念等,因而其文体十分严谨,修辞比较单调,甚至不要使用任何修辞手段。

英国语言学家戴维·克里斯特尔(David Crystal)认为,科技语言应当避免抒情、幽默、比喻以及其他任何带有主观色彩的语言(蔡力坚、王瑞,1986:12－13)。刘宓庆(2009:258)也认为,科技英语的显著特点是重叙事逻辑上的连贯(coherence)及表达上的明晰(clarity)与畅达(fluency);避免行文晦涩,作者避免表露个人感情,避免论证上的主观随意性。因此,科技英语总是力求少用或不用描述性形容词以及具有抒情作用的副词、感叹词及疑问词。科技英语力求平易(plainness)和精确(preciseness),因此尽力避免使用旨在加强语言感染力和宣传效果的各种修辞格,忌用夸张、借喻、反诘、双关及押韵等修辞手段,以免使读者产生行文浮华、内容虚饰之感。

其实,使用修辞手法未必会削弱语言内容的客观性,因为科技文体与文学作品的根本区别并不在于是否运用了比喻、夸张、双关等修辞方式,而在于是否绝对真实,是否允许虚构。科技文体与修辞并非天然地相克相悖。相反,修辞手法若在科技文体中运用得当,能使行文流畅生动、形象易懂和富有美感。例如:

A Good Home Makes Birds More Optimistic

HOW do you get inside an animal's head and assess how it's feeling? The short answer is, you can't. But a study on starlings has taken us one step nearer by revealing how animals change their behaviour in response to different environmental conditions. The information could improve our understanding of animal welfare.

Melissa Bateson and colleagues at New Castle University, UK, investigated how starlings respond to different living conditions, by giving them choices designed to assess whether their outlook was "pessimistic" or "optimistic".

Birds were trained to associate a tasty snack— a worm with a dish with a white lid, and an unpalatable quinine-flavoured worm with a dish with a dark grey lid. Starlings soon learned not to bother flipping open dark grey lids.

The birds were then kept either in "enriched" cages with

branches and water baths, designed to promote greater welfare, or in standard cages that were smaller and bare.

Next, the birds were given dishes with lids of various intermediate shades of grey. When there was ambiguity over the colour, and thus whether there was a tasty snack inside, only those birds kept in the enriched cages were likely to bother flipping open the lids. In other words, starlings in enriched cages were more "optimistic". The results will appear in Animal Welfare. （张俊，2007：73－74）

该科技新闻报道是刊登在 2007 年 4 月 28 日《新科学家》(*New Scientist*)杂志上的文章。该杂志是英国著名的推广科普的周刊。科学爱好者往往可以在该杂志中找到各个科学领域最前沿的发展态势。这篇题为《好环境让鸟儿生活得更乐观》的文章从始至终都在将八哥的情绪变化比喻成人类的"悲观"和"乐观"，而导致八哥这种变化的直接原因就是生活环境的变化。文章使用了拟人修辞手法，将实验室科技成果像讲童话故事一样介绍给普通读者，把原本枯燥的动物心理研究成果报道得惟妙惟肖，激发了人们对于这项研究的兴趣。由此观之，文章中使用拟人修辞手法并没有削弱文章的科学性，反而增强了其可读性，按照现代修辞学的观点，修辞的目的在于提高语言的表达效果（姚殿芳、潘兆明，1987：2）。

随着现代人认知能力的提高，科技英语写作中使用的一些积极修辞不仅能够被接受，还能提高被接受的程度。郭富强（2000：89）曾总结了在科技文献中使用积极修辞手段的重要作用：第一，可让作者形象、生动、鲜明地把抽象、复杂的事物展现给读者；第二，可把写来笔墨过多的事物变得更简明，方便读者；第三，使严谨的科技文体更形象、生动，更具趣味性和可读性，这也是科技英语发展的一种重要方向。故而，在科技英语写作中，我们不仅要加强使用修辞的意识，还应该会正确地运用各种修辞手段。

2.1.2 科技英语中积极修辞的分类

2.1.2.1 隐喻

隐喻也称暗喻。隐喻在科技英语中较为常见，主要表现为科技工作者借用熟知事物的功能、特征、形状、性质、过程、状态来映射陌生、新鲜的事物，从而对此事物产生更加清楚明晰的认识。

隐喻能使人直接产生联想，形象而深刻地明晓事理。许多科技语由此产生，例如计算机领域的 window（窗口）、menus（菜单）、network（网络）、blastoff（发射）、splash down（溅落）、traffic（通信）、tunnel（信道）等。隐喻修辞不仅表现在词汇层面，还表现在语法和句法层面。但总体而言，科技英语中的隐喻在词汇层面的应用远远多于在句法和语法层面的应用，如词义转移、名词性隐喻、动词性隐喻、历史典故和文学故事等。翻译时，对普及化或术语化不强的词，我们可以采用直译的方法；如果直译的结果晦涩难懂或比喻太深奥，最好意译。

例 1：It's a classic case of the bored-housewife *syndrome* —— she's got nothing to do all day except drink and shopping.

译文：她的*种种表现*是家庭妇女感到厌倦的典型例子——整天除了喝酒就是购物，无事可做。

原文中的 syndrome 意为"综合征"，为医学术语。但在原文语境中，该词用来比喻"一系列特定的表象"。由于"综合征"一词的专业性比较强，所以译者采取意译的方法将其处理为"种种表现"。

例 2：Today, it can be said that *wheels run America*, the four rubber tires of the automobile move America through work and play.

译文：今天我们可以说，*美国是靠汽车轮子运转的*，四个橡胶轮子推动着美国人的工作和娱乐。

原文中的 wheels run America 表层含义为"车轮使美国运转"，实际上暗指汽车工业在美国所处的支配地位。译文中，译者舍弃原文形象，将其隐含意思表达了出来，原因在于语言和文化关系密切，语言是文化的载体，而文化又根植于语言。如果翻译中遇到负载文化内涵的隐喻，而目的语文化中又没有相同或对等的隐喻概念或类似的概念域映射，就无法做到概念域在目的语中的归化映射,译者只能采取隐喻概念域映射的移植手段——舍弃喻体形象,只译喻义。

2.1.2.2 明喻

明喻就是将描写事物与另一种具有鲜明同一特点的事物通过特定的比喻连词联系起来,如使用 as,like,seem,as if,as though,similar to,such...as 等词进行提示,使抽象的事物具体化、形象化,把深奥的道理说得通俗、浅显、明白,鲜明地刻画事物。明喻使形象思维与逻辑思维相结合,将两种具有共同特征的事物加以对比,鲜明地刻画某事物,可以取得鲜活的立体效果。

一般来说,明喻的本体和喻体必须互为异类,但又有相似点。本体和喻体差异越大,比喻效果越清晰明显,修辞效果越佳。换言之,本体和喻体的相似点越鲜明,就越容易被人理解,被人接受。翻译时,要求译文形象、生动,实现科学道理与艺术形象的一体化,使人更直接地深刻领会信息。

例 3:The robot a man so subtle that he *seems to be* not one but *the incarnation of a winged angel*, who can fly up to the skyscraper and hand in person the milk bottles to users, really a superman comes into being on the earth.

译文:机器人如此精巧,*简直像是长着翅膀的安琪儿的化身*,能够飞上摩天大楼,亲手把牛奶交给用户,它的确是出生于地球上的超人。

原文中运用了比喻手法,seems to be the incarnation of a winged angel,译文中也同样保持了其明喻的比喻手法,语言生动,达到了形象化的感觉。

2.1.2.3 提喻

提喻,亦称举隅法,主要特点是以局部代表整体,或以全体喻指部分。提喻一般不直接说明某一事物的名称,而是借事物本身所呈现的各种对应的现象来表现该事物的一种修辞手段。提喻大致可归纳为五种类型的用法:①部分用来代表整体;②整体用来代表部分;③特定的事物代替普通的事物;④以材料代替事物;⑤容器代表里面的事物或者里面的事物代表容器(范祖民,2010:97)。

在科技英语中,由于名词或名词短语的替代居多,故提喻也称为替代修辞,主要指词汇的替代关系。提喻通常有三种方式,即上义词代下义词、等义词的替代和中心名词替代名词词组。

例 4:Scientists now want to build a larger and more modern robot that will be called Jason. *The Jason device* might some day study the ocean floor, and find submarines and investigate enemy equipment.

译文:现在科学家打算建造一种较大型、更先进的机器人,将取名为"贾森",*这种较大且更先进的"贾森"机器人*有朝一日将用来勘察海底,寻找潜水艇和研究敌方装备。

该例句属上义词代下义词,也称相关概念名词的替代,其特点是以大代小、以抽象代具体、用含义较宽的名词代替含义较窄的,即表示类概念者为上义词,表示种概念者为下义词。句中的 the Jason device 为上义词,替代下义词 a large and more modern robot,该替代名词译为"这种较大且更先进的'贾森'机器人"。

例 5:The exact composition of *the corrosion product* depends upon the atmosphere so that *the patina* may be protected or permit further corrosion leading to deep and penetrating attack.

译文:*腐蚀产物*的确切成分取决于环境因素,所以*铜绿*可能会保护金属,也可能会让金属受到进一步腐蚀,进而向深部穿透。

在科技英语中,对物质的命名一般根据其结构或者特点,以使用学名为主,有时也会使用约定俗成的名称,俗称替代学名。原文中的 the corrosion product 与 patina 构成相对等义词,"腐蚀产物"为学术名词,"铜绿"为俗称,可分别译出。

例 6:Sound waves are created by *the compression of the molecules of air*, *this compression* is generated by the origin of the sound.

译文：声波是由<u>空气分子的压缩</u>而产生的，<u>这种压缩</u>则是声源产生的。

该例句属中心名词替代名词词组的提喻。原文中的 this compression 替代 the compression of the molecules of air，翻译时可按实称译出。

科技语言反映逻辑思维的特点。科技英语中提喻这一修辞形式的产生、变化、应用以及对它的理解都要从严格的推理入手，务求精确，弄清替代与被替代的名词。根据科技英语的文体特点以及提喻修辞本身的特点，遵循科技译文以准确传递科技信息为主的原则，对不同形式的结构，可采用两种不同的译法：按实称译和按代称译（郭富强，2000：92）。例 4 和例 6 则是按实称译的译文，例 5 则是按代称译的译文。

2.1.2.4　借喻

借喻，也称作转喻，通过对两者相近或类似的特征的联想，借喻体用来代替本体。借喻是一种省略了本体和比喻词的比喻，可以根据具体语境把本体找出来，再加一个"像"字将借喻还原成明喻的形式。借喻和前面提到的提喻很容易混淆，故有学者将两者作了两点区别：其一，借喻中，两事物之间必然存在某种相似性。而借代中，两事物之间并无相似性，而只有某方面的相关性。也就是说，借喻的主要作用在于"喻"，而"借代"的主要作用在于"代"。其二，借喻一般可换成明喻的格式，而借代则不能（龚芬，2011：141）。借喻修辞手法能使语言更加生动形象，浅显易懂，也使语言新鲜活泼，富有表现力。

例 7：More often，the heart disease process progresses silently until symptoms occur because the *pump* is not supplying blood in sufficient quantity to other organs.

译文：更常见的是，这种心脏病在发作过程中并无症状，后来发生症状是因为<u>心脏</u>不能给其他器官供应充足的血液。

医学上经常用"过滤器"（filter）代替"肾"（kidney），在这句话中作者用"泵"（pump）代替了"心脏"（heart）。

例 8：So，during any five-week *shape-up*，for us more on the *tape measure* than on the bathroom scale.

译文：因此，在此五周的*减肥*期间，把注意力放在*量腰围的卷尺*上，而不是放在浴室的磅秤上。

根据上下文，可知 shape-up 的意思是"减肥"，tape measure 是用来量腰围的。在翻译时，应明确译出原物。

2.1.2.5 拟人

拟人，即把人类性状或感情赋予动物，把生命及人类属性赋予无生命之物或抽象概念，或把人类的特点、特性加于外界事物上，使之人格化的修辞手法。拟人是童话写作中较常采用的修辞手法，但同样也适用于科技英语写作。对那些冷冰冰的、没有生命的事物，适当赋予人的情感可以便于叙述并使文字生动活泼。拟人可以使内容人格化，赋予人的情感、思维和形象，读起来具有亲切感。例如文章"More Animals Join the Learning Circle"（《动物好学成风》）介绍了动物间如何传授"自家传统"和"文化"的。

例 9：In the chilly month of November，most U. S. production areas don't have harvest fruit. But a team of University of Florida scientists is trying to help growers in Northern Florida produce a crop— by *tricking strawberry plants into thinking it's spring time*.

译文：寒风凛冽的十一月对美国大多数水果产地来说不是收获季节，佛罗里达大学的一个研究小组却正在尝试让佛罗里达北部果农在这时候也有收成——方法是*对草莓进行欺骗，让它们觉得春天已经来临了*。

赋予草莓以生命，"对草莓进行欺骗，让它们觉得春天已经来临了"的表述帮助译文读者更清楚地理解相关研究的实际效果。

例 10：It is very like *communicating with an accurate* robot who has a very small vocabulary and who takes everything *literally*.

译文：这就很像和*一丝不苟*的机器人*讲话*，它只有很少词汇，而且你怎么说它就怎么做。

随着现代计算机技术的快速发展,机器人高度智能化,产生了许多拟人术语,如计算机中的 memory(记忆器),instructions(指令),data processing(数据处理)等;机器人中的 arm(手臂),robotcop(机器人警察),robotnurse(机器人护士)等,不一而足。

2.1.2.6　移就

移就,俗称形容词移位,其修饰语形容词或起形容词作用的词组从本该由它们修饰的名词之前移开,而去修饰本不该修饰的名词。换言之,移就是利用语言结构或词序上的变化,以修饰语的异常位置或者说以异常的修饰关系故意犯错,使读者感到突然,从而对其格外注意,来达到预期的修辞效果,故移就也可称为形容词修饰转换、转类形容词、修饰语移位等(范祖民,2010:101 - 102)。科技英语中使用移就可以使严肃的科技文章生动形象,情景相容,使平实的语言华丽,使句子表达新颖夺目。

例 11:*Brutal plan* cuts off researchers in their prime.
译文:*残酷的计划*裁减了一批年富力强的研究人员。

计划是无所谓残酷的,残酷的是制订计划的人。本句采用了直译法,读者较容易联想到制订计划的是残酷者。

例 12:After several *arid* years, Europeans conceived the design a very large jet aircraft for carrying passengers on short flights, commonly referred as the Airbus.
译文 1:*荒芜了*几年之后,欧洲人构想出一种适合短程飞行的大型喷气式飞机的新设计,这种客机俗称空中客车。
译文 2:几年*毫无结果的*研究之后,欧洲人构想出一种适合短程飞行的大型喷气式飞机的新设计,这种客机俗称空中客车。

原文中,arid 的字面意义为"土地贫瘠的",属于形容词的转类修饰。译文 1 将其译为"荒芜了几年之后"过于直接,译者没有很好地联系上下文理解其真实语用含义;根据原文作者想要表达的旨意,译文 2 将其译为"几年毫无结果的研究之后",达到了传神达意的效果,因为并非真的有一片土地荒芜了几年,而是指欧洲人在飞机的设计上没有取得实质性的研究成果。因此,在翻译转义修辞时,只有弄清其内在的语义关系才能用地道的表述将其译得流畅,移就修辞中修饰语和被修饰语之间的语义关系要比语法关系更难把握。

2.1.2.7 夸张

夸张是人们从主观出发,通过对描述对象在数量、形象、特征、作用、程度、情状方面的夸大或缩小,突出事物的某种特征或品质,鲜明地表达思想情感,从而达到强调的目的。夸张修辞一般被认为是科技文体的禁忌,因为科技文章具有客观性、科学性、准确性和严密性等特点。但事实上,为了使描述的事物更加形象、具体,把深奥的道理说得浅显易懂,突出事物的本质特征,夸张在科技文章中也偶有出现。例如新闻标题"What a Difference 40 Years Makes — How Property Went Through Roof from Wilson to Blair"(《英国四十年房产价格巨变——在威尔逊到布莱尔首相任期内房产创出天价》),副标题中句式"to go through roof from... to ..."形象地表现出房产价格的巨变。又如:

例 13:If there really were *millions of times* more comet strikes than we believe, the moon's surface would be much more heavily cratered,and Earth's stratosphere would be saturated with water. It's quite dry.

译文:如果彗星撞击地球的<u>次数远远超过我们所掌握的数据</u>,那么月球表面应比现在更加斑痕累累,沟壑纵横,而实际并非如此。地球的同温层也该包含水分,但实际上,那里却十分干燥。

上述例句运用夸张修辞将数量无限夸大,强调彗星撞击地球的次数太多。

2.1.2.8 矛盾修辞

矛盾修辞是用意义相抵触甚至相反的词语并列,通过其矛盾碰撞来产生修辞效果。矛盾修辞是一种思辨巧妙的修辞手法,其作用在于把思想感情浓缩到相互矛盾或极不协调的修辞关系中,通过对立统一而达到语言特定的形式美,借以表达语言中的辛辣、讽刺、刻薄、愤慨、诙谐、嘲弄或是看起来悖逆常理却又闪耀着哲理火花的思想。

例 14：Mars Probe Maintains *Deafening Silence*.

译文：火星探测器杳无声息,科学家心如火焚。(陆士杰,2000：41)

例 14 是一条发表在网上的科技新闻,此标题非常醒目,耐人寻味。该新闻具有其特定的背景。1999 年 12 月 5 日,在经过三天的努力之后,美国航空航天局帕萨迪纳喷气实验室的科学家仍然没有收到"火星极地着陆者"探测器的回音,与之取得联系的希望越来越渺茫。于是,麦克·米勒(Michael Miller)当天就写了以上这则标题的新闻。细细想来,耗资 1.65 亿美元的"火星极地着陆者"杳然无音,消息的标题中出现 silence 是可以理解的,然而,该消息的标题却令人意想不到地将 deafening 作为形容词置于 silence 之前。deafening 意为"震耳欲聋的,极喧闹的,声音极大的",用该词来修辞 silence似乎自相矛盾,可译者的视野可以扩大到整个标题,采用变通译法。

2.1.2.9　音韵

音韵修辞可分为头韵、半谐音、尾韵、拟声等不同种类,它是通过一定的声音形式创造听觉形象,造成强烈的感情效果。

头韵作为一种语音修辞格,是指在一组词、一行诗或一句话里,彼此靠近的两个或两个以上的词,其开头音节相同。头韵是一种十分常见的反复类音韵修辞格,能够赋予以音韵美和节奏美,起到渲染气氛,烘托感情,加强语言表现力等效果。控制论的创始人 B.维纳(B. Wiener)写过一本名为《上帝和机器人》的作品,其英语书名为 *God and Golem*。Golem 是英语中的一个冷僻词,其本义指 16 世纪希伯来传说中的有生命的假人,"机器人"的常见英语表达为robot。作者舍弃 robot 而取 Golem,意在运用英语语音修辞格的头韵。Golem 和 God 两词的词首辅音 g 同韵,读之朗朗上口,音律铿锵,容易记忆,又便于传诵。

音韵修辞主要存在于科技英语标题中,它能使标题明快而生动,富有节奏感,充分体现了语言内在的音乐美。如例 15 使用了词头 d-形成视觉押韵效果,读起来朗朗上口。

例 15：Hair loss can be triggered by *drug，disease and diet*.

译文：脱发可能由药物、疾病和食物引起。

元音半谐音，又称元韵或准押韵。半谐音的结构特征是在重读音节上重复某些相同或相似的元音，用于诗歌语言中的部分重复或半押韵，作为音韵安排组合的一个部分。相同的重读元音在句中重复，使语句具有音乐的节奏感并富有诗意，从而增强其表现力或感染力。正因为半谐音具有色彩鲜明，耳悦目愉，耐人寻味，能给人一种和谐的音乐美，所以许多诗人都喜欢采用。科技新闻中也时有使用（曾庆茂，2007：224）。如例 16 中带有双元音的 tear and cheer 重叠，有很强的节奏感，非常具有表现力和感染力，从而产生了良好的修辞效果，读者仿佛置身于令人激动的场面。

例 16：The sentimental *tears and cheers* of the pro-Olympic torch run turned into unembarrassed howls and shrieks.（*Time*）

译文：奥林匹克赛火炬接力的情感充沛的眼泪和欢呼声变成了无拘无束的狂呼和嘶叫。

尾韵指的是两个或两个以上的词的词尾辅音读音完全一致，即词尾辅音或句尾非重读音节的重复，结构整齐漂亮，音律铿锵有力，增加和谐与美感。尾韵的合理运用使翻译明快而生动，富有节奏感，充分体现语言内在的音乐美。如例 17 这个标题既押尾韵，又具有拟声效果，增强了标题的沉重感，让人读后触目惊心。

例 17：Londoners：*Rattled* and *Stranded*

译文：雾都惊魂，徒唤奈何？

2.1.2.10　典故

典故指人们在口头或书面表达时，引用出自神话、童话、传说、寓言、民俗、宗教、文学名著的带典故性的词语，并使之与叙述或议说融为一体。典故具有自身深厚的历史渊源和鲜明的民族特征，体现了一个民族深厚的文化积淀，蕴含丰富的人生哲理，闪烁着真理的光辉。对英语学习者，尤其是对那些进入更高层次的英语学习者来说,了解和掌握一些英语词语典故显得尤为重要。当一门科学或技术发展到一个崭新阶段时,就会涌现出一批新词语,这些词语大都具有很强的专业性。但其中也有不少常被引用而逐渐具有比喻意义。例如:blow off steam 字面意为"放掉蒸汽(以减少压力)",现在人们常用它比喻"发泄被压抑的感情"。

例 18: A water-resistant laptop encased in a magnesium alley, the CF－27 is advertised by Panasonic as *the Hercules* of the portable computer.

译文:CF－27 系一种防水型的手提电脑,机壳采用镁合金,松下公司在广告词中将其比作手提电脑中的*大力神*。

Hercules 是希腊神话中的英雄赫拉克勒斯神,据说他天生力大无穷。译文将 the Hercules 译为"大力神",既保留了源语文化特色形象,又准确生动地反映了新型电脑的内在品质,给读者留下由此及彼的想象空间。

例 19: It（wood frog）spends its winters interned in subzero sleep, its tissues steel-rigid, and revives in the spring raring to go. It's the *Rip van Winkle* of the animal world.（Discover,2005(2)）

译文:在冬天,林蛙的体温降到零度以下,处于休眠状态,器官组织没有任何活动,而到了春天,它就会复活。它是动物界的"*瑞普·凡·温克尔*"。

该例使用了文学掌故。华盛顿·欧文（Washington Irving）被称为"美国文学之父",他的许多作品,如小说《睡谷的传说》（*The Legend of Sleepy Hollow*）和《瑞普·凡·温克尔》（*Rip van Winkle*）成了美国最早的现代短篇小说,在美国可以说家喻户晓,所以原文作者使用瑞普·凡·温克尔这个小说人物可谓是信手拈来,根本没有任何修饰。小说中瑞普·凡·温克尔因醉酒而昏然入睡 20 年,醒来时发现物是人非。作者将这一故事和青蛙从冬天冬眠到春天苏醒作比喻,非常形象,翻译时直译即可。

2.1.3 科技英语中积极修辞的翻译策略

修辞是调整文章的表里关系,使思想感情的表现、客观事物和情境的反映能恰如其分,而不是孤立地讲究形式美(张红,2001:76)。如今,文学修辞手法,如转义、明喻、暗喻、借喻、拟人、双关、夸张、排比、押韵等在科技英语中的应用日益增多。因此,在科技英语翻译中,修辞的翻译是绕不开的话题,而且在翻译美学中意义深远。

翻译策略与翻译方法是很容易混淆的两个概念。方梦之(2019:118-148)认为,在我国传统译论中,历来无"策略"一说,而用"方法"表示。因此,在我国传统译论中一直讨论的直译、意译,都称作翻译方法,而非翻译策略。"翻译策略"是一个外来术语,由我国翻译界于20世纪90年代中期随文化学派翻译理论的引进而引进。不同的翻译策略往往有不同的理论渊源或依据。译者的翻译目的是多重的,因而为实现不同翻译目的所采取的策略自然不同。一方面,局部的、分散的翻译经验和翻译技巧通过整合、归纳、提炼也可产生更具普遍意义的经验模块、翻译策略和翻译方法。另一方面,翻译策略和翻译方法有着天然联系,中外学者在运用时流变不居,二者常常混用。基于此,本书中统一使用翻译策略的表述。此外,方梦之认为翻译策略的分类与理论派别、文本类型、历史成因、翻译方向、使用范围等有关,本书中的翻译策略可归入他分类中的传统型翻译策略,即古已有之的直译、意译、音译等。

2.1.3.1 直译

科技文体属信息型文本,兼顾表达功能文本的某些特征。科技英语翻译的基本原则是"直译第一,意译第二"。据估算,大约70%的科技英语中的句子要用直译策略进行处理。直译不仅能传达源语的形式美,还能较好地保留其旨趣。

科技英语中运用修辞格主要不是为了语言的优美,而是为了更好地突出主题,再现源语主旨。如果原文的修辞直译后可以被多数译语读者理解接受,则最好直译,使译语在内容和风格上与源语保持一致,增加可读性。正是通过直译,汉语才变得更加美丽,吸收了为数众多的形象生动的英语表达,如"鳄鱼的眼泪""达摩克利斯剑"等已逐渐为读者所接受并成为其文化的一部分,并因此进入较高层次的审美阶段。一般来说,翻译时,原文出现具有源语文化和形象色彩的词汇或语句时,译者应尽量采取直译的方式保持原文的容貌。

1. 完全直译

完全直译就是在内容和形式上都采用直译法。这种译法的好处在于"把原文的修辞格、俗语、文化典故等尽量保留下来,让译语读者更直接地感受异域文化,因而更有效地起到文化交流和沟通的作用"(周晔、孙致礼,2009:31)。

例 20:Over the next six years, the assailant would go on to rape five more women before unassailable *DNA detectives* would finally peg him as the perpetrator.

译文:在后来的 6 年内,他又强奸了另外 5 名妇女,直到无懈可击的*DNA 侦探*确认他就是罪犯。

原文中使用了隐喻修辞。由于 DNA detectives 不会影响读者理解"碱基对"的长度和 DNA 在侦探工作中的作用,反而会加深读者对"碱基对"之长和 DNA 作用之巨大的印象,故用完全直译即可。

例 21:The new frontier in research in the field of fiber-optic transmission is to create integrated optical circuits on a chip. The goal is to put light sources, modulators, photodetectors and amplifiers on a single chip. *The Lilliputian city* of tiny laser lights winking at each other would process and store information just as silicon computer chips today.

译文:光纤传输的新的研究领域就是要在芯片上研制集成光路。其目标是要把光源、调制器、光检波器和放大器都装置在一个芯片上。那些微小的激光发光体就像*小人国城市*的灯光闪烁,相互照耀,并且像今天计算机硅片那样处理并储存信息。(杨寿康,2004:18)

这段话使用了众人皆知的《格利佛游记》里的小人国城市来比喻微小的激光发光体,使之鲜明生动。

2. 直译加适当增减词语

直译虽能较好地传达源语的内容和形式,但也并非字当句对,有时译者会根据译文行文表达需要进行适当的词语增减,原因有三:一是译者有意做明晰化处理,以增强文章的吸引力;二是适当补充点信息以弥补译语读者与原语读者在背景知识上的差距;三是针对译语与原语在行文习惯上存在差异,做出或增或减的文字调整(周晔、孙致礼,2009:31)。

例 22:When a woman puts her mind to work, her brain cells light up such a patch work that the scans look like a night view of *Las Vegas*.

译文:当女性集中精力工作时,她的脑细胞亮起一块区域,看起来就如同*著名赌城*拉斯维加斯美丽迷人的*夜景*一般。

原文采用了地理常识的隐喻修辞。拉斯维加斯是美国内华达州南部的一座沙漠之城,是世界三大赌城之一,是许多人梦想一夜暴富的乐园。原文读者对此文化背景非常熟悉,而译文读者则对其相当陌生。因此,我们在"拉斯维加斯"和"夜景"两词前面,分别加上两个补充性的修饰语"著名赌城"和"美丽迷人的",为译文读者提供与源语读者相近的信息。

例 23:Realizing that a virus must be capable of transferring itself between computers and that users-named data files are not likely *candidates* because they are not used on many machines, consider the data areas and files that are on all PCs.

译文:病毒是一定会在计算机之间自行传播的,并且以用户命名的数据文件不大可能成为病毒传播的*候选文件*,因为它们并没有在多台计算机上使用,认识到这一点,就来考虑所有 PC 机上都有的数据区及数据文件。

原文中,candidate 的本意为"候选人",译为"候选文件","候选"是直译,"文件"是增译的补充信息。补译使得译文准确,没有歧义。

一般来说,能直译的修辞有明喻、拟人、夸张、转喻、移就、排比、设问、反问等。

2.1.3.2 意译

科技英语中使用修辞格虽增强了语言的可读性,但也给翻译带来了困难。

实践证明,直译并不能适用于所有的修辞格,需要借助于能变通处理的意译法。因为"汉英两种语言中,有不少修辞格是利用了语言的独特构造或文化背景而达到修辞效果的,要把它们译成另一种语言是相当困难的。这是因为这类修辞格的语法、语音、语言形式无法和译入语匹配,或是其文化背景不为译入语读者所熟悉。在翻译这类修辞的时候,我们可能需要采取意译的方法"(冯庆华、陈科芳,2009:137)。总之,科技英语始终应将传递信息放在首位,翻译要考虑译文读者的接受能力,不要为了语言的"雅"而放弃"达"。

例 24:In recent years, there has been a succession of outbreaks of "emerging" diseases and of _old enemies_, such as TB that have become resistant to drugs.

译文:近年来,曾有过连续的"新生"疾病大暴发,以及一些如肺结核等<u>老顽疾</u>的大暴发,而是这些老顽疾的抗药性也越来越强。

该例使用了隐喻修辞。如将 old enemies 译为"老敌人",则不仅与原文的语体格格不入,也让读者不明就里。所以,翻译时,只能舍弃其形象,保持译文和原文在语体上的得体和一致性,意译为"老顽疾"。

例 25:"_We have a PR mountain to climb_," says Willy de Greef, head of regulatory and government affairs at Novartis Seeds in Basel Switzerland.

译文:"_要让大家接受转基因食品,我们还有一段漫长的路要_
_走_",瑞士巴塞尔诺瓦提斯种子公司的调节与管理事务部主管威利·德·格里夫如是说。(田传茂、许明武,2001:28)

原文中,PR 指 public relations,而 PR mountain 似乎更难令人理解。面对人们对转基因食品的普遍抵触情绪,格里夫感觉要说服公众接受转基因食品任务非常艰巨。因此,格里夫使用了夸张手法,产生了幽默形象的效果。译者如果直译原文中的 have a PR mountain to climb 会使读者云里雾里,故采用了意译的翻译方法,将其意象转换为"有漫长的路要走",同时增添了"要让大家接受转基因食品"信息,使得语义明晰化。

2.1.3.3 直译与意译相结合

自古以来，翻译中译者到底是舍形得神，还是舍神得形，抑或两者兼顾，形似和神似似乎成了一对不可调和的矛盾。钱钟书先生提出的"化境"就成了翻译的最高境界，也是译者的理想追求。然而，汉英修辞语言在意义的表现和形式的审美判断上都有诸多差异，在翻译中要做到对原文的意义和形式忠实，同时又要符合译文对韵文的审美期待是很难的。从翻译效果来看，许渊冲先生提出的翻译意美、音美和形美的三个标准是修辞语言翻译应追求的理想。而从译者的责任来看，如果同时兼顾了语言意义的忠实和形式上的审美特征，那么可以说他不仅对原文和原作者尽到了责任，同时对译文读者也是负责的（龚芬，2011：160）。从审美角度看，修辞的译文形式是评判翻译成功与否的标准之一，同时，意义的忠实更能体现对原文及原文作者的重视。在直译不能完全解决问题的情况下，可加之意译，方能形神兼顾。

例 26：A good surgeon must have *an eagle's eye, a lion's heart and a lady's hand*.

译文 1：一个好的外科医生应该具备*鹰眼、狮心和女人的手*。

译文 2：一个优秀的外科医生，应具有*老鹰一样明亮的眼睛，狮子一样大的胆子和女人一样灵巧的双手*。

原文中 an eagle's eye, a lion's heart and a lady's hand 使用了提喻的修辞手法。译文 1 只是对单词进行了翻译，完全直译为"鹰眼、狮心和女人的手"，殊不知，不同的文化对其会有不同的理解，对于读者来说，略显唐突。译文 2 既采用直译法，译出了原文的提喻形式，又采用了意译法，对语义不同的直译进行了增补信息的变通处理，充分考虑了读者的接受能力而又不失原文的风韵，可谓形神兼顾。

在科技英语翻译中，是否采取直译、意译，或是二者的结合，主要依赖于两种文化之间的交际程度。这种交际程度越深，采取意译方法的可能性就越小。反之，则越大。

此外，需要注意的是，科技英语中修辞格的使用非常广泛，也给翻译带来了困难。在某些特殊情况下，如不影响原文的信息重点，为了符合译文的表达习惯，可省译修辞。

例 27：This means that traditional programming could thus be called single threaded because the programmer is responsible for managing only a single thread during its *careful journey* from one instruction to the next.

译文：这就是说，传统的程序设计之所以可被称为单线索的，是因为程序员在其小心地设计一个接一个的指令时，只负责管理一个单线索。

careful 和 journey 都是用来指人的，但在原文中，其主语用的是 it，显然把 single thread 隐喻成了人。译文中，journey 没有被译出，原主语 it 被转换成"程序员"。原文省略了修辞，但这并不影响读者对原文的理解，且使译文更加符合中文的语言逻辑。

2.1.3.4　解释性翻译

科技英语中，一些涉及历史事件、人物、典故等文化专有项的信息对英语读者来说是不言自明的常识性知识，但对目标语读者来说可能是陌生的，因为读者的认知图式中缺乏源语中有关历史、文化、社会等方面的预设知识。虽然直译在一定程度上能保留源语的某些修辞形象，满足目标语读者对译作的审美需求，但有时仍不能完全传达源语的旨趣，故需要采取补偿的翻译策略——解释性翻译。采用解释性翻译的原因有二：一方面，读者作为作品的受众，具有明显的个体特征，因此对同一作品的阐释是有区别的。译者同样作为具有个体性的读者，即使承担着客观传递原文信息的使命，也难免使译文带有其本人理解和表达的独特性。另一方面，汉语和英语属于两种截然不同的语言文化体系，读者因所处的文化不同，对同一语言现象产生不同的理解和心理感受也是难免的。在这个前提下，译者对源语里所特有的文化语言仅仅以直译的翻译手法来满足译文读者的审美需求是不够的，要完整地传达原文信息，一定的辅助手段是必不可少，而这些辅助手段中最为常见的是通过注释来补充译文表层语言所不能传递的信息（龚芬，2011：154）。应该说，解释性翻译是直译的延续，既保留了源语的形象，又再现了其内容。一般来说，解释性翻译可分为两种，一种是文内解释，另一种是文外解释（直译加注）。

1. 文内解释

文内解释就是指将对该修辞格进行解释的内容融入译文中，使目标语读者在读译文的时候能即刻明白该词所要传达的意思。文内解释有时使用括号、破折号加以标示,有时则用完整句子加以说明。

例 28:"Hypnosis may have the same effect," Kosslyn says. "It shifts what I call the assumed norm. It can play the part that *Roger Bannister* did in the four-minute mile." (Discover,2004(12))

译文:柯斯林说:"催眠术可能也有同样的效果。催眠术能改变我们心目中的'假定标准',有时候,它所起的作用就像罗杰·班尼斯在一英里跑中所起的作用一样。*要知道,罗杰·班尼斯这位英国田径运动员,1954 年成为第一个在 4 分钟内(3′59″4)跑完一英里的人。他的影响简直太巨大了*。"

文中采用了带有重要人物的隐喻修辞。译者增加了与所提人物的相关解释性背景,并融入译文中。解释性翻译能很好地帮助目标语读者充分理解原文信息。

例 29:They analyzed photographs of the faces of 186 pairs of identical twins taken at the Twins Days Festival,a sort of twin-pride event held every summer in (naturally) *Twinsburg* Ohio.

译文:他们分析了 186 对同卵双胞胎的面部照片。这些照片都是在"双胞胎节"上拍摄的。双胞胎节是令双胞胎们引以为豪的一大盛事,每年夏天在俄亥俄州的特温斯堡(意为"双胞胎城堡")举行。(段于兰、覃成强,2011:107)

该例中对文化专有项 Twinsburg 用括号加注,使目标语读者立刻明白了原文的"特温斯堡"和"双胞胎城堡"之间的妙趣,更加深了对信息的理解——原来美国还有这样一个地方。反之,如果没有任何注释,目标语读者对这一文化专有项的含义和重要性就无从了解。

2. 文外解释(直译加注)

由于文内解释并非一字一词所能解释或说明白的,如果将这些解释性的内容融入译文当中,会使得译文冗长,不易被读者接受。而使用直译加注的文外解释法则是一个较好的选择。直译不仅能保留源语的风格,还能丰富汉语的词汇库。同时,为了将该词的内涵传达出来,译者可采用加注解释作为补偿,使其意义凸显出来。

例 30:Researchers thought culturally transmitted behavior was limited to humans and chimpanzees，but the new study suggests that all great *apes* share a common ancestor that was multicultural.

译文:研究者过去认为,行为的文化性传播只发生在人类和黑猩猩身上,但最新研究表明,所有的*类人猿*都有着具有多种文化的共同祖先。

注释:类人猿是灵长目猩猩科和长臂猿科动物的总称,包括大猩猩、黑猩猩、猩猩和长臂猿等。(王振平,2006:57)

读者对原文中的 ape(类人猿)恐怕不会陌生,但未必明确地知道它的科学范畴。那么,类人猿到底是什么呢? 这正是读者想要了解的,故而有必要对此容易让人误解的名词进行加注。

可见,采用解释性翻译法来翻译修辞格是个较好的选择,一方面不仅保留了"原汁原味",另一方面也传达了内涵,易于读者接受。

总之,修辞存在于任何语言当中,存在于任何文体当中,科技英语亦无例外。在翻译过程中,对科技英语中常见的修辞活动、常用的修辞手段应予以重视。陈治业(1996:43)认为翻译过程中应具有修辞意识,概括起来为:了解修辞与翻译之间的必然联系;明确修辞在翻译中的重要意义;提高翻译过程中的修辞活动能力和自觉程度。唯有对修辞的翻译方法加以研究,才能较好地传递原文思想内容以及技术信息、文化信息。

2.2 科技英语中的消极修辞与翻译

前人在继承陈望道先生的修辞学体系时,大多注重对积极修辞(辞格、辞趣)等现象的研究,而忽视了对消极修辞的关注,使修辞学研究的路子相对变得狭窄,似乎消极修辞的范畴已经被划分到语法研究的范畴中去了,或许这和修辞研究语言的表达效果不无关系。事实上,根据陈望道的观点,消极修辞是一种基本的修辞法,是积极修辞的基础,侧重于应和情境。在表现境界里,积极修辞和消极修辞这两种手法有相通之处。他还把修辞以适合题旨情境提到了"第一义"的高度,认为"语言文字的美丑是由题旨情境决定的,并非语言文字的本身有什么美丑在。语言文字的美丑全在用得切当不切当:用得切当便是美,用得不切当便是丑"(陈望道,2008:15)。

陈望道(2008)认为,消极修辞是抽象的概念的,它与语法、语言结构和词汇的关系密切。消极的修辞手法是以明白精确为主的,对于语辞常以意义为主,力求所表现的意义不另含其他意义,又不为其他意义所淆乱。毛荣贵认为消极修辞"主要指那些没有相对固定格式的修辞性写作技巧,它与语法、语言结构和词汇的关系密切,只是为了修辞和立意新颖的缘故,对之作了一些调整,在消极修辞的时候,语法也能用来描写,词汇具有了活力,语言结构似乎也带上了魔力"(毛荣贵,2006:384-385)。因为没有相对固定的格式,消极修辞也常常被学习者忽略,成为英语学习中的盲点,使得原文很难忠实又通顺地用汉语再现出来,从而导致学习者不能正确地理解原文。由于科技英语的特殊性,消极修辞在科技英语及其翻译中使用频率极高,不仅增强了其可读性,也为科技英语翻译提出了挑战。

2.2.1　科技英语中的消极修辞

消极修辞无处不在。"有人对多部文学作品的初版本和修改本进行了统计研究,发现作家修改最多的是有关词语、句子等消极修辞,占 90% 左右,而真正属于积极修辞(即辞格)的占 10% 左右。"(黄丽芳,1994:34)很多有关科技英语写作和翻译的相关著述中,里面提到得最多的是科技英语语法,鲜有消极修辞的提法,或将二者混为一谈。

殊不知,科技英语往往是一种客观的叙述,用来阐明事理和论述问题,有的是叙述、推理、结论等的过程,这种内容决定了其语言具有平铺直叙、简洁、确切的特点。在这种情况下,消极修辞有助于增强其语言的表述力。在科技英语写作中,为了增强表达效果,人们常用诸如求雅换词、换义、委婉语、谲辞、精警等几种常见消极修辞格。

例 31:Don't take the low-fat label as a *license* to eat.

译文：不能因为食品标明低脂肪而敞开食用。

原文的精彩之处在于 license 一词，它用途广泛，意为"许可证""执照""特许证"，等等，用在该句中给人一种"头小帽大"的感觉，新颖别致，具有"求雅换词"之效果，但译文很难保留这种效果。又如：

例 32：If the term sounds unscientific to 20th century *ears*, let us remember there is a definite connection between marshy lands and malaria.

译文：如果这个术语对生活在 20 世纪的人听来不科学的话，那就让我们记住沼泽地和疟疾之间是有一定联系的。

原文中的 ear 一词使用范围极小，只是表示人的听力器官——耳朵，似乎与整句不"协调"。作者将该词用在该句中，将它的所指范围扩大，使得行文活泼，词趣盎然，给人一种焕然一新的感觉。

例 33：Thousands of people flocked to the hospital to pay their respect to *the remains* of the great film star.

译文：成千上万的人涌向医院，瞻仰这位伟大的影星的*遗容*。

原文中的 the remains 实际上指"the corpse 或 the body，译文用"遗容"来替代"遗体"或"尸体"更符合语境。

消极修辞与写作密切相关。深入了解英汉语的消极修辞特征，对于双语学习与应用大有裨益。英语民族受到自身民族文化的影响，倾向于用"求异"的方式达到言语之文雅，而汉民族受到中华文化的影响，则倾向于用"求同"的途径通往表达之雅致。用英语表达自我时，要注意充分应用"雅异"的各种技巧，而用汉语表达自我时，则要尽量做到"求同存异"（吴克炎，2010：71）。例 31 和例 32 是求雅换词的典范，旨在增加文采，强化文章的表现力。在换词过程中，无固定格式可循。翻译时，含有"求雅换词"的句子或文章的翻译要遵循意译原则，否则就不能表现出原文要达到的修辞效果。例 33 运用了委婉语。写作中，作者为了把可能会显得粗鲁或令人不快的话换成含蓄的说法，使语言温和、悦耳,或者把话说得婉转,使语言生动活泼。译者在翻译委婉语消极修辞格时,应特别注意原文与译文在文体、语境、比喻形象和感情色彩上的对应,一般最好使用直译法,只有忠实于原文,才能使目标语读者真正领会原文作者的感情色彩和真正的写作意图。

2.2.2　科技英语中消极修辞的分类

就科技英语写作和翻译而言,消极修辞方法主要有三种,即择语、炼句和谋篇。

2.2.2.1　择语

择语修辞法主要用在词汇和短语层次上的修辞活动中。由于词是组成句子的基本单位,如果一个词语选择或使用不当,会影响整个句意的表达。"要把道理阐释得缜密透彻,把事情叙述得简洁生动,把人物刻画得鲜明感人,把感情抒发得酣畅淋漓,必须将不同的词语加以比较,选择其中最恰切的词语组织到句子里去表达。"(吕煦,2004:37)比如专用科技文体多用专业术语、大词、专用缩略语,多为专家对专家的语言,外行往往不得要领。

例 34: It is a further object of this invention to provide an apparatus which will have a proper weight to volume displacement to allow the thermocouple to sink beneath the surface of the molten ferrous bath in a basic oxygen furnace to *thereby* assure temperature measurements thereof.

译文:本发明的另一目的是提供一套装置,该装置以适当的重物作体积置换,而使热电偶沉入氧气顶吹转炉的熔池液面之下,从而保证其温度的测量。

该例选自一项专利说明书(法律文本)。其中的 thermocouple,molten ferrous bath,basic oxygen furnace 均为专业术语,thereby 和 thereof 则为现代英语写作少用的古体词,但却是法律文本中常用的古体词。此处的 thereby 即是 by the thermocouple,thereof 即是 of the surface of the molten ferrous bath。由此可见,择语的重要性。

例 35：Some growers often successfully avoid frost damage _by_ growing the plants under hot caps or in clear polyethylene tunnels.

译文：有些菜农种菜使用温罩或透明的塑料棚，常常成功地避免霜冻的损害。

例 36：The rubber is separated from the water _by_ coagulation with acid or _by_ removal of the water with heat.

译文：把橡胶与酸作用后凝固，或加热除去其中水分，则橡胶可以隔水。

对于介词 by 的用法，大家非常熟悉。在科技英语中，介词 by 经常用来表示因果修辞关系，其有两种结构：by＋动名词和 by（means of）＋名词。前者表示实现某种行为或希望得到某种结果所用的方法，实际上此结构相当于原因子句，句子的主谓语部分表示结果；后者表示认识过程和客观过程是一致的（张梅岗等，2008：124）。例 35 属于前者，例 36 则属于后者。

需要注意的是，科技英语还包括普通科技文体，主要包括科普文章和技术文本两个方面。无论是科普文章还是技术文本都有较强的劝导性（persuasiveness），即劝导读者干什么或不干什么、怎么干；劝导读者相信什么（观点、事实、原理）或不相信什么。所以，普通科技文体常以简明的语言、生动的方式把信息传递给受众（方梦之、范武邱，2008：22 - 23）。科普文体是科技文体的一种变体，介于科学和文学之间，因此它既具有科学性，又兼具文学性、通俗性和趣味性，避免使用复杂的科技术语。换言之，对于这类科技文本，择语必然会和专用科技文体不同。

例 37：A scientist dived below the surface of the sea in _a hollow steel ball_.

译文：一位科学家穿着_深水球形潜水器_潜入海中。

原文用 a hollow steel ball 来替代专业术语 a bathysphere，意为"深水球形潜水器"。使用专业性不那么强的词语，便于读者理解。

科技英语写作如此注重择语，翻译时，译者也要注意择语，以求准确贴切。主要体现在两个方面：一是专业词汇意义的选择，二是非技术词语的翻译。先来看看专业词汇意义的选择。例如 shield 一词,原来指用来防御敌人的刀枪等利器刺伤而使用的叫作"盾"的兵器。可是在科学术语中,它的含义有所不同:可以是一种用来开掘隧道的工具;在磁化工艺中,它是一种"屏蔽";在采矿工艺中,它是"铠装"或"掩护支架"等。所以,译者不能简单地将 shield 译为"盾"。

除了技术词汇外,非技术词汇的翻译也值得推敲,需要考虑词汇/短语的上下联立关系。例如:

例 38:We have certainly *come a long way* since Aristotle and Ptolemy, when we thought that the earth was the center of the universe!

译文 1:我们*离开*亚里士多德和托勒密的观念肯定是*相当遥远了*,那时我们认为地球是宇宙的中心!

译文 2:自从亚里士多德和托勒密以来,我们*取得了巨大成就*,那时我们认为地球是宇宙的中心!

原文较为简单,容易理解。然而,译文 1 读起来似是而非,难以理解,"离开……观念相当遥远了"不符合中国读者的表达习惯,原因在于没有正确理解 come a long way 这个短语,于是照字面意思"直译"了。事实上,该短语在句中可理解为"取得了巨大成就"。

2.2.2.2　炼句

炼句修辞法主要用在语句层次上的修辞活动中,即对句式正确的调配和锤炼(陈治业,1996:45)。句子锤炼是消极修辞的重要内容之一。为了体现客观性以及科学性,在句法结构上,科技英语广泛使用一般现在式、被动语态、名词化结构以及各种复合句,尤其是定语从句,因而科技英语句子较长,句型变化较少,而且结构复杂。例如:

例 39:Archimedes first discovered the principle *of displacement of water by solid bodies*.

译文:阿基米德最先发现*固体排水*的原理。

该句使用了名词化结构。句中 of displacement of water by solid bodies 系名词化结构，一方面简化了同位语从句，另一方面强调了 displacement 这一事实。使用名词化结构优点众多，如用词简洁、结构紧凑、表意具体、表达客观，而且整个句子的结构便于写作修辞，词句负载信息的容量得到了增加，有利于达到交际的目的。

例 40：Electrical energy can be stored in two metal plates separated by an insulating medium. Such a device is called a capacitor, or a condenser，and its ability to store electrical energy capacitance. It is measured in farads.

译文：电能可储存在由一绝缘介质隔开的两块金属极板内。这样的装置称为电容器，其储存电能的能力称为电容。电容的测量单位是法拉。

该句大量使用了被动句。"这是因为科技英语主要阐述、表达客观事物的本质特征、变化过程及其与其他事物之间的联系，被动语态的使用是科技文体追求客观性和规范性的一个重要手段。据国外有关学者统计，英语科技文本中至少有三分之一的句法结构采用被动语态，这与汉语科技文本的句法结构有较大的不同，因为汉语多用主动语态。"（陈海庆，2009：105）句中的各句主语分别为 Electrical energy，Such a device，Its ability to store electrical energy，以及 It（Capacitance）。这些词都包含了较多的信息，并且处于句首的位置，非常醒目。四个主语完全不同，前后连贯，自然流畅，足见被动结构可收简洁客观之功效。这也是科技英语的消极修辞使然。

科技英语的句法特征远非以上提到的几点，其句法结构具有较强的程式化倾向，许多句式出现的频率较高。例如，在人称使用方面，英语和汉语都强调篇章内容的客观性，英语中常用"The author thinks that…"，"The paper illustrates…"，"It has been proved that…"等固定表达方式，而汉语则常用"笔者认为""本文认为"等表达形式。此外，科技英语中还常用非谓语动词结构和后置定语结构等。例如：

例 41：Today the electronic computer is widely used in solving mathematical problems having to do with weather forecasting and putting satellites into orbit.

译文：当今，电子计算机广泛应用于解决一些数学问题，这些问题与天气预报和把卫星送入轨道有关。

使用非谓语动词结构的优点能使行文紧凑，句法简要，表达清晰，便于理解。翻译时，可将英语的非谓语动词结构译成汉语的动词。

例 42：Non-mobile robots, *capable of leaning to perform an industrial task and then of being left to perform it tirelessly*, are even now in use in industrial plants all over the world.

译文：*能学会做工作，并能孜孜不倦地工作*，但不能行走的机器人，目前在世界各地的工厂里都得到了应用。

该句使用了后置定语结构，其特点是具有定语从句功能，其优点是简化句子结构，同时对修饰词严格限定和说明。翻译时，可将英语的后置定语翻译为汉语中的前置定语。在翻译时，译者也需要注意炼句。

例 43：Then came the Industrial Revolution and the Earth filled with what was, on the evolutionary scale, an explosion.

译文：随着工业革命的进展，地球上发生了人口爆炸；这里所谓的"人口爆炸"，是从进化的时间长短来说的。

原文中的 what was an explosion 根据上下文语义，可译为"人口爆炸"，后面的句子论证了人口增长之快。短语 on the evolutionary scale 译作"这里所谓的'人口爆炸'，是从进化的时间长短来说的"。如果直译为"随着工业革命的进展，地球上发生了从进化的时间长短来说的人口爆炸"，句子则会显得生硬。由此可见，翻译时，炼句是极为重要的。

2.2.2.3 谋篇

这里的"篇"指的是语段、语篇或篇章。语篇是词和句子的集大成者，它在内容和交际功能上能保持相对完整、独立。美国华盛顿大学路易斯·特林布尔(Louis Trimble)认为英语语段都有明确的修辞功能,如描写、定义、分类及指令等,并在《科技英语:语法篇》(*English for Science and Technology—A Discourse Approach*)一书中阐述了科技话语修辞活动的层次性,共分四层:第一层为话语目的层,即最高层;第二层指用来展开话语目的的一般修辞功能;第三层则是为展开第二层而采用的具体修辞方式;第四层是具体的修辞技巧(郭富强,2007:146)。

任何语篇的展开方式主要靠各种修辞功能和修辞技巧。修辞功能一般包括描写、叙述、定义、分类等,它们是组织信息、构成语篇的基础,大部分语篇都是由其中之一展开,从而形成相应的语篇。科技英语中的消极修辞在语篇上表现得尤为突出。张梅岗等(2008:8)曾指出,"科学英语最基本的修辞特点集中体现在以意义为中心遣词造句、构段,展开语言篇章;集中体现在以内容为中心,强调科学概念的准确表达,展示严密的语言因果网络结构。还要运用适合的科学技术语言的修辞手段,把语言材料组织成句子、语段和篇章;措辞考究,语言严谨,一环套一环,形成一条完整的主题链或逻辑链,特别是因果逻辑链。换句话说,每个语言篇章都有一条完整的意链。语言修辞是围绕着这条意链进行的。概念单位意义之间的衔接是至关重要的。需要注意的是,不管采用什么修辞方式,都是为着要传递的科学内容为最终目的;为描述这条意链进行修辞。"所以,无论是科技英语写作还是翻译,都要事先谋篇。所谓谋篇,就是组织和谋划段落篇章,以便更完整、更有条理、有层次地表达思想(陈治业,1996:46)。

例 44:Physical comfort does not depend on temperature alone but on other factors as well. One of the major factors on which comfort depends is humidity. High humidity helps prevent heat loss from the body and makes even high temperature less bearable. Dehumidifying the air helps the body to lose heat and thus bear higher temperatures. However, beyond certain limits, removing the moisture from the air becomes harmful to the body. The mucous membranes of the nose and throat can become dry, thus increasing susceptibility to respiratory diseases.

译文:身体舒适并不只取决于温度,还取决于其他因素。决定身体舒适的主要因素之一乃是湿度。湿度高,容易妨碍身体散热,从而使体温更高,让人难以承受。降低空气的温度,有助于身体散热,从而能承受更高的气温。然而,除去空气中的湿气若超过一定限度却对人体有害。这时鼻和喉的黏膜会变得干燥,从而易感染呼吸道疾病。

本语段由六个句子组成。第一句起承上启下的作用,第二句为核心句,其余四句为附属部分。核心句与附属部分为 cause,result 和 purpose 的关系,核心部分陈述结果,附属部分表示原因,整段逻辑概念十分清楚。在附属部分的四句中,几乎每句都包含一个因果关系,由此进一步论证说明语段的主题,如第三句由 and 连接,其后面部分为结果,前面部分是原因,第四句和第五句是显性的因果关系,有标志词 thus,第五句是一个隐含的因果句。翻译时,译者在理解语篇的要旨之后,要弄清其修辞功能,分析其重要作用,然而用切合原文风格的语言进行转换。由此观之,按照原文的行文逻辑,译文就能做到主次分明,逻辑清晰、意义连贯。

由此可见,科技英语中的任何择语、炼句和谋篇都有其内在理由和必然性,这就是消极修辞使然。同时需要注意的是,消极修辞并不等同于语法,因为"语法是语言内部的结构系统的核心部分;修辞是语言社会功能的重要内容。语法独立于语言环境之外,但又密切联系着具体的语言环境"(王末,2006:7)。这从以上的例句分析可见一斑。

2.2.3 科技英语中消极修辞的翻译策略

长期以来,科技翻译常被误认为是众多应用文体中最容易的一种。很多人认为只要掌握一定的语法知识和科技术语,再加上几部好的科技词典就可以做好科技翻译了。其实不然。这对于一些力求客观规范的科技文献或许可以,但对于一些讲究语言艺术性的材料则不行。这种错误的观点往往导致人们在科技翻译中忽视修辞问题的存在,其结果是译文理解虽无谬误,但文句晦涩难懂,影响译文的接受。刘宓庆在论述翻译过程中的理解和表达时曾说:"理解是关键,是最基本的环节;但是,理解了原文并不等于完成了翻译的全部使命。深透的理解要靠好的译文来表达。我们经常可以读到理解并无讹误,但文句佶屈聱牙的译文。可见翻译必须兼顾理解与表达,前者缺则前功尽弃,后者缺则可能前功半弃。翻译学中表达问题,与修辞学关系十分密切,因为两者都是探讨运用语言的技巧。翻译工作者要工于表达,决不能忽视修辞学,作为第一步,则必须研究基本修辞手段。"(刘宓庆,2009:423)关于消极修辞的翻译,毛荣贵(2006:399)认为对于这类"尚未形成,或难以形成相对固定格式的"消极修辞,翻译时,(译文)必须尽力向原文"靠拢"。这里所谓的"靠拢",既指内容,又指形式,既是 emotively,又是 cognitively。和积极修辞相比,消极修辞缺少了形象生动的修辞格,更突出的是语言的得体性。一般来说,由于消极修辞和语言行文较为贴近,译者在翻译时可以采用直译法,在形式和内容上照直译出。

例 45: Crude petroleum oil from different oil-fields is never exactly identical in composition. Although all petroleum is composed essentially of a number of hydrocarbons, they are present in varying proportions in each deposit ...

译文:各油田所产原油的组成,历来都不尽相同。尽管所有石油从根本上来说都是由碳氢化合物组成的,但每一油层碳氢化合物的含量比例却有差别……

另外,composed 这个词形式上是一个过去分词,然而从词的本质上看,属于从动词演变而来的形容词,用以说明事物由于运动而具有的性质或状态。原文中的 is composed of 实际上相当于汉语中的静句,所以可译成汉语中表达静态的"是……的"句型。

例 46:Many types of mathematical problems are similar in one way or another as are their methods of solution. However, there are also distinct differences in both types of problems and their methods of solution. For example, many interesting problems in maxima and minima can be solved by elementary methods, that is, by the methods of algebra and plane geometry. But there are many more maxima and minima problems that require the techniques of differential calculus for their solutions. Finally, there are many other problems of a more complicated nature in which quantities are to be maximized or minimized that cannot be handled by the methods of the differential calculus. These require treatment by methods of the calculus of variations.

译文:许多类型的数学问题,犹如它们解题方法一样,在某方面是类似的,可是这些问题及其解题方法,也有显著的不同。例如,在最大值和最小值方面的许多有趣问题可以用基本方法,即代数和平面几何来解决。但是,也有许多最大值或最小值方面的问题需要用微分学的技巧来求解。最后,数量为最大或最小的更复杂性质的许多问题,不能用微分学的方法求解,而要用变量微积分学求解。(张梅岗等,2008:284)

科技英语中使用任何一种修辞技巧都是为了实现特点的功能、完成一定的任务。比较对照就是通过比较事物的相同之处,目的在于求得比较物之间的相同或相似之处。同时,人们在比较事物找出相同之处后,常常要去考虑另一方面,通过对照找出其不同之处。通常情况下,二者一起使用。该语段采用了比较对照的行文修辞模式,这是科技英语中常用的修辞手段;同时辅之以"举例"修辞来提供必要的支撑信息。通过例子强调语段中相关修辞手段提出的要点,是科技写作中常用的方式。对于这种修辞模式,译者只要照直译出即可。

值得注意的是,由于英汉语言文化的差异,两种语言在行文结构上有很大不同。翻译时,有必要对源语进行结构调整,采用符合目标语的行文习惯进行表达。如果按照源语思维行文,对目标语不加调整,将会产生"欧化"的译文。

例 47:On the big machine the transport arm rotation can be powered. This is done by a gear-motor controlling a pinion acting on a toothed thrust bearing.

译文 1:在主机上的输送臂可采用动力来驱动。它的工作原理是由一个变速马达控制一个带动齿状推力轴承的副齿轮。

译文 2:主机上输送臂的旋转可采用动力驱动。动力驱动的工作原理是由一个变速马达控制一个副齿轮。副齿轮又带动齿状推力轴承。

译文 1 为意译,译文 2 为直译。通过比较两则译文,译文 1 虽然看似通顺、流畅,但译文 2 的语言更为准确简练,符合科技语言的特征。

当直译无法达到预期效果时,译者可考虑采用意译法,即舍弃形式,译出内容。

例 48:The part had hardly reached the machine-tool workholder when the cutting operation was merely complete.

译文 1:当切削工序接近完成时,零件几乎还没有到达机床的工件夹具处。

译文 2:零件刚刚到达机床的工件夹具处,切削工序就接近完成了。

例 48 原文使用了 hardly...when 结构来表达工序的关联性。译文 1 采用了直译法,看似没有任何句法不通之处,但语义却不通顺,译文读者不理解原文所要传递的信息。译文 2 则采用意译法,灵活地从修辞的角度反译否定形式的语义,句意清晰明了。

需要特别指出的是,虽然消极修辞和语法关系密切,但不能等同。语法和修辞有着各自独立的研究对象、任务和方法,语言和修辞是两门学问,各有系统,理论方面不能混同,它们的区别主要有以下几点:①语法是从结构的角度研究,修辞则从运用效果的角度研究;②语法研究到句了为止,修辞则要研究句以外的言语单位,如语段、篇章、语体、风格等;③语法研究的是语言,修辞研究的是言语(黄丽芳,1994:32)。如此一来,修辞就好理解了,从而也不难理解张志公曾说的"修辞就是选择",更不难理解吕叔湘曾发表过的类似观点:修辞学,照我们的看法,应该是"在各种可供选择的语言手段之间——各个(多少是同义的)词语之间,各种句式之间,各种篇章结构之间,各种风格(或叫作"文体""语体")之间——进行选择,选择那最适合需要的,用以当前特定的目的"(吕叔湘,1985:1)。

总之,科技英语翻译中,译者也应该忠实或变通地传译出源语的消极修辞艺术。

2.3 科技英语中的美学艺术与翻译

"语言是人类社会的最重要的社会现象,也是审美对象,语言里面客观存在着美。而修辞作为语言的艺术,更是追求较高的审美价值,达到美的境界,以愉人耳目,使人获得美的享受。修辞的内容与形式的统一是美学和谐统一规律的体现。"(吕煦,2004:25 - 26)科技英语是一种含有美学艺术的应用文体。科技翻译既有科学性,又有艺术性,是科学与美学、艺术的结合。优秀的科技翻译必然是主题突出、层次分明、前后呼应、条理清晰、逻辑合理,是创造美的探索,给人以艺术享受,人们从中不仅得到教益,而且得到艺术的享受。科技文本及其翻译的美不仅充分体现在自然流畅的选词造句、准确客观的表达方式上,还表现在严谨逻辑的篇章结构等方面。

例 49:In case of leakage of mercury, a defective appearance and inaccurate readout will be created, so the regular checks and maintenance is imperative.

译文:如果水银泄漏,就会损伤外观,影响读出,因此,应注意进行定期检修。

英语属于印欧语系,汉语属于汉藏语系,就词类来说,同一个意思在两种语言中可以用不同类别的词来表达,而不拘泥于原文的词类,使译文展现出原文的文通意达、自然流畅。原文中的名词 leakage, checks and maintenance 转译为译文中的动词"泄露""检修",而形容词 defective(有缺陷的)、inaccurate(不准确的)、imperative(必要的)分别转译为动词"损伤""影响"和"注意进行"。对比原文和译文后发现,这种自然的词性转换可以有效地消除译文中的生涩感,展现了译文的自然地道、浑然天成。这就是词类的转换展现出来的自然流畅美。

2.3.1 科技英语中的美学艺术

在从事科技英语翻译时,译者必须运用美学思维,在准确理解原文的基础上,忠实地再现原文的思想内容和审美品质,使译文在形式、内容以及审美价值、审美情趣、审美感情等方面最大限度地等值于原文。

科技英语蕴含着诸多美学艺术特征,以下仅从逻辑美、完整美、匀称美、流畅美、修辞美、客观美、简约美和精确美等八个方面进行简要论述。

2.3.1.1　逻辑美

语言之美在于逻辑。科技英语文章逻辑较严密,一个主要的陈述通常有一个或几个次要的陈述——引证、重复、例证。"如果推理合情合理,论证具有说服力,例证清楚,能说明问题,那么最后得出的结论也必然是符合逻辑的。"(戴炜华,1986:6)有学者则进一步总结,"科技英语最具特色的美就是逻辑美,因为科技英语是表达科技事实、概念、原理的,和解释自然现象的,因此逻辑缜密,推导合理,无懈可击"(杨寿康,2004:16)。科技翻译中的逻辑不仅表现在译文对原文的语法逻辑的把握上,更体现在译者对译文表达的逻辑思维上。

例 50:After all, all living creatures live by feeding on something else, whether it be plant or animal, dead or alive.

译文 1:因为,毕竟所有活着的生物,不论是植物还是动物,死的还是活的,都靠吃某种别的东西生存。

译文 2:所有活着的动物毕竟都是靠吃别的东西来生存的,不管这些东西是植物还是动物,是死的还是活的。

比较发现,译文 1 是对原文的逻辑误解,句中指"活着的生物(死的/活的)都靠吃某种别的东西生存",但死的生物是不能继续吃东西生存的,与客观事实不符。译文 1 中的 living creatures 应该包括了 dead 之意,译者没有准确理解代词 it 所指代的对象,故而导致误解。实际上,it 与 something else 具有某种关联,故译文 2 正确。

例 51:The sounds heard in the heart are due to the closing of the valves.

译文 1:心脏内听到的声音是由于瓣膜的关闭。

译文 2:心脏的声音是由于瓣膜的关闭所产生的。

比较两则译文,发现译文 1 较为别扭,将 The sounds heard in the heart 理解为"心脏内听到的声音",容易让人误解为心脏除了正常心跳声外,还有别的"杂音"。但分析原文后发现,The sounds 正是瓣膜关闭产生的,故译文 2 正确。

可见,对原文的理解不仅仅靠语法上的分析,还要靠分析其内在的逻辑关系。唯有通过正确地判断原文的逻辑关系,才能在准确理解的基础上达到翻译的"雅"。

2.3.1.2 完整美

吕煦(2004:27)认为:"整齐一律、变化统一是社会公认的形式美的主要法则,它将多个相同或相似的事物整齐地排列起来构成整齐一致、井然有序的形式,给人以美感。"科技英语中有不少长句、复合句,它们能完整地表达一个复杂的概念,体现一种完整、圆满的美,因为"每一个科技陈述必须是完整无缺的,否则就不成为科学。每一个论证通常会产生由此而来的符合逻辑的结论,而每一个结论又必须是完整和令人信服的"(戴炜华,1986:5)。

例 52:Automation is a concept through which a machine system is caused to operate with maximum efficiency by means of adequate measurement, observation, and control of its behaviour.

译文:自动化是通过对机器系统的操作进行适当的观察、测量和控制,使之以最高效率运转的一种概念。

该句完整地说明了自动化这个概念以及它的功能和工作方式,体现了一种行云流水般的完整美感。

例 53:The coupler resembles a jointed steel hand, extended horizontally, which engages automatically with the coupler of the next coach when the two are pushed together; release is by the withdrawal of a pin.

译文:这种联结器像是一只握着的钢手,水平地伸张着。当两节车厢推到一起时,它就同另一节车厢的联结器自动啮合起来。抽掉插销,联结器就解钩了。

2.3.1.3　匀称美

匀称是美学的基本原则之一。建筑、雕塑、绘画、音乐、舞蹈等都追求均衡美,它要求几个事物或一个事物的数个成分之间构成匀称、平衡的两两相对的组合关系,给人以愉悦和谐的美感。"以语言形式对比、匀称、平衡为特点的'对比'(antithesis)修辞方式就是以这一美学原理为基础建立的。"(吕熙,2004:26)句子或段落中若含有两个及以上的子意群时,要按照其重要程度来组织句子结构。科技英语的逻辑性强还体现在其匀称美上,"一般来说,当一句里包含两个不同概念,又不同等重要时,须采用主从结构。反之,当一句里有两个意义相等、起相同语法功能的并列成分时,则采用并列结构"(鲍德旺,2006:2)。例如:

例 54:With different impurities added, semiconductors are made into two types—the N type, which is ready to give up electrons, thus having a negative character, and the P type, which is liable to accept electrons, therefore being of a positive character.

译文:半导体,根据增添的杂质不同,可以分为两种类型——N型和P型。N型是准备释放电子的,从而是具有负电性;P型是易于接受电子的,从而具有正电性。

这个句子表达了一个多层次的复杂概念,不仅层次清楚、形式对应,而且意义明确。此外,该句还具有对称美、节奏感,读者在阅读过程中能根据句前部分推知句后部分,体会美感。

2.3.1.4　流畅美

林一樵和范武邱(2004:45)曾撰"英语,你美在哪里?"系列文章,结合实例分析了英语中的各种美,认为英语的美"庞而不杂,杂而不乱,乱而有序。其'庞',其'杂',其'乱',又生出了逻辑美,分析美,和层次美"。科技英语也具有一般英语的"庞""杂"和"乱"的美学特征,但由于"科技英语常用来表达各种生产和科技实验的过程和步骤,因此必须环节相通,连贯顺畅"(杨寿康,2004:15),形成了科技英语的流畅美,亦称顺序美。若无视顺序性,前后颠倒,则会失去逻辑性,不但没有呈现顺序美,反而丧失了基本的说服力。例如:

例 55：Each cylinder therefore is encased in a water jacket，which forms part of a circuit through which water is pumped continuously，and cooled by means of air drawn in from the outside atmosphere by large rotary fans，worked off the main crankshaft，or in the larger diesel-electric locomotives，by auxiliary motors.

译文：因而，每个气缸都围着一个水套，水套形成循环水路的一部分，由水泵驱动水在回路中不断地流动，并由大型旋转风扇从外部鼓入空气使水冷却。大型旋转风扇是由主曲轴带动的，而在大型电力传动内燃机车上则由辅助电动机来带动。

原文不仅逻辑性极强，还展现出一种行云流水般的流畅之美。细细分析，发现该句由主语 Each cylinder therefore is encased in a water jacket 和 which 及含有副词关系的关系代词 through which 等定语成分组成，句子层层推进，可读性极强。对照译文可发现，译文逻辑清晰，读者顷刻间可感受到流畅美。

此外，顺序美在英汉语句法层面也得到体现。英语所要突出的信息往往置于句首，以示强调；而汉语则将其置于句尾，以示重视，也称末端核心（end focus）。在翻译时，译者还将顺应英汉语的表达习惯。例如：

例 56：The earthenware which was invented in China as early as thousands of years ago，was a daily utensil，although it may be complicated，exquisite and fascinating.

译文：尽管（现在）陶瓷复杂、精致、令人迷恋，但是早在数千年前就发明于中国的陶瓷器是一种日常用具。

2.3.1.5　修辞美

"修辞的每一个方式，每一个手段，每一项具体有效的活动能取得最佳的效果，都是由于它们符合了美学的原理，蕴含着美学的规律。修辞学与美学的关系是如此的密切，有人干脆把修辞学称为美辞学。"（吕熙，2004：26）这也说明修辞学与美学是相互交融的。科技英语中，作者为了抓住读者的注意力，增强语言的感染力，偶尔也会使用各种修辞手段，包括消极修辞和积极修辞。前者以语言明确、通顺、平匀和稳密为标准,科技、新闻、法律等文本所用方法属于这类修辞;后者往往随情应景地运用各种表现手法,极尽语言文字的一切可能性,使所说所写的呈现出具体形象、新鲜活泼的动人力量,诸如比喻、拟人、双关、夸张等都属于这类。例如:

例 57:In the well-known water-tank test, the fuselage is subject to cyclic pressurization and depressurization at least 10,000 times, each cycle representing on flight. When one actually sees a fuselage expanding and contracting under the cyclic load, like a breathing monster, it is not difficult to understand how its structure may eventually become weakened.

译文:在著名的水箱实验中,飞机蒙皮至少要经受 10,000 次的循环增压和减压,每个环节代表一次飞行。当人们实际看到蒙皮在循环负荷作用下,像一头喘着粗气的怪物,就不难理解它的结构总有一天会变得脆弱不堪。

由于所描述的事物离人们的现实生活有一定距离,这段话就使用了比喻的修辞手段,将在循环负荷作用下的飞机比喻为喘着粗气的怪物,帮助读者更好地理解原文。

例 58:Development is rather costly, at least ＄10 billion for Concorde Ⅱ. "It would be madness to make two versions," said Aerospatiale chief Henri Martre. But his first task is to prove it would not be madness to make one.

译文:开发费相当高,第二代协和机至少要 100 亿美元,法国航空宇航公司总裁亨利·马特尔说:"发了疯才会制造两种协和机。"不过,他的当务之急恐怕还在于证明:只造一种不算发疯。

原文中使用了对照修辞格。作者在分析时指出,It would be madness 和 it would not be madness,two 和 one,二者语法结构相同,排列整齐,衬托鲜明,寓意深刻,引起了俏皮,甚至是挖苦的效果:"发了疯才会制造第二代协和机",但是"只造第一代难道不算发疯吗?"译者在翻译时,保留了这两个结构相同、既有含蓄又有文采的排比对照,使译文与原文形近而神似。

2.3.1.6 客观美

科学上的每个陈述必须建立在引证的基础上,主观的推测不能代替引证,因此科学家必须用客观事实和证据来说服读者。历史学家沙文说:"因为科学理论的宗旨是发现自然界的和谐,所以能够立即看到这些理论必定有美学价值。"(何晓娃,1995:12-13)巴普洛夫说得更明确,他说:"浏览大自然的巨著会给智力以深深的满足,并能发现特别多的事物……在实验室的研究成果里,在数学公式的严整性里,在哲学推理的辩证唯物主义的逻辑里……真正感到美。"(何晓娃,1995:13)。科技文本要体现的是自然界的内在规律,讲究所述事物的客观性和准确性。换言之,客观美是科技英语的第一要义。翻译时,译文所表达的意思一定要与原文意义一致,做到准确无误。例如:

例 59:The rotation of the earth on its own axis causes the change from day to night.

译文:地球绕轴自转,引起昼夜的变化。

原文解释了昼夜形成的原理,是对自然的客观解释。翻译时,该句采用了拆译法,将作主语的名词化结构译成主谓结构,类似于英语中的主语从句。

例 60:The temperature decreases with elevation through the troposphere at a rate, normally, of about 0.6℃ for 100m.

译文:在对流层,气温随海拔升高而降低,其递减率通常为海拔每上升 100 米,温度约下降 0.6℃摄氏度。

原文解释了在对流层,气温随高度变化的规律。翻译时,将用作状语的介词短语拆译成一个并列分句。

2.3.1.7 简约美

简约,也称简练、精练,指文字行文干净利落,言简意赅。刘勰的《文心雕龙·熔裁》中就有"规范本体谓之熔,剪截浮词谓之裁"的表达:"熔"是对作品内容的规范,"裁"是对繁文浮词的裁剪。而"熔裁"的工作,就是规范文章的主题内容和裁剪文章的语言文辞,达到"情周而不繁,辞运而不滥"的目的。郭沫若说得更加直白,他说"文章最好是用最经济的方法,把您想说的东西说出来,所谓'要言不烦',把可有可无的字去掉,当然,更不用说可有可无的句、章、节了"(吕煦,2004:95)。科技英语也追求行文简约,并且简约是科技英语文体重要的文体特征之一,即追求使用最少的文字符号,表达更多、更深邃的科技语篇信息。例如,在表达"下一步在于寻找一些方法,来消除轴承的损耗"这一观点时,科学家宁可用句式 1 而不用句式 2:

句式 1:The next step consisted of looking for methods by which the losses that occurred in the bearings might be eliminated.

句式 2:The next step consisted of looking for methods to eliminate losses in the bearings.

从以上两个句式可以得知,科技英语结构紧凑,用词简洁明了。可以用少量的词来表达的,尽量删去不必要的细节。

翻译时,也要考虑到科技文体使用语言的这一特征。科技翻译是用另一种语言来表达科技文章,所以译文之美,除了靠思想内容的真实准确外,还要力求表达形式的简洁精练。

有学者对科技语言进行研究后发现,其精练不仅表现在词汇层面上,还表现在句法层面上。田玲(2010:20506)认为,在词汇层,科技英语的简约美体现在:①以单词代短语,如以 metal surface 代 the surface of metal,以 steel bar 代 the bar made of steel。②大量使用复合名词,如 database(数据库),railcar(动车)。③大量使用混合词、缩略词,如 communication satellite 混合为 comsat,magnetic levitation 混合为 maglev。④使用科技术语代替日常用语,使表达内容更准确,并使表达形式更精练。如用 radiate 代 spread out in all the directions from the center,用 reassemble 代 put the component parts together again。在句法层,科技英语的简约美体现在以名词化结构(nominalization)代替从句或句子,简化句型结构。

例 61:Mechanical energy can be changed into electrical energy and vice versa.

译文:机械能可以转变为电能,而电能也可以转变为机械能。

原文体现了科技英语的简练美。试想如果将原文写作：Mechanical energy can be changed into electrical energy，and electrical energy can be changed into mechanical energy as well. 这就显得呆板，没有活用 vice versa（反之亦然）代替前一分句的逆转情况而使句子更为简洁。

此外，名词化的另一种表现方式是使用名词修饰语（noun modifier）来代替短语修饰语，使表达更为简练。不过，有的名词修饰语可能产生歧义，则要避免使用，如 engineer guidance 既可理解为 guidance for engineer（工程师指南），也可理解为 guidance given by engineer（工程师的指示）。

总之，科技英语中体现行文简约的方式除了以上所提到的之外，还可以使用代词、重复关键性名词等其他方式。

2.3.1.8　精确美

精确亦指准确、求真。准确理解是产生准确译文的前提，这在科技翻译中尤为重要，因为科技英语文章中所下的定义应是确切的，所作的分类应是清楚的，公式推导、计算和计量的结果必须正确无误。例如：carrier 一般可翻译为"携带者"，在医学科学上意为"带菌体"，具有明显的生物学、医学色彩，译者需要根据不同专业领域进行语义选择。不过，有些词即使在同一专业领域中，也具有多个含义，例如 power 在机械动力学中有以下意思：力、电、电力、电源、动力、功率等，译者在词义选择时也需结合上下文语境进行确定。在语法层面上，即使对一些简单的句子译者也不能马虎，稍有不慎便会造成误解。

例 62：The cooling tower is elevated above the level of the condenser.

译文 1：使冷却塔升高到冷凝器水平以上。

译文 2：冷却塔高悬于冷凝器水平位置之上。

译文 1 中，译者把 is elevated 看成被动语态的谓语，把主语作为动作的对象，所以 elevate 取"升高"之意，因而给人的印象是"冷却塔是活动的，可以升降"，这在专业上是讲不通的，译者把原文的语法关系弄错了。仔细分析原文后我们发现，is elevated 不是被动态，而是系表结构，用来说明主语 cooling tower 所处的状态，故译文 2 正确。这是典型的理解错误导致的误译。

精确除了理解上的准确、精准外，还体现在译文表达的准确上。简言之，科技翻译的精确美具体还体现在译文表达须合乎汉语规范与科技语体特征等方面。

例 63：That the vitamin is sensitive to light was recognized only later.

译文 1：维生素感光只是后来承认的。

译文 2：维生素的光敏效应(或光敏作用)只是后来才为人们所认识。

译文 1 只是追求了原文的语言形式对等，其词义选择不科学，句式选用不规范，表达逻辑不严密以及对原文语言现象的不理解导致了译文表述不准确。"维生素感光只是后来承认的。"这句话并不是规范的汉语表达。应该说，原文理解并不难，关键在表达规范上。而译文 2 文通意达、通俗易懂，不仅用语规范，措辞也专业化，美感十足。

当然，有时理解得准确和表达得准确是交织在一起的，理解得不准确必然导致表达得不准确。

2.3.2　科技英语中的美学翻译策略

科技英语中的美学翻译，主要采用的翻译策略有三种：直译、意译及直译与意译相结合。

2.3.2.1　直译

虽然直译是常用的翻译策略之一，但根据不同的文体/文本特征，直译的使用情况也不尽相同。科技文体属信息型文本，通常采用直译法。直译并非基本按照原文的句子结构进行翻译，即我们通常所说的逐字逐句的"对号入座"式的译法。结合翻译的定义，直译应是照字面意义译出原文的意思(也包括一些句子无须改变句子结构)，这是其区别于意译的一个重要标志。

例 64：The strongest spring leads to fatigue caused by excessive high stress.

译文 1：强度最大的弹簧会导致疲劳，这种疲劳是由压力过大导致的。

译文 2：即使是强度最大的弹簧，在压力过大的情况下，也会疲劳。

原文具有科技英语行文的逻辑美和简约美。其实,the strongest spring leads to 暗含一种让步关系,其完整表述应为 even the strongest spring leads to,而后面的 caused by 也暗含一种因果逻辑关系。译文 1 看似忠实于原文的直译,其实是"死译",没有弄清字里行间的逻辑关系。译文 2 较好地把握了这种内在的逻辑关系。

需要注意的是,直译中经常要适当增减词语,使译文表述更清晰。如上句译文中增加了"即使""在……情况下",使意思更为明了。

例 65：Two lasers are to beam into the liquid in opposite directions, one in the flow direction, the other against it.

译文：两束激光朝相反方向射入液体,一束按液体流动的方向射入,另一束则朝着与液体流动相反的方向射入。

原文颇具简约美、匀称美和流畅美的特征。分析原文还发现,句中省略了某些词后反而使语句行文简练。若译文照字面不增减词语,译文势必生涩拗口。翻译时,译文保留了原文的结构不变,但表述中,增加了"液体""射入"等词语,逻辑上更加顺畅。

2.3.2.2 意译

科技翻译中,虽然直译是常常采用的一种翻译策略,但直译并不能解决科技翻译中的一切问题。意译与直译是并列的主要翻译策略之一,二者常常可以相得益彰。在科技翻译中,可以运用陆殿扬曾经提出的一条原则："Translate literally, if possible, or appeal to free translation."(能直译就尽量直译,不能直译就采取意译。)关于意译,方梦之认为,"译文内容一致而形式不同谓之意译,即以原文形式为标准,译文表达形式上另辟蹊径……当译者经过曲微探幽,需要改变形式才能忠实地再现原文内容时,则就采用意译"(方梦之,2004:100)。

例 66：All the living things on the earth the biochemistry of which has been studied seem to be built of these basic molecules.

译文：生化研究表明，地球上一切生物似乎都是由这些基本分子组成的。

原文具有逻辑美，稍有不慎就会出现理解错误。该句采用意译法，不仅传达了原文的意思，还展现了原文的逻辑美。

例 67：Those shovels of Virginia ground symbolized more than the construction of a scientific research laboratory.

译文：那几锹弗吉尼亚泥土象征的不仅仅是一座科学研究实验室的建造。

原文中 more than 的意思为"比……更多"，如果直译该词，则表达不够明确，也不符合中文表述习惯，所以译者不拘泥于字面表层意义上的一致，而是正说反译，意译为"不仅仅"。

2.3.2.3　直译与意译相结合

在科技翻译实践中，能直译的则直译，不能直译的则意译，无法事先规定采用哪种译法。更多的情况下，译者应更多地考虑科技文本的特点，依据对原文所涉及科学内容的理解以及表达的实际需要，以译文"达旨"为归依。有时单一的直译或意译无法解决问题，需要两种方法并用，相辅相成。例如：

例 68：The results of this preclinical study will be critical in Investigational New Drug Applications for Phase Ⅰ-Ⅱ trial of any similar vaccines moving into advanced development and human clinical studies.

译文：任何类似疫苗在完成Ⅰ-Ⅱ期试验后，进入后期开发和人体临床试用；对于新药研究的上述申请，临床前的研究十分重要。

作者分析时认为 Application 意为"申请"，而不是"应用"。Investigational New Drug 是研制中的新药。理解该句原文时，译者需要掌握必要的专业知识，即：新药先要进行临床研究（包括药理学和毒理学研究），取得满意结果后，再向审批机关申请临床试验。此外，译者还需掌握必要的翻译

方法。译文中既有直译,又有意译。又如:

例 69:Available instruments for kiln temperature are radio frequency telemetry,accurate but not well-received for the high cost,and kiln trackers,well-received but inaccurate in surveying the ware on the car.

译文:可利用的窑温测量仪器有二:无线电频率遥测器和窑炉追踪器。无线电频率遥测器精确却因成本高而不被广泛采用;窑炉追踪器被广泛采用却不能精确地测出窑车上器件(的温度)。

英汉两种语言,前者重形合,后者重意合。原文具有对称美,汉译时译者不宜照搬原文的句子结构,可以遵循对称原则,按照汉语先总后分的表达习惯进行翻译。

科技英语具有科学性,也具有艺术性,是科学与艺术的结合体,正是这两种特性构成了科技英语的特殊性。本节探究了科技英语的八种美学艺术特征,并总结了三种相应的翻译策略。本节的研究对科技英语文体及其翻译研究具有一定的借鉴意义。

2.4　科技英语中的模糊美学与翻译

传统观念要求语言表达尽可能做到清晰准确,但在现实生活中,很多现象无法找到对应的精确语言,因为"人类生活中不可能没有模糊概念,不可能处处用精确概念代替模糊概念"(伍铁平,1999:364)。杨振宁教授在谈到汉语时,曾这样说:"中国的文化是向模糊、朦胧及总体的方向走,而西方的文化是向准确而具体的方向走……中文的表达方式不够准确这一点,假如写法律是一个缺点的话,写诗却是一个优点。"(丁国旗等,2005:40)这说明了语言具有模糊性。

语言的精确性是相对的、有条件的,而模糊性才是绝对的、普遍的。人类语言具有精确性和模糊性的双重特征,然而有时其模糊性胜过于精确性。吴世雄在张红深的《英语模糊语法学》序中曾指出,"人类的自然语言在一定程度上是一个模糊系统,其模糊性体现在语言的各个方面和各个层次上,包括自然语言的语法体系"(张红深,2010:1)。这说明模糊语言无处不在,同时模糊语言观的影响也是深远和重大的。了解模糊语言的特征及其与翻译的关系,可以帮助我们"增强对英汉各自美的认识"和"比较英汉各自的思维方式"(毛荣贵、范武邱,2005:15)。

科技英语虽属精确语言,但也不排斥模糊语言的科学使用。相反,模糊语言的使用还能增强科技英语的可读性和趣味性。

2.4.1　语言的模糊性与翻译

鲁苓在《多元视域中的模糊语言学》一书中指出,所谓模糊性即指人们认识中关于对象类属边界和性态的不确定性,也可以说是不清晰性。它的三个基本特点就是:边界的不确定和渐变性以及区域的确定性。因此,它与歧义性有明显区别。模糊性是自然语言的基本属性,模糊现象在语言系统的不同层面中大量存在(鲁苓,2010:14)。换言之,语言的模糊性是自然语言的内在属性。

正因为模糊性是语言的内在属性,有关语言模糊问题的探索源远流长。例如,

> 从古希腊的尤布利德斯"麦堆悖论"开始,英国著名哲学家罗素、德国古典哲学泰斗级人物康德、德国著名现代哲学家卡西勒等都曾多次撰文探讨语言模糊问题,著名分析哲学家维特根斯坦提出的"家族相似论"也为模糊语言的讨论提供了一种全新的思想维度……所有这些,为语言模糊问题研究成为一个独立的学科和研究领域奠定了理论基础。(鲁苓,2010:2)

应该说,虽然这些研究都在探讨模糊语言问题,甚至对其作了一定程度探究,但从根本上来说,还只是提出问题,至于如何将这些问题的研究引向深入并形成一门学问还需进行深入研究。

然而,令人振奋的是,经过学界的共同努力,人们对语言的模糊性问题有了更深入、更系统的研究,诞生了一些标志性研究成果,如苗东升的《模糊学导引》(中国人民大学出版社,1987)、黎千驹的《实用模糊语言学》(广西师范大学出版社,1996)、陈治安和文旭的《模糊语言学概论》(西南师范大学出版社,1997)、张乔的《模糊语义学》(中国社会科学出版社,1998)、伍铁平的《模糊语言学》(上海外语教育出版社,1999)、黎千驹的《模糊语义学导论》(社会科学文

献出版社,2007)、鲁苓的《多元视域中的模糊语言学》(社会科学文献出版社,2010)、张红深的《英语模糊语法学》(武汉大学出版社,2010),等等。此外,学界发表的模糊语言及翻译方面的研究论文更是不计其数。值得关注的是,学界对语言模糊性的研究不满足于停留在本体研究层面上,对其跨学科的应用研究也取得了丰硕成果,如数学、人工智能、法律、经贸、科技、新闻等。值得注意的是,学界也将模糊语言与翻译研究相结合,其结果是"模糊语言学与翻译理论的结合开启了一个新的研究方向",因为"翻译是一项复杂的跨文化语际交往活动。其间的很多问题都涉及语言模糊性问题"(鲁苓,2010:164)。

目前,翻译界对语言模糊性的翻译进行过多维度探索。有的学者从宏观上探索模糊语言与翻译的关系问题,如余富斌在《模糊语言与翻译》(2000)一文中探讨了模糊语言与翻译的关系,目的在于探讨有助于研究翻译理论中直译和意译的可能性。邵璐在《翻译学视角下的语言模糊性研究》(2007)一文中阐述了模糊语言学与翻译学两者相结合的发展历程,剖析了当前语言模糊性研究的特征和所存在问题,并指出该研究今后可能出现的新方向。邵璐又在《论翻译的模糊法则》(2008)一文中提出了翻译的模糊法则基本设想,将多值逻辑和超真值主义等逻辑思维方式有机地"植入"翻译研究中,通过吸收二值逻辑中的合理成分,并通过实例阐述,证明其所提"模糊法则"是合理的、可行的。

一般认为,文学语言讲究艺术性,大量使用模糊语会增强其艺术性,文学语言的模糊性也会给文字翻译带来巨大挑战。例如邵璐在《文学中的模糊语言与翻译》(2011)一书中以《达·芬奇密码》中英文本比较研究为例,探讨了文学中的模糊语言与翻译问题。杨昆在《〈傲慢与偏见〉中模糊语言翻译策略的实证研究》(2016)一文中,基于功能对等理论,采用定量和定性相结合的方式,尝试研究《傲慢与偏见》中模糊语言的翻译策略分布与理据。

模糊语言不仅大量运用于文学语言当中,也广泛地应用于科学、广告、公文、新闻、法律、文学等语体当中。这也引发了众多学者的研究兴趣,他们从各文本实际出发,研究各类文本中模糊语的特征与翻译问题。例如肖云枢在《法律英语模糊词语的运用与翻译》(2001)一文中从实践出发,探讨了法律英语中使用模糊词语的情况及其翻译方法。魏小璞的《法律英语的模糊现象及其翻译》(2005)一文通过探讨几种常见的翻译技巧,认为法律文献翻译贵在做到正确地理解与表达,而在翻译模糊词语时,要根据上下文语境,具体情况灵活处理。吴苌弘的《立法文本中模糊性词语的翻译原则》(2014)从译者的局限性、立法文本的特定语境以及法学范式三个层面探讨立法文本中模糊词语的翻译困境及其翻译策略。张瑞嵘的《法律英语中的模糊语言及其翻译策略研究》(2016)一文从形成原因、语用功能和翻译策略三个方面对法律英语中的模糊语言问题进行了探讨。

又如医学英语,张梅的《医学英语中模糊语的功能与翻译》(2004)一文从对模糊语概念、类型进行分析入手,探讨模糊语在医学英语中的功能,即表示礼貌和尊重、增加陈述命题的准确性和可信度、表示谦虚和自我保护等意向,并探讨了其翻译方法。刘维静的《医学英语文献中的模糊限制语及其翻译》(2014)一文从模糊限制语的概念和类型着手,旨在探索医学英语文献中模糊限制语的语用功能及其翻译方法。

在广告英语中,孙然的《广告英语中的模糊语言及其汉译策略》(2010)一文认为为了更好地实现广告功能,英语广告语言往往带有很大的模糊性,主要体现在语音、词语和句子等层面,并采用丰富的实例分析了英语广告中的模糊现象,提出了相应的汉译策略。张莹华的《探析广告英语中模糊语言的语用功能及翻译》(2016)一文指出模糊语言在英语广告中占有十分重要的地位,通过有效使用模糊语言,可以提高广告宣传效果,增强广告语言感染力,增强人们的广告记忆。基于此,译者应充分认识模糊语言在广告英语中的常见类型,关注模糊语言的语用功能与翻译方法。

对目前的有关文献分析发现,学界对模糊语与翻译问题进行过多维度的深入研究,取得了丰硕成果。更值得一提的是,分析还发现学界对科技英语中模糊语的使用与翻译也极为关注,发文最多。模糊语与翻译是值得注意和深入研究的话题。

2.4.2　科技英语中的模糊美学艺术

模糊语言在科技英语中的使用不胜枚举。从实际交际效果来看,选用相对模糊的语言进行表达反而更能表达准确。我们可以将科技英语中大量使用模糊语言的现象归纳为模糊美学。

目前,学者对科技英语中的模糊美进行过一些探索。如程同春的《模糊限制语在科技英语中的运用与翻译》(2002)一文探讨了模糊限制语的基本概念及其在科技英语中的使用与翻译。于建平在《对科技英语语篇中若干模糊语义现象的剖析与翻译》(2003)一文中基于模糊集合理论,研究了科技英语语篇的语义模糊现象,从概括、歧义和含糊几个角度举例分析说明科技英语语篇中某些词句产生语义模糊的原因以及避免产生歧义和含糊的方法,旨在弄清科技语篇的真实含义,从而提高翻译质量。王辞等在《科技英语文体中术语翻译的模糊处理原则》(2008)一文中指出科技翻译虽然要求做到表述确切、明白,尽量避免歧义,但实际上,翻译过程中并不一定能够实现完全意义上的等值,所以科技术语翻译过程中需要借助于相关的"模糊"处理原则来再现原文所负载的语义内涵。秦云的《民航科技英语中的模糊现象及翻译》(2010)一文探讨了民航科技英语中的语言模糊现象及其存在的哲学理据,分析了其模糊限制语的划分类型及其语用功能,并以奈达的功能对等翻译理论为基础,提出了解决民航科技英语中模糊语翻译的相应步骤。

科技英语中模糊语与翻译研究多集中在模糊限制语方面。本章则从语义模糊与句意模糊两个层面探讨科技英语中模糊语现象及其翻译策略。

2.4.2.1 语义模糊

毛荣贵(2005:234)指出,词义模糊包括指称模糊(referential vagueness)、词义缺乏确指(lack of specification)和词义多项化(indeterminacy of meaning)三种类型。而在科技英语中,词义多项化(亦称一词多义)较为普遍,也是翻译时最难以把握的。例如:cell 在日常用语中意为"小室",在生物学上意为"细胞",在电学上意为"电池",在建筑学上意为"隔板"。又如:track 一词在铁道科学中一般指"轨道",而在航天科技中则指"跟踪"。track 还可指"轨道",如 dirt track(煤渣跑道)。这是由于同一词语用在不同科技领域中,取不同的含义。毛荣贵(2005:234)还认为:"因词义多项化引起语言模糊现象方面起主要作用的是名词化结构的运用,而且在科技英语中体现得最为明显。"科技英语在词法上的显著特点是大量使用名词化结构,不仅可以简化句子结构,还能增强科技英语文章的可读性。但是,其缺点是容易导致歧义的产生,这一缺点在科技术语构成时显得更为明显。例如,ballast car 到底是指"装满道碴的车",还是指"运碴车",只有借助具体语境才能确定。

实际上,词义搭配也容易出错,如 cut 可以和不同的词搭配,意义不尽相同,cut current 意为"切断电流",cut to line 意为"挖到标高",cut square 意为"直角开挖",cut a diamond 意为"雕琢钻石"等。

此外,英汉语中还存在许多表意功能很强的动词,亦称为"万能的词",尽管它们可以起到"万金油"的作用,却存在缺陷,如导致模糊语义。

例 70：The harder the rock, so much the more difficult is the work of drilling, though few types of rock are sufficiently hard to be allowed to remain after blasting without a lining of masonry or concrete.

译文：岩石越硬，开凿工作就越困难，尽管如此，也很少有什么岩石坚硬到爆破后不用坞工或混凝土进行衬砌就可直接形成隧道壁。

原文是关于隧道开凿的一句话。翻译过程中的瓶颈是 remain 这个词，该词与 go，get 这些动词一样，语义场宽泛，词义笼统，对语境的依赖性较强，搭配能力极强，可以运用于多种场合。翻译时，应该结合有关的专业知识和具体语境，运用形象思维，在脑海中形成"隧道在开凿后需用坞工或混凝土进行衬砌"这一形象，做必要的引申，将其译为"直接形成隧道壁"。

语义的确定与文体风格紧密相关，文体越正式，其语义越专业。

例 71：The Transrapid accomplishes the function of support, guidance, acceleration and braking by using non-contact electromagnetic instead of mechanical force.

译文：磁悬浮列车不与铁轨接触，因而是靠电磁力，而不是靠机械力来实施支承、导向、加速和刹车功能。（王卫平、潘丽蓉，2009：7）

一般来说，braking 可理解为"刹车"。但是，在比较庄重的科技文体中，"刹车"会给人一种笔调轻松感。如果将"刹车"译成"制动"，文体风格会显得凝重，符合科技行文风格。另外，non-contact 如果直译为"不接触"，与"磁悬浮列车"的名称脱节，若将否定意义转换为肯定意义，译为"悬浮于"，读者能即刻明白何谓"磁悬浮列车"。

此外，上义词和下义词也需要特别注意，译者需要根据语义场确定词义，消除模糊。

例 72：Automobiles and trucks would be powered by quickly replaceable electricity.

译文 1：汽车和卡车则用可以迅速替换的电池组作为动力。

译文2:轿车和卡车则用可以迅速替换的电池组作为动力。

从语义关系看,automobile 为上义词,truck 为下义词,前者意为"汽车",为类概念;后者意为"卡车",为种概念。根据逻辑,两者不能并列。翻译时,可将 automobile 语义缩小,取"轿车"之意。

2.4.2.2 句意模糊

句意模糊也称作语法模糊。"语法模糊则源于有限的语法规则和无限的语言现象之间的矛盾。"(鲁苓,2010:14)无论在英语中,还是在汉语中,语法都是灵活多变的。在某些情况下,如果脱离了具体语境,就会造成语义模糊现象。

例73:This book mainly deals with conductors and semiconductors such as silicon and germanium.

译文:这本书主要讨论导体以及像硅和锗这样的半导体。

上例中句子不太复杂,但存在的问题是 such as silicon and germanium 修饰 conductors and semiconductors 还是 semiconductors? 在此,可以借助必要的专业知识帮助消除模糊歧义。根据电子材料专业知识,得知硅和锗都是半导体材料,因此确定该短语是修饰 semiconductors 的。

例74:The solution was to place many filters in the system and hope for the best.

译文1:当时的解决办法是把许多滤器放置在系统中,并且获得理想的去污效果。

译文2:当时的解决办法是把许多滤器放置在系统中,以期获得理想的去污效果。

英语中的 and 是大家十分熟悉且经常使用的连词,用来连接词、短语和句子,意为"和""与""并且"。但在实际翻译过程中,特别是在连接两个句子时,它的译法很多,表达的意思不尽相同,如果不注意其前后逻辑关系,则往往容易译错。原文中的 and 表目的,译文1采用了直译,没有弄清其逻辑关系;译文 2 则是正确的译文,把握了句子的内在逻辑关系。

英语中的不少复杂结构呈并列关系。在这些并列成分之间,还会嵌入一些其他句子成分,遮蔽了各并列成分之间的关系,可能导致理解模糊或错误。

例 75:Ionizing radiation can change the electronic configuration of an atom or molecule, and thus the way it interacts with its surroundings.

译文 1:电离辐射可改变原子或分子的电子构型,因此,原子或分子可以以这样的方式与周围环境相互作用。

译文 2:电离辐射可改变原子或分子的电子构型,并因此致使原子或分子与周围环境的相互作用方式也发生改变。

原文中,短语 the way 与其前面的另一个名词短语 the electronic configuration of an atom or molecule 之间存在并列关系,都是动词 change 的宾语,其间通过连词 and 相衔接。但是,二者之间 thus 的出现容易带来语法上的理解模糊,导致误译,译文 1 便属于这种情况。

2.4.3 科技英语中模糊美学的翻译策略

"忠实"历来是翻译的最高指导准则之一。然而,语言的模糊性解构了科技英语精确性的特征。换言之,科技英语翻译过程中,译者可能采用模糊化翻译策略,保留原文的模糊性;也可能根据实际情况需要,采用精确化翻译策略,去除原文的模糊性,从而凸显模糊语言在科技英语中的重要作用和价值,突出译文之模糊美,使译文富有意境之美、神韵之美。

2.4.3.1 以模糊译模糊

模糊语言适宜表达模糊概念,描写模糊事物。黎千驹(2007:36 - 38)认为,模糊语言是一种客观存在,它在自然语言中占有相当的比重,人们在运用语言进行交际的时候,无法绕开它。同时,用模糊语言来描写模糊事物,是行之有效的办法。在科技英语中,为了客观反映事实,或为避免讲话过于武断,或出于探测心理和个人推测,或不能作出确切判断等因素的考量,常常会用模糊语进行恰到好处的表达,使说话留有余地。翻译时,为了保留原文的叙事风格,译者可同样采取模糊的翻译策略。

例 76：They said it was becoming clear that understanding and using biology will be as important to space exploration as the "harder" sciences of physics and engineering.

译文：他们说，对于宇宙探索来说，理解和运用生物学与掌握物理学和工程学一类的"更硬"的科学一样重要，这一点显得越来越明显。（鲁苓，2010：315）

作者分析说，harder 本义为"更加坚硬的，更坚固的"，然而这里使用了引号，说明其含义有所引申。与 biology 相比，physics 和 engineering 属于更加具有理科性的学科。但是，如将其意译为"纯属理工科的"，就让人费解，且痛失了原文的些许幽默。因此采用以模糊译模糊不失为较好的翻译方法。

英语中有些数词表示概数，较模糊笼统，如 a few 表示"一些"，a score of 表示"二十多"等，但也有类似精确又模糊的数词。例如：

例 77：The survivors，all of whom lived within 2.5 kilometers of ground zero，were followed for 45 years after the bombings. The researchers calculated estimates of their radiation doses.

译文 1：这些幸存者都居住在离地面零点 2.5 千米以内，并在原子弹爆炸后接受了 45 年的跟踪观察。研究人员对他们在原子弹爆炸时接受的辐射量作了评估。

译文 2：这些幸存者都居住在离地面零点 2.5 千米以内，自原子弹爆炸后的 45 年以来他们一直受到跟踪观察。研究人员对他们所受的辐射量作了估算。（毛荣贵，2006：214）

对比译文和原文可以发现，在译文 1 的最后，译者增译了时间状语"在原子弹爆炸时"。实际上，那些幸存者所受到的辐射量可能有爆炸当时所受的辐射量，也可能包含 45 年以来所受到辐射的总量。据常理，原子弹辐射并非只存在于爆炸的瞬间。所以，原文中的 radiation doses 是模糊语，翻译时可进行模糊化处理，反而能够凸显译文的精确性，因此译文 2 处理得较为恰当。

2.4.3.2　以精确译模糊

前面曾谈到,科技英语中的模糊由多种因素造成,如一词多义、上下义关系、概念引申、词语搭配等。翻译时,如果模糊翻译极有可能造成信息传递不畅,则可以考虑采取以精确译模糊的办法。

例 78:Burning in the cylinder,oil provides the engine with power.

译文:油在汽缸里燃烧,给发动机提供动力。

例子中的 power 是典型的一词多义,可理解为"能量""动力""次方/幂"等。根据常识,油在发动机的汽缸中燃烧,能够为机车提供动力,故将 power 译为"动力"则语义清晰。

例 79:Although the machine in question had been in operation for over 25 years,no one had suspected the existence of a resonance until the unit was examined in detail.

译文:虽然所述的机器已工作了 25 年以上,但是对机器进行详细检查之前,无人怀疑有谐振存在。

原文中 the unit 语义较为模糊,既可指机器部件,也可指整个机器。仔细分析后发现,the unit 指的是机器,这里的模糊是由于上下文替代关系造成的。

需要注意的是,强调模糊美并非否定精确美,反而是从另一个维度强调了表达的准确性。我们认为,精确既指准确、求真,准确理解是产生准确译文的前提;精确美除了理解上的准确、精准外,还体现在译文表达的准确上。

例 80:Then came the Industrial Revolution and the Earth filled with what was,on the evolutionary scale,an explosion.

译文 1:随着工业革命的进展,地球上发生了从进化的时间长短来说的人口爆炸。

译文 2:随着工业革命的进展,地球上发生了人口爆炸;这里所谓的"人口爆炸",是从进化的时间长短来说的。

对比译文 1 和译文 2,我们不难发现译文 1 语义不清,表述模糊。在译文 2 中,译者将句子成分 the Earth filled with what was,on the evolutionary scale,an explosion 分拆为两句来翻译,第一句 the Earth filled an explosion 翻译为"地球上发生了人口爆炸";第二句 what was,on the evolutionary scale,an explosion 翻译为"这里所谓的'人口爆炸',是从进化的时间长短来说的"。经过这样处理,妙用了重复词"人口爆炸",使长句变成短句,理清了句意,方便译文精确表述。

2.4.3.3 以精确译精确

所谓语言的精确性,就是指在一定的语境中,用明确、贴切的词语清楚地表达一种现象或事物。鲁苓指出,语言的精确性,就是指

> 符号使用者所感到的他使用的某个符号的能指同他所指的某个对象之间是一一对应的关系。此时,遵循"差别性原则",即为了正确地反映客观事物,能指的数目越多越好,所指对象的信息量越精确越好,即差别性越明显越好。精确性是我们交际的需要,为了在交际中让对方明白自己纷繁复杂的思想,就必须用相应的纷繁复杂的语言形式来表达,否则便会词不达意。(鲁苓,2010:60)

科技英语尤其重视用词的准确性,不仅因其语法结构严密和表达事物客观,而且还能反映科学技术研究和发展变化的成果、方法和动态。换言之,科技英语本身的特征决定了其表达的准确性和严谨的语体风格。翻译时,尽量将原文中的精确性尽可能地传达到译文中。

例 81:The production of this year is estimated to increase to 3 times compared with 2004.

译文:和 2004 年相比,今年的产量预计增长了 2 倍。(或:是 2004 年的 3 倍。)

英文数字的表达方式繁多,译者要格外小心,才不至于"失之毫厘,谬以千里"。一般来说,表示"增加"的动词,如 increase,grow,rise 等,与数字短语搭配构成"$v. + n$ fold""$v. + n$ times""$v. + $ by n times""$v. + $ to n times""$v. + $ by a factor of n",可翻译为"比……大(n-1)倍""增加了(n-1)倍""增加到 n 倍"。原文中表倍数的含义很清楚,千万不能含糊。

例 82：By early 1971 the company's motive power roster included about 50 active steam engines, only three mainline diesels, and several diesel switchers.

译文：截至 1971 年上半年，该公司仍有约 50 台蒸汽机车在运行，而干线内燃机车则仅有 3 台，内燃调车机车也只有几台。

一般来说，diesels 指"柴油"，但在原文上下文语境中，mainline diesels 明显与 steam engine 以及 diesel switchers 属同类词，即 diesels 的类别参照物是 steam engine 和 diesel switchers，故而原文中的 diesels 必然等同于 diesel engines，也即 diesel locomotive，根据我国铁路部门的用语习惯，可将其译为"内燃机车"。diesels 看似模糊，其实语义精确，译者应具有敏锐的洞察力，做到以精确译精确。

2.4.3.4　以模糊译精确

语言的精确是相对于模糊而言的，两者具有辩证统一的关系。模糊中包含精确的因子，而精确中又有模糊的因素。考虑到英汉语言间的巨大差异，在不影响内容与理解的前提下将模糊语译成精确语。

例 83：The prostate cancer and child development studies were published in the past three weeks; about the same time the FDA finally approved the new soy labeling rules. Messina said where there were only a dozen published studies on the topic in 1985, there are now more than 2,000.

译文：在过去的三个星期里，发表了对前列腺癌和儿童发育的研究报告。几乎同时，美国食品及药物管理局最终批准了对大豆食品新标签的管理办法。梅西纳说，1985 年就有 10 多篇论述大豆的研究成果发表，而现在超过 2000 篇了。（鲁苓，2010：310）

原文中的 dozen 通常译为"12"或"一打，十二个"，尤其是在短语 a dozen of 中更是如此。殊不知，dozen 也是一个虚数，例如 dozens of eggs、a dozen years ago 和 a dozen of somebody's friends 分别表示"几十个鸡蛋""十几年前"和"某人的十来个朋友"。译文中，译者将 a dozen published studies 的意

思进行泛化,译为模糊语"10 多篇论述大豆的研究成果发表"较为合理。

例 84:Research shows that girls in single-parent families are at greater risk for precocious sexuality, teenage marriage, teen pregnancy, non-marital birth, and divorce than are girls in two-parent families——and that this is true regardless of race or income. Also, children in disrupted families are nearly twice as likely to drop out of high school. Boys are at greater risk for dropping out than girls and are more prone to aggressive behavior.

译文 1:研究表明,单亲家庭的女孩所冒的风险大于双亲家庭的女孩:性早熟,十几岁结婚,少年怀孕,非婚生育,离婚——而且不分种族、收入,都是如此。再者,家庭分裂的孩子中学退学率几乎要高出一倍。男孩比女孩更容易退学,更好寻衅闹事。

译文 2:研究表明,单亲家庭的女孩和双亲家庭的女孩相比,她们在以下几个方面具有更大的风险:性早熟、早婚、早孕、非婚生育以及离婚。这种现象和种族及其经济状况没有关系。再者,家庭分裂的孩子中学辍学率几乎要高出一倍。男孩比女孩更容易辍学,更好寻衅闹事。(毛荣贵,2005:311)

对比译文 1 和译文 2 可以发现,译文 2 中的"单亲家庭的女孩和双亲家庭的女孩相比,她们在以下几个方面具有更大的风险"比译文 1 中的"单亲家庭的女孩所冒的风险大于双亲家庭的女孩"更具层次感。尤其是译文 2 中将原文中的 teenage marriage 和 teen pregnancy 分别译为"早婚"和"早孕",是模糊化处理法,而这样的模糊处理反倒比所谓的精确处理"十几岁结婚"和"少年怀孕"更恰到好处。

总之,语言的精确性是相对的、有条件的,而模糊性才是绝对的、普遍的。从总体上来说,科技英语虽然属于精确语言,但也并不排斥模糊语言的使用。有些情况下模糊语言的使用能增强科技英语的可读性,翻译时我们也需要因地制宜地采用恰当的翻译策略。

第 3 章

旅游文体翻译

随着我国旅游业的快速发展,海外游客逐渐增多。旅游翻译在提升旅游景点的文化传播,塑造国家、地区与城市形象方面发挥着重要作用。在翻译过程中,译者需要充分考虑旅游景点的特征和文化内涵,提升译文的可接受度与景点的文化传播功能。近年来,学者们从不同角度对旅游翻译展开了相关研究。例如,莫爱屏(2020)等提出在旅游翻译中构建岭南文化身份的三维构建及四重映射,并通过对当下广州景点文本英译的实证考察,提出"自我凸显、读者关照、充分理性、集体认同"等原则,为中华文化外译,特别是岭南文化外译研究及相关研究提供新思路。阳琼(2021)依据螺旋理论,希望构建"政—企—校—社"旅游翻译服务立体三螺旋协同创新模式,为入境旅游翻译服务创新实践提供理论参照。胡富茂等(2022)基于多模态和语料库语言学研究范式,探讨多模态旅游翻译语料库的构建方法与技术路径,以期为智能翻译管理平台和景点信息智能双语问答系统的研发提供数据资源支撑,进而提升针对外国游客的语言服务品质,促进我国智慧旅游建设。

本章拟结合旅游资料的翻译,尤其是中译英翻译实例,探讨旅游翻译的特征和意义、旅游翻译中的思维转换,以及旅游翻译的原则与策略,并以地方特色文化外译为例分析旅游翻译过程中的维度转换与文化负载词的翻译策略。研究旅游翻译的特征,探讨旅游翻译的原则、策略和方法对于提高旅游翻译质量、塑造旅游目的地形象具有重要的理论和实践意义。

3.1 旅游翻译概说

根据世界旅游组织(World Tourism Organization)统计,中国已成为全球最大的旅游目的地之一。自 2000 年首次提出建设"世界旅游强国"的宏伟战略目标起,我国逐步实现从"亚洲旅游大国"到"世界旅游强国"的历史性跨越(洪明,2006:56)。

我国历史悠久,源远流长,名胜古迹、自然景观、人文景观等旅游资源丰富。自改革开放以来,我国涉外旅游业得到了空前的发展,资料显示自 1978 年伊始,我国旅游业的发展以每年超过 20% 的速度递增。近年来,为迎合旅游业的大发展,旅游宣传资料的汉译英就显得尤其重要。本章的旅游翻译主要指旅游资料的汉译英,是指以外国普通旅游者为对象,介绍中国旅游事业和旅游资源的各种资料。这些资料种类繁多,主要包括图书、画册、导游图、明信片、幻灯片、电视录像片和电影纪录片等。旅游资料具有呼唤型文本功能,旨在吸引游客;旅游翻译旨在帮助外国游客更好地了解景点特色,以及背后蕴含的传统文化和历史知识。

3.1.1　旅游翻译的特征

旅游翻译是应用翻译中的一个重要分支。按照传统文体学对文本所进行的划分,旅游文本属于应用文体。

一般来说,任何文本至少都具有信息性、情感性和诱导性三种功能当中的任何一种或几种,而且往往以其中一种为主导功能,以另外两种作为辅助功能。旅游资料的主导功能则被认为是诱导性,因为其目的在于吸引游客,激发游客参观景点的兴趣,增强其参观的乐趣。同时,旅游资料能够增强游客对中国历史文化的了解。当然,达到吸引游客的目的需要以提供足够的信息为前提。游客在决定旅游之前和在参观某个景点时都希望获得相关的信息和背景知识。由此看来,信息性成为旅游资料的重要功能之一,并形成了以信息性为前提,诱导性为最终目的的一种互动关系。

旅游资料的特征对译者提出了特殊要求,译者不必拘泥于传统意义上译文(目的语)与原文在语言形式方面的对等,而应该在意义和功能方面实现最大程度的对等。也就是说,要尊重读者(外国游客)的特殊身份和口味,以期对其产生影响,使之"有所思,有所语,有所动,有所为"。

方梦之(2011a:1)曾指出:"文体研究的一个主要目的是探索语言使用的得体性,翻译研究的一个重要方面也是译文的得体性。"作为应用文体的旅游资料,其功能主要是通过对景点的介绍、宣传,扩大人们的知识视野,激发人们对旅游、参观的兴趣。因此,旅游资料汉译英的最终目的就是通过传递信息来吸引游客。那么翻译这类资料,译者所要考虑的是译文的可读性及读者的接受度,也就是说,译者发挥的自由度相对较大,可以比较灵活地处理原文中的信息。总而言之,在翻译旅游资料的过程中必然涉及如何把原文中的信息转移到译文中去的问题。由于中西方文化差异较大,包括生活方式、思维方式、历史习俗、审美情趣和政治法律等诸方面的因素。因此,文化因素才是信息转移中的难点所在。

美国翻译理论家奈达说:"所谓翻译,是指从语义到文体在译语中用最切近而又最自然的对等语再现原语的信息。"(谭载喜,1985:10)对等语则包括语言、风格和文化三者的对等。因为翻译是一种文化交流活动,目的语的文化对等则应为重中之重,译者必须以目的语读者为对象阐释原语,使读者在读译文时能得到与原语读者读原语相同的感受。所以在处理旅游资料汉译英中大量文化信息时,译者必须以偏向译文、侧重读者的方向为准则。译者既不能不顾及英语的表达习惯和读者的接受能力,让英语就范于汉语的概念和意象,追求语言文字和信息量的"对等"转换,也不能因为两种文化差异造成的"词汇空缺""文化空缺"而回避困难。如上所述,翻译与语言、风格、文化的关系均影响旅游翻译的效度。

3.1.2　旅游翻译的意义

旅游翻译有助于推动我国文化的对外传播,塑造良好的国际形象,创造良好的国际环境。提升旅游翻译质量有助于实现与海外游客的充分沟通,通过旅游资源传递中国声音,传播中华文化,推进我国旅游业的发展,提升文化软实力。

3.1.2.1　旅游翻译的重要性

旅游翻译是外宣翻译的重要组成部分,是对外传播的重要内容和方法,也是对外展示良好国家形象的最佳方式之一。黄友义(2008:59)认为:"今天,在中国不断发展壮大,国际地位和影响力显著提高,与世界的关系愈加紧密的形势下,中国不仅要继续吸收各国的优秀文明成果,而且要注重向世界介绍中国文化,进一步增强中华文化的国际影响力。"陈芳蓉(2011:41)也认为:"在当今多元化的时代,文化是最能体现自我价值的元素,特别是那些经历了时间和历史检验后留下来的珍贵文化遗产。这些遗产是一个国家'软实力'的重要组成部分。"

旅游翻译是跨文化翻译与交流中不可或缺的组成部分。蒋好书(2014：13)在《对外文化翻译与交流的五个层次》一文中就指出："对外文化翻译日益成为国家软实力建设的重要组成部分,文化建设能力也被当作国际传播能力的一部分。"他认为,在当今全球化时代,需要从根本上清楚地认识自己、认识世界、认识文化交流与传播的基本规律,才能更好地提升本民族文化的翻译与交流能力,继而提升其影响力与软实力。与此同时,他还提出了文化翻译与交流的五个层次:一是思想、宗教、信仰、核心价值观的翻译、对话与交流(文化原动力);二是文艺、创意、优秀代表作的互译和传播(文化情感原型元素);三是制度、法律、产业、教育体系的沟通和互相译介、借鉴(社会组织和治理方法模式);四是人员、词汇、生活、习俗的对话与交融(日常生活与文化习惯);五是自然、科技、信息等普遍性知识的规范及语言共享(共同认可的知识储备)(蒋好书,2014:13)。由此可见,各层次文化翻译与交流的体系极其庞大,涵盖了包括旅游翻译在内的各类文化翻译。

段连城在研究外宣翻译的过程中,将外宣材料进行分类,旅游资料属于一般宣传资料。他认为:

> 对外宣传材料可分为一般宣传材料和正式宣传材料,前者指对外书刊的一般报道、各地的对外宣传小册,主要是对外介绍中国的一般情况,包括政治、经济、社会、文化、历史、人民生活、名胜古迹等;后者则指官方文件,高级领导人的正式讲话和著作,以及外交会谈、经贸合同、法律文书和科技交流等。(段连城,1990:8)

以上研究表明,旅游翻译的意义在于促进文化的传播,旅游翻译的质量好坏直接影响到国家或某个地区、城市、景点的形象;对于地区、城市而言,旅游翻译的质量可能影响当地的旅游收入与投资环境。旅游翻译,尤其是地方特色文化外译是我国当前实施的文化"走出去"战略的重要组成部分。

3.1.2.2 旅游翻译的可行性

近些年来,中国文化外译是翻译研究中的重要研究课题,学界已出版了大量相关学术著作。例如刘秀芝和李红霞合著的《北京世界文化遗产人文景观介绍翻译研究》(光明日报出版社,2008)一书比较系统地介绍了北京的世界文化遗产人文景观。汪宝荣的《异语的体验:鲁迅小说中绍兴地域文化英译传播研究》(浙江大学出版社,2015)一书以鲁迅小说中绍兴地方特色文化翻译为研究对象,采用了规定性与描述性研究相结合的方法,该书研究内容针对性强,研究也较为深入,可谓是地方特色文化外译研究的典范之作。许明武的《中国国家级风景名胜区外宣语翻译研究》(武汉大学出版社,2019)一书以我国国家级风景名胜区为重点参照,以双语和对应旅游文本语料库为研究素材,采取目的语受众实证调查和平行语篇对比分析方法,积极探索旅游外宣语英译策略及评价体系。

上述相关成果对于旅游翻译研究具有重要的借鉴意义。同时,旅游翻译与国家形象构建、中国文化的对外传播等话题关系密切,成为学界研究的重点。"对外传播最重要的历史和现实使命,就是在目标国家的受众面前,展现我国立体的、全方位的完整形象,让世界了解中国,让中国了解世界。"(卢小军,2015:44)

德国功能目的理论对旅游翻译具有一定的指导意义。德国功能目的理论强调译文在译语文化中的交际功能,认为翻译的目的决定它的译文,也决定译者所采取的翻译策略和方法。旅游翻译特别注重信息传递,其翻译过程涉及翻译目的、目的读者、翻译策略和翻译过程等诸多因素。

理想的翻译是把原文的信息完全转译到译文中,使译文忠实地再现原文,这是我们用于评判翻译好坏的传统惯用标准。旅游资料翻译有其特殊性,选择适当的翻译理论作为指导尤其重要。德国功能目的理论的出现,不仅为苦苦思索的译者带来了一股清风,也为翻译理论研究提供了新的视角。

根据功能目的理论所提出的翻译标准,翻译的过程应以译文在目标语文化中所预期达到的一种或几种交际功能为参照。由于旅游资料是一种应用性文体,本身具有较强的功能性、目的性,所以,旅游资料的翻译就是要再现原文的这种功能,确保两个文本(源语文本和目标语文本)的功能对等,这就是功能目的理论的标准问题。

在翻译实践中,译者所遇到的源语文本是多种多样的,翻译目的也不尽相同,所以功能派理论提出的以目的法则为主导的翻译标准多元化的理论体系有助于诠释译者在翻译过程对译文所作出的种种处理,以决定处于特定语境中的哪些源语信息可以保留以及哪些必须根据目标语语境进行调整或删减,实现客户或委托人的翻译要求、译者的翻译目的以及译文读者的特殊情况等三方面因素的交融。

3.2 旅游翻译中的思维转换

翻译活动不仅是一种语言活动,更是一种思维活动。翻译过程是一个复杂的、双向的、多重的思维活动过程。由于英汉文化的差异,导致了英汉思维模式的差异,这也必定会致使英汉语言表达习惯上的巨大差异。

近年来,国内对包括旅游翻译在内的应用翻译的研究较为深入,学者们发表了许多颇有见地的论文,也出版了不少专著。但是,从思维角度研究应用翻译的则相对较少。作为应用翻译重要内容之一的旅游资料英译,在翻译实践过程中,译者需要依据英汉语言和思维表达上的诸多差异,充分发挥主观能动性,用精准的译文语言、思维模式准确地表达出原文的语言和思维内容。本节以语言、思维与翻译的关系为切入点,探讨中英旅游文体差异与思维转换之间的关系,从而加深人们对旅游翻译的认识和研究。

3.2.1 语言、思维与翻译

语言和思维有着密切的关系。思维离不开语言,语言是思维的物质形态,反之,思维也支配着语言。人类语言的共性,归根结底,源自人类思维的共性。正因为全人类有着相通的思维,世界上不同民族的人们才能够进行彼此间的交流和理解,翻译的实现才能够得以成为可能。然而,不同的民族,由于有着地域环境、生活方式、文化背景、宗教习俗等方面的差异,必然导致人们对客观世界感知的角度和认知视点也不尽相同,从而形成各自不同的思维方式和思维风格,这就是思维的个性,亦即思维的民族性特征。不同的民族,其思维模式有不同程度的差异。

何谓思维?《现代汉语词典》(1983:1085)定义如下:"思维,即人脑对客观现实的反应过程,具体地说,它是在表象、概念的基础上进行分析、综合、判断、推理等认识活动的过程。它是人类特有的一种精神活动,是从社会实践中产生的。"作为一种跨语际的文化交流活动,翻译不仅仅是一种语言转换的表象操作,而更多的是一种文化思维模式的转换过程。毛荣贵(2001:266)曾经说:"翻译的过程并非简单的、直线式的、由一种语言过渡到另一种语言的过程,在两种语言中间还有一个思维作为中介,并且它也是翻译的重要支点。"所以,作为语言转换的翻译也必然会涉及语言结构及思维模式等方面的研究。

翻译研究包括过程研究和结果研究。翻译过程是用两种语言进行思维的过程:即用原文语言进行思维理解内容和用译文语言进行思维表达内容。传统的语言学翻译研究模式首先感兴趣的是语言方面,往往不太注重研究原作作者及译者的主体意识。它只能对现成的译例在语言上作静态的对比分析,也就是说主要是从翻译结果入手,即从源语文本到目标语文本的研究模式,并不关心目标语产生的思维过程研究。但就其研究价值和实用性来说,研究过程要比翻译结果研究更为重要,因为从结果很难回溯到过程。所以,任何翻译研究必须包括过程和结果两个方面的研究,仅有过程或仅有结果的研究都是不完整的、不科学的。

翻译是包括语言思维习惯交流在内的文化交流,然而,正是这些差异迥然的个性构成了翻译的障碍所在。探讨英汉思维方式差异造成的语言差异,有利于实现跨文化交际和翻译的顺利进行,因为"作为民族语言深层结构的思维方式不仅导致了语言上的巨大差异,而且也给翻译带来了诸多障碍和种种困难。从表面上看,翻译是两种语言形式的转换,而就其深刻本质而言,翻译的实质从某种意义上讲则是思维方式的转换"(焦一强,2001:36)。

3.2.2　旅游翻译与思维转换

不同的民族有着不同的民族文化,也有着不同的思维方式,这就形成了文化思维模式的差异。在中国文化中,传统思维模式的最主要特征是直觉的整体性,中国传统哲学的出发点是"天人合一",其整个哲学是从人心的体验出发对人生和社会的感悟,并将它一直推到对自然的认识。诚如申小龙(1998:59-60)先生所言:"汉语的精神,从本质上说,不是西方语言那种执着于知性、理性的精神,而是充满感受和体验的精神,汉语的语言思维,是一种具体思维。汉语的具体思维反映在语言组织上,就习惯用意象组合来使句子内容生动可感。"而西方哲学最根本的出发点,则是"本体论",以逻辑方法构造为第一原理,提倡"天人相分",其思维模式的主要特征则是注重分析的逻辑性。

例1:(鲁迅公园)园址是一片倾斜的海岸,**没有刻意雕琢**,也不**震撼人心**,似乎只是造物主的原作,**幽静恬美**。徜徉其间,但见白浪**激礁,松林覆坡,红岩嶙峋,沙滩如银**,景色如花如诗。

译文:Sitting on the rocky, sloping side of the coast, the park shows little signs of man's refinement, appearing as an original work of nature. Strolling in the park, you can enjoy a scene full of poetic and artistic conception: waves, rocks, white sands and pines-covered slopes.(《中国青岛指南》,2002:35)

西方人的哲学强调主客体对应,物我分明,所以西方人重个体思维,在语言方面表现为不求全面周到,但求结构严谨,英语句子重"形合"(hypotaxis),重分析;而中国人重主客体统一,重主观感觉,汉语句子重"意合"(parataxis),重悟性,所以在汉语言中可以频频出现省略,但意义相连、脉络清楚、形散而神聚的句子。以上原文中的黑体部分描写融入了人的主观抒情,使原文读起来情与景相融,人和自然和谐地融为一体,体现了汉语言的审美情趣。译者在翻译时,需将主观化的感悟具体化、形象化。

例2:四川西部,有一美妙的去处。它背倚岷山主峰雪宝顶,树木苍翠,花香袭人,鸟声婉转,流水潺潺。这就是松潘县的黄龙。(《黄龙奇观》)

译文:One of Sichuan's finest scenic spots is Huanglong (Yellow Dragon), which lies in Songpan County just beneath Xuebao, the main peak of the Minshan Mountain. Its green forests, filled with fragrant flowers, bubbling streams, and songbirds, are rich in historical interests as well as natural beauty.(边幽芬 译)

林语堂认为中国人向来不重逻辑,凡事只凭直观,"因为直观是整个的、非分析的,所以反而容易见出事理之是非,及道本来的面目……中国人知道理论靠不住,所以用'情'字来调和,不但言理,且兼言情,入情入理,则凡事不错。这是中国人思想原则之特征"(林语堂,1994:35)。原文反映了中国人的思维模式,文化传统和审美意识,唤起了对景点参观的向往之情,达到了旅游宣传的预期目的。在进行语际转换时,译者应该洞悉英语具有习惯开门见山、描述景点特征,从而使译文为目标语读者所接受。

英汉句子结构的差异和表达习惯的不同决定了东西方两个民族思维方式

和文化心理结构的不同还反映在虚实的表达上。"虚述"是指汉语表达中对一些事物或人物特征进行描述时,常常以人的伦理道德和审美情趣为标准,以主体介于客体,客体融入主体,所以凡事都有很强的主体参与意识。这种表述常渗入作者本人的情感、感受与观点,用词或绚丽华美,令译者难以在目标语中找到相应的词。在这种情况下,译者就必须对原文中的信息内容进行"避虚就实"的处理,以保证译文的可读性。

例 3:江岸上彩楼林立,彩灯高悬,旌旗飘摇,呈现出一派喜气洋洋的节日场面。千姿百态的各式彩龙在江面游弋,舒展着优美的身姿,有的摇头摆尾,风采奕奕;有的喷火吐水,威风八面。(《乐山龙舟会多姿多彩》)

译文:High-rise buildings ornamented with colored lanterns and bright banners stand out along the river banks. On the river itself, gaily decorated dragon-shaped boats await their challenge, displaying their individual charms to their hearts' content. One boat wages its head and tail; another spits fire and sprays water.(何志范译)

虚实转换是指词汇抽象概念与具体意义的相互转换。英语的抽象思维和汉语的具象思维是两种不同的思维方式,它们在语言表达上往往导致两种不同的用词习惯。英语中的景物描写大多实景实写,忠实于客观表达自然和社会。汉语在作情景描述时,习惯于对"实"的情景作"虚"的夸张,以渲染情景氛围。翻译时只作"实"的描写,而省译"虚"的夸张。

例 4:崂山,林木苍翠,繁花似锦,到处生机盎然,春天绿芽红花,夏天浓荫蔽日,秋天遍谷金黄,严冬则玉树琼花。其中,更不乏古树名木。景区内,古树名木近 300 株,50% 以上为国家一类保护植物,著名的有银杏、松柏等。

译文:Laoshan Scenic Area is thickly covered with trees of many species, which add credit for its scenery. Among them over 300 are considered rare and precious, half of which are plants under State-top-level Protection. The most famous species include gingko and cypress.

读原文和译文,原文中"春、夏、秋、冬"四季的烦杂修饰语在译文中被译者悄然删去,留在译文读者眼前的则是"which add credit for its scenery",这不仅使译文语言简洁明了,而且也留有广阔空间让读者去大胆想象该景点的美妙之处。

实际上,翻译过程中的信息转换过程可分为直接的语言过程和深层的思维——心理过程。"思维层次是翻译的基础层次,翻译活动就其本质而言是译者进行思维的复杂过程。翻译如果没有译者的能动思维活动,两种语言间的语际信息转换就难以成功实现。"(刘金龙,2006:47)思维活动在翻译过程中起到了举足轻重的作用。此外,"翻译思维就是运用思维科学的基本原理与方法,多角度、多层次灵活解释、解决双语转换过程中遇到的各种问题,使译文在内容、风格、效果等方面最大限度地贴近原作"(张光明,2001:27)。从思维角度研究应用翻译不仅可以更好地探索应用翻译研究中的新思维、新方法,还可以深入推动我国译学研究的向前发展,因为"翻译的内在规律仍在于人脑的思维。深入研究翻译中的思维活动将是译学研究的突破口"(吴义诚,1997:3)。

3.3　旅游翻译的原则

原则是"由人们社会实践活动目的性决定的,反映着客观事物的意义和作用,是人们对自己活动目的和手段要从总的方向、前提和条件上加以规约的一种倾向性陈述······以人们公认的道理为依据进行推论的一种抽象过程"(曾利沙,2005:5-6)。旅游翻译,尤其是旅游资料的汉译英和地方特色文化外译均属于对外宣传翻译,其目的性强、追求实效与时效,因此会借助某种原则手段实现特定交际目的。功能目的论强调原文和译文之间必须有一定的联系,这种联系的质量和数量由预期译文功能确定,同时也决定了处于特定语境的原文可以"保留"的内容,以及可以或必须根据译语语境进行调整,甚至"改写"的内容。旅游翻译的目的与受众决定了其翻译原则方面的特殊性与侧重性,还需要注意信息突出、经济简明、艺术审美的原则。

本节所用实例主要选自《中国文化胜迹故事》(上海外语教育出版社, 1996),该书是由上海外语教育出版社推出的"中国文化故事丛书"之一。该书是由朱一飞与汪涵昌编著、孙骊与巫漪云翻译的一本汉英对照读本。与其他丛书不同,该书有选择地介绍了中国无数文化历史胜迹中 50 处有代表性的旅游景点,将中国特有的神话传说、历史故事和民间习俗等人文景观和令人神往的自然景观编织在一起,是为了弘扬中国文化精华和满足外国人学习汉语之需而出版的。

诚如编者在前言中所言,该书的出版是"为了满足来华旅游和工作的外国友人游览名胜古迹以及了解中国文化的需要,满足学习汉语的外国友人学习中华民族文化和提高汉语水平的要求;也为广大中国读者与导游游览和介绍祖国胜迹及学习英文提供方便"(朱一飞、汪涵昌,1996:前言)。正因如此,《中国文化胜迹故事》的译文是完全忠实于原文的,有些译文处理得还非常巧妙。

3.3.1 信息突出原则

信息突出原则是指为了实现最佳效度之目的,根据不同海外受众群体的特殊需求、兴趣和接受心理,对同类型宣传资料中具有关联性信息的文字进行有理据的操作性调节,予以相应的突出,使关联性信息的价值度较高,非关联性信息则被弱化或虚化(周锰珍、曾利沙,2006:23 - 24)。旅游翻译作为应用翻译的一种,符合应用翻译的信息突出原则,即注重信息的传递。

英国翻译理论家彼得·纽马克(Peter Newmark)曾根据文本不同的内容、文体和功能,把文本分为三种文本类型:信息型文本、表达型文本和呼唤型文本。旅游宣传资料体裁不仅属于典型的呼唤型文本,而且属于信息型文本,其翻译目的就是让外国游客能够看懂并喜闻乐见。根据功能目的论的观点,原文只是译文的一个信息来源,"译者不可能像原文作者那样提供同样数量或同样性质的信息"(陆国飞,2006:79)。所以,在翻译的过程中,译者必须根据目的语接受者的需求,以传递信息为最高指导思想,采取适当的翻译策略。例如:

例5:玉皇阁,坐落在南开区旧城的东北角,建于 1427 年(明宣德二年),是市区规模最大的道教宫观。这里,濒临三汊河口,地势较高,明清两代,周围开阔疏朗,为古人"重阳登高"之地。古诗中的"直

在云霄上,蓬瀛望可通。万帆风汇舞,一镜水涵空",说的就是这里的景致。(p.25)

译文:The Emperor of Heaven's Pavilion which is located in the northeast corner of the old town in Nankai District was built in 1427 in the Ming Dynasty. Facing the mouth of Sancha River, it is the largest Taoist temple in Tianjin. Built on high ground, it used to have an open view in the Ming and Qing Dynasties and draw large crowds to ascend to the top on the Double Ninth Festival each year. The views from the temple are described in a poem as follows:

Standing high amidst the clouds,

The fairy isles are in sight.

A myriad sails pushing ahead in the winds,

The sea mirror-like extending to the sky. (pp. 30 – 31)

旅游宣传资料的主导功能在于其指示功能,以读者为中心,向读者发出"指示",让读者读完译文后真正"有所感、有所悟、有所为"。在中文旅游资料中,中国人在写事状物时喜欢引用名人名言或古诗词句以增加文章的形象性和美感,中国读者读后,往往会加深对文中内容的理解并从中得到艺术的享受。然则,如果将这些信息全部翻译出来,不仅翻译难度大,而且对目标语游客而言也会晦涩难懂。毕竟,旅游翻译是一种大众化的通俗读物,重在信息的传递,和以美学价值为取向的文学翻译相去甚远。

对比原文和译文,我们发现译文没有将"明宣德二年"译出,这不会给游客造成理解上的困难,但是却忽略了"是市区规模最大的道教宫观"这一重要信息。根据功能目的论的观点,原文只是译文的一个信息来源,"译者不可能像原文作者那样提供同样数量或同样性质的信息"(Nord,2001:35)。所以,指示功能的充分"对等"并不意味着原文与译文字字对应,并在语言形式、结构和内容上完全对等,而应考虑到目标语读者和源语读者在文化背景、认知习惯以及审美情趣上的差异,然后决定保留哪些源语文本信息。也就是说,对于那些在目标语交际中没有什么价值的信息可以进行删减或改译,从而提高有效信息的交际效果。所以,笔者认为古诗词的译文没有表达出原文中的那种意境,可以删减不译,并无损于内容。同时,可以对"重阳登高"这一信息进行解释。

试改译如下：

Built in 1427 in the Ming Dynasty，Yu Huang Ge or the Emperor of Heaven's Pavilion was located in the northeast corner of the old town in Nankai District，which was the largest Taoist Temple in Tianjin downtown. Facing the mouth of Sancha River and built on high ground，it used to have an open view in the Ming and Qing Dynasties and drew large crowds to ascend to the top on the Double Ninth Festival—one of Chinese traditional reunion festivals each year. In many Chinese poems，poets expressed their deep feelings on such views from the temple.

　　例 6：骊山上的"长生殿"，现仅存遗址，是玄宗同杨贵妃的盟誓处。玄宗对贵妃的宠爱一反帝王的专横，倒极富民间色彩，他们曾互相誓约："在天愿作比翼鸟，在地愿为连理枝"，可谓一对恩爱夫妻。（pp.137－138）

　　译文：The Hall of Longevity whose relics are still there at Mount Li was where Emperor Xuanzong and Yang Guifei made vows that they would love each other for life. The love of Emperor Xuanzong was rather like that of an ordinary man for his lover，not in the least tainted by an imperious and domineering attitude. As Bai Juyi said in his poem，they vowed like any loving couple in the world that：

　　In heaven we shall be birds，

　　Flying side by side，

　　On earth flowering springs

　　On the same branch.（pp. 143－144）

　　在翻译的过程中，译者必须根据目标语读者的需求，以传递信息为最高指导思想，采取适当的翻译策略。该例中的文化信息主要体现在引自白居易《长恨歌》中的两句诗"在天愿作比翼鸟，在地愿为连理枝"。我们姑且不说译文译得如何，但对于旅游资料中出现的这些诗词，通常进行减译或改译，也就是说无须严格按照诗歌翻译的标准，而只需根据实际情况译出其意味。之所以这样处理,正是考虑到目标语语篇的指示功能。在这一段文本语言中,原文引用该诗句无非是想形容唐玄宗和杨贵妃之间那种海枯石烂的爱慕之情。笔者认为,译者可以将"在天愿作比翼鸟,在地愿为连理枝"所表达的大意进行改写,以突出唐玄宗和杨贵妃之间的那种海枯石烂的坚贞爱情。试改译如下:

The Hall of Longevity, whose relics are still there at Mount Li, was where Emperor Xuanzong and His favorite concubine Yang Yuhuan, vowed to love each other for age. The love of Emperor Xuanzong was featured by that of an ordinary man for his lover, not in the least tainted by an imperious and domineering attitude. They loved each other to a degree that you cannot imagine and nothing could separate them from each other.

通过对以上两个例子的分析可知,改译的译文更好地整合了原文中传递的主要信息,不仅提高了译文的可读性,也给译文读者留下了丰富的想象空间。

3.3.2　审美再现原则

旅游资料在传递信息的同时,还应传递原作的艺术性和美感,实现吸引受众的功能。旅游翻译体裁属于典型的呼唤型文本,虽然不同于其他文体语篇的翻译,"但同样有一个美学标准和文化观念问题,同样需要考虑文本的功能特征和翻译策略、形式和内容的关系,也同样需要完备的理论知识和翻译技巧"(陆国飞,2006:80)。

美国著名语言学家爱德华·萨丕尔(Edward Sapir)在《语言论》中说:"语言的内容,不用说,是和文化有密切关系的。"任何一个民族的语言都深深打上了该民族特色的烙印,民族心理审美也或明或暗通过语言的外壳表现出来。"汉民族的美学思想是汉民族独特的社会历程和文化传统的浓缩,是汉民族特殊的社会历史条件和生活经历在文化心理深层的积淀,反映出汉民族特有的人文思想和艺术审美观。"(洪明,2006:57)相比之下,英语国家则不同,

> 西方民族在这方面则大相径庭。西方传统哲学强调分析型抽象理性思维,在主观与客观的物象关系上,更多地强调的是摹仿和再现。体现在语言表达形式上,就出现了英语句式构架严整、表达思维缜密、行文注重逻辑理性、用词强调简洁自然的风格,语言上最忌重复累赘,追求一种自然流畅之美。(贾文波,2003:20)

这决定了英汉旅游宣传资料的写作风格必然不同。例如：

　　例 7：出阿里山火车站，稍走几步便可到达阿里山宾馆。每当黄昏之际，登上二万坪、慈云寺、阿里山宾馆或祝山观日楼极目远眺，从山壑峰谷里冉冉升起云朵，愈积愈厚，将连绵起伏的群山之巅都藏了起来。层层白云如同汪洋大海的波浪，波涛起伏，飘飘荡荡，又像莽莽雪原的银蛇蜡像，前呼后拥，奔腾不息。一会儿是万顷银光的云海，一会儿又是一片迷蒙的浓雾。茫茫云海，缥缈奇幻，犹如蓬莱仙岛，看着脚下的云雾，游人恍若变成了神仙，足登祥云，遨游在仙境之中。(p.420)

　　译文：A short distance from the station known as Mount Ali is the Mount Ali Hotel. If one comes in the evening to the hotel or to such other places as Er Wan Ping or Twenty Thousand Ping's, Ciyun Temple, or the Sunrise Tower atop Zhushan Hill and casts the eye as far as one can, there will come into view cottony clouds rising from the surrounding valleys and vavines, banking up in thickening masses and then shrouding the peaks of the rolling mountains. Tumbling like the waves of the ocean, the banks of clouds heave and roll, following each other in an endless procession, sometimes giving the impression of a vast snow- and ice-bound field in motion. Now it is a vast ocean of radiant clouds, now it is a boundless expanse of swirling mist and god. In this phantasmagoric world of cloud and mist, measurelessly vast, measurelessly elusive, one has the feeling of being in a fairyland like Penglai and, with mist and cloud curling around the feet, being a celestial being treading the clouds in the world of fairies. (p.425)

比读原文和译文我们可以发现，译文是"忠实"于原文的。但是根据功能目的论的功能原则和经济原则，译文是对原文的全盘复制，结构烦琐，难免令读者感到晦涩难懂。"译者在整个翻译过程中的参照系不应是原文，而应是译文在译语文化环境中所预期达到的功能"(陈小慰，1998：9)，所以，译文的中心读者应该是目标语读者。

由于英汉两种语言的文化背景、价值观念以及思维方式不同,故而它们的审美观、语言逻辑观也不尽相同。在语言表达上,汉语写作喜欢大量使用叠词偶句,以求行文工整、声律对仗,达到形美、音美和意美的效果,如"波涛起伏,飘飘荡荡,莽莽雪原的银蛇蜡像,前呼后拥,奔腾不息""茫茫云海,缥缈奇幻"等。这些信息具有较强的主观色彩,在翻译过程中是难以传达出来的,而且也不是主要信息。诚如贾文波所言,"汉民族的写作美学一贯强调'意与境混'的上乘境界,追求那种客观景物与主观情感高度和谐、融为一体的浑然之美,'有意境而已矣'"(贾文波,2004:115)。而英语旅游文献大都行文简洁明快,简明实用,逻辑严谨,语言直观通达,具有一种朴实自然之美,不像汉语那样追求四言八句,讲究工整对仗、言辞华美。在英汉翻译时,译者应充分考虑到这种差异,做出相应的调整,使译文为目标语读者所接受。试改译如下:

The Mount Ali Hotel is located within walking distance from the railway station known as Mount Ali. From the hotel when night is falling, or from any of the other three places: Er Wan Ping or Twenty Thousand Ping's, Ciyun Temple, or the Sunrise Tower atop Zhushan Hill, casting the eye as far as one can, he can enjoy a poetic and artistic conception: clouds, peaky mountains, which adds credit for its scenery.

改译后的译文简洁明了,不仅将原文中的主要信息传达出来,而且也体现出了英语的语言表达习惯。

例8:桂林诸山,皆拔地而起,奇峰罗列,形态万千,所谓"天外奇峰排玉笋,云山万里剑千重",乃是最贴切的写照。山中多岩洞,洞内石柱、石笋、石钟乳、石花等组成各种景物,光怪陆离,琳琅满目。陈毅游后,曾赋诗称赞:"水着青罗带,山如碧玉簪,洞穴幽且深,处处呈奇观。"洞景、山色、古迹题刻,耐人观赏,趣味无穷。桂林的著名山峰有独秀峰、叠彩山、伏波山、象鼻山、七星山和骆驼山等。(p.405)

译文:Rising sheer from the ground, the many picturesque peaks at Guilin show a variety of shapes. This led an ancient poet to describe the scenery in these lines:

Fairyland peaks stand like rows of jade bamboo shoots,

A thousand sharp swords under a vast sea of clouds.

There are many caves in the hills here in which are found a glorious array of fantastic stalagmites and stalactites and other interesting rock formations such as huge stone pillars and flowers. After visiting the peaks and caves, Marshal Chen Yi who for many years was Minister of Foreign Affairs in China wrote the following poem：

The rivers are blue satin ribbons,

The hills ornaments of green jade,

Secluded are the caves deep and dewy,

Everywhere a glorious gorgeous sight.

The picturesque hills and caves whose attractiveness is enhanced by the presence of many historic sites and carved inscriptions are where one would like to linger on and on to drink in the inchanting beauty of nature. Of the hills of Guilin, the most famous are Solitary Beauty Peak, Folded Colours Hill, Elephant Trunk Hill, Seven Star Hill and Camel Hill. (pp.411 - 412)

汉语在作情景描述时，常常渗入作者本人的情感、感受与观点，用词或绚丽华美，习惯于对"实"的情景作"虚"的夸张，以渲染情景氛围，如"奇峰罗列，形态万千""光怪陆离，琳琅满目""耐人观赏，趣味无穷"。这些四字格是人们认为的难以翻译的信息要素。与此相反，英语中的景物描写大多实景实写，忠实于客观表达。由于译者难以在目标语中找到相应的词汇，所以在翻译过程中，译者就必须对原文中的信息内容进行"避虚就实"的处理，只作"实"的描写，而省译"虚"的夸张，以保证译文的可读性。试改译如下：

Rising sheer from the ground, the many picturesque peaks at Guilin show a variety of shapes. In the hills there are many caves in which are displayed a glorious array of fantastic rock formations such as huge stone pillars and flowers. The picturesque hills and caves whose attractiveness is enhanced by the presence of many historic sites and carved inscriptions are also good place to enjoy oneself. Besides, there are various famous hills for sightseeing.

在改译的译文中,笔者用 a variety of shapes 来替代"奇峰罗列,形态万千",用 a glorious array of fantastic rock formations 来替代"光怪陆离,琳琅满目",以此将抽象概念具体化,这样势必能够让目标语读者更好地理解原文所展现的主要信息。

3.3.3　文化诠释原则

1984 年出版的《中国大百科全书·人文地理学》对"旅游文化"的界定是:旅游与文化有着不可分割的联系,而旅游本身就是一种大规模的文化交流,从原始文化到现代文化都可以成为吸引游客的因素。游客不仅吸取游览地的文化,同时也把所在地的文化带到游览地,使地区间的文化差别日益缩小(朱益平,2005:160)。实际上,旅游自古就同文化结下了不解之缘。旅游宣传材料中包含了众多的文化因素及文化色彩,其本身就全方位地展示了所处社会文化的某些特性。

翻译不应该只是语言之间的转换,更应该是文化层面的诠释。旅游宣传资料的翻译更应该是如此,"旅游翻译是为旅游活动、旅游专业和行业所进行的翻译实践,是一种跨语言、跨社会、跨时空、跨文化、跨心理的交际活动"(陈刚,2004:59)。如何翻译好文化信息载量较大的旅游宣传资料是一个值得深思的课题。

例 9:骊山,秦代称"丽山",《水经注》称"骊戎之山",唐代又称"绣岭"。其山以石瓮寺为界,分为东绣岭和西绣岭,《骊山记》云:"当时林木花卉之盛,类似锦绣然,故名。"秦始皇选择骊山做墓地,乃"始皇贪其美名而葬焉。"(p.136)

译文:Mount Li or the Black Horse Mountain was, in the Qin Dynasty (221—206 B.C.), called the Beautiful Mountian, "black horse" and "beautiful" being homophones in Chinese. In the ancient Chinese classic of geography *Shui Jing Zhu* or *Notes on Rivers and Lakes*, Mount Li is referred to as the Mountain of the Lirong Tribe, the "li" in "lirong" being the same "li" for "black horse" in Chinese. In the Tang Dynasty (A.D. 618 - 907), the mountain had another name which was Xiuling or Brocade Hill that was divided into the West Brocade Hill and the East Brocade Hill，with Shiweng（stone water vessel）Temple as the point of demarcation. In an essay on Mount Li，it is said that "the mountain in those days was covered by luxuriant flowering trees that made it look like silk brocade. Hence the name." It is also said that the reason why the First Emperor chose it as the site of his mausoleum was simply that "the emperor took a fancy to the beautiful name."（p.139）

骊山会使中国读者浮想联翩。骊山位于今陕西省西安市东临潼区境内，因历史上多次作为历史名人的活动舞台而闻名。骊山不仅风光绮丽，更有闻名遐迩的人文景观，不仅有"华清池"，还有"梅花坛""看花亭""西瓜园"等历史遗迹，连同那生动的逸事传说，更为骊山增添了无限的诗情画意。如何将这些具有中国特色的历史文化元素传译到目标语文本中恐怕不易。

根据功能目的论中的观点，对于涉及特有历史文化的事物，如果译者不加任何解释地直译过去，译文读者必然不解其中意，译文功能无法实现。但如果改写或替换译法，一味"归化"只求读者能够理解，不仅不忠实于原作，也是对读者的一种"亵渎"。原文中"骊山"不仅译为 Mount Li，还译为 the Black Horse Mountain 加以辅助说明。"骊"和"丽"是同音字，但在某种程度上又成了同义字，译者故将其译为 black horse、beautiful，以增强其可理解性。如果将《水经注》单纯译为"*Shui Jing Zhu*"，恐怕译文读者难以理解，同时采用意译"*Notes on Rivers and Lakes*"，读者则更容易理解。类似处理的地方有很多。译者采用了增补等变通处理方法，恰当地将原文功能展现出来。

例 10：张桓侯祠，又称张桓侯庙，俗称"张飞庙"，在四川云阳县城外，濒临长江南岸的飞凤山麓，是祭祀三国时蜀汉名将张飞的寺庙。张飞死后谥"桓侯"，故名。（p.468）

译文：Popularly known as the Temple of Zhang Fei，this memorial edifice was officially named Zhang Huan Hou Ci in Chinese，huanhou or Marquis Huan being the title posthumously conferred on General Zhang Fei and ci meaning memorial temple.

Nestling at the foot of Flying Phoenix Mountain on the south bank of the Yangtse not far from the county seat of Yunyang in Sichuan Province, the temple is dedicated to the memory of Zhang Fei the famous warrior of the Kingdom of Shuhan during the Period of the Three Kingdoms (A.D. 220 - 280) in Chinese history.(p.471)

《牛津高阶英汉双解词典》(第四版)将 temple 解释为"Building used for the worship of a god or gods, esp in non-Christian religions"。"张飞庙"中的"庙"是为纪念嫉恶如仇、敢作敢为的张飞而修建的,不是为了纪念神灵。如果将"庙"译为 temple,译文读者会误以为张飞是一位神灵,考虑到译文读者的接受能力,所以译者增加了一些解释性说明如 the famous warrior、memorial edifice 等成分以消除误解。

在旅游翻译实践中,除了上述的信息突出、审美再现、文化诠释等三个角度的原则之外,译文也遵循"信、达、雅"的普遍标准,以及经济简明等原则,以获得最佳的宣传功能。以经济简明原则为例,旅游翻译帮助受众以尽可能低的成本(指信息处理的时间和精力)获取最明快流畅(相对于冗长累赘)的信息,体现清新明快的美感和张力。它以人类共同的认识思维特征为理论依据,不仅有其内在文本规定性(语符与概念间的认知语义关系),也有其外在规定性(不同民族语言文化差异)。不同民族读者接受书面文字信息的心理有其共性,包括都不喜欢冗长繁复的文字表达,故"经济简明"具有基于公理推论之上的规约性(周锰珍、曾利沙,2006:23)。旅游翻译应简明、准确、有效地凸显主要信息,实现交际目的。

3.4 旅游翻译的策略

如以上章节所述,旅游资料汉译英可归为外宣翻译,译者在翻译时,应该

在抓住原文主旨、领会原文精神的前提下,对原文语言的方方面面进行处理——调整、增删、编辑、加工,从词句到风格,从局部到整体。单就语言转换而言,翻译时要灵活、要变通、与原文要"若即若离",否则,就不可能跨越语言和文化的障碍,就不可能让译入语受众

喜闻乐见,最终就不可能达到外宣应有的效果(李欣,2001:18)。

作为应用翻译重要内容的旅游宣传资料英译具有现实的,甚至功利性的矛盾,要求译文达到预期的功效。功能派翻译理论认为,原文和译文是两种独立的具有不同价值的文本,各有不同的目的和功能,作者通过源语文本提供信息,译者则将源语的语言文化信息有条件地传递给目标语诸者。译者对源语文本信息的选择、翻译策略的确定以及译文的表现形式,都取决于翻译委托人和译文接受者的需求和审美诉求。

翻译旅游宣传资料时,我们采取“正统”的翻译策略不一定奏效,往往需要综合采用多种翻译策略。刘丽芬、黄忠廉曾提出采用变译能够有效地传递原文的信息内容,翻译所要传输的是信息内容,却受制于信息的形式,在处理内容与形式的矛盾上,变译提供了一整套变通的方法,是一种有别于微观翻译技巧的(或方法)的更宏观的翻译方法。“变译是译者根据读者的特殊需求采用扩充、取舍、浓缩、阐释、补充、合并、改造等变通手段摄取原作中心内容或部分内容的翻译活动。”(刘丽芬、黄忠廉,1999:27)变译的提出,也正体现出了翻译的价值,“它是一种重要的翻译操作方法与翻译策略,作为特定条件下解决特定翻译任务的操作方法,只有变译才能更好地改造原作,构建新作”(黄忠廉,2002:32 – 33)。

由于旅游资料的翻译主要是向游客提供信息,而不是所有的信息都必须传达出来,就要求译者要有较高的语言驾驭能力,将内容和形式处理好。在汉译英时,译者应注意英汉旅游文本的语言文化差异,并考虑目标语游客的接受心理。译者要将旅游资料里所表现的信息明白晓畅地告诉外国游客,顺利地完成文化交流的目的,对译文进行必要的调整、重组等变通方式的处理,本节将介绍几种常见的翻译策略。

3.4.1　增译

中国与以英语为母语的民族,由于生活地域、历史和文化有着巨大的不同,对同一事物的理解存在较大差异。奈达认为语言之间之所以互不相同,主要是因为它们具有互不相同的形式,因此翻译中如要保存原作的内容,就必须改变语言的表现形式,而“为了保存内容而改变形式,其变动程度的大小,必须视不同语言之间在语言和文化上的距离大小而定”(谭载喜,1999:5)。对于旅游资料中的某些内容,如人名、地名和朝代名等,中国人可能妇孺皆知,但外国游客未必了解。为了更好地传递信息，让目标语读者易于理解和加深印象，译者有必要适当增加一些词、词组或句子等来对其进行补充说明。

增译是为了便于读者理解原文的某些字、词、句，添加相关的知识和背景信息，如历史事件发生的年代、名人的生卒年代、人物身份及其在历史上的贡献、风景名胜的相关文化信息等。在翻译的过程中，如果译者不增加相应的补充信息，一般外国游客难以理解源语文本中的相关信息。

例11：林边有一个洞，叫白龙洞。传说《白蛇传》的白娘子曾经在这里修炼。

译文：Near the forest is the White Dragon Cave which is said to be the very place where Lady White, the legendary heroine of *The Story of the White Snake*, cultivated herself according to Buddhist doctrine.

如果翻译时没有补充《白蛇传》这个典故传奇的相关背景知识，外国游客阅读时必然会产生狐疑：中国的怀特太太为什么会在白龙洞这样一个小岩洞里，又是怎样修炼呢？译者再加上相关背景信息 the legendary heroine of *The Story of the White Snake* 后，读者便会立刻明白景点的介绍原来是个传说。

例12：新发掘的秦兵马俑被称为"世界第八大奇迹"；大雁塔、鼓楼是唐代留下来的建筑；您可以到杨贵妃洗澡的华清池去洗温泉澡；作为炎黄子孙，你或许有兴趣去拜谒离西安不远的黄帝陵。

译文：The life-size terra cotta soldiers and horses of the Qin Dynasty (221B.C—206B.C), unearthed recently, are praised as the "*Eighth Wonder of the World*". Other interesting sites include Dayan Ta (Great Wild Goose Pagoda) and Gu Lou (Drum Tower), both erected in the Tang Dynasty, and the Huaqing Hot Springs where visitors may bathe in the warm mineral water. This site used to be the private baths for Yang Yuhuan, favorite concubine of a Tang emperor. If you are of Chinese descent, you may be interested in paying homage to the Tomb of Huangdi（Yellow Emperor），the first Chinese emperor，not far away from Xi'an.

上述例子涉及人名、地名和事件，为了让外国游客知道杨贵妃是何许人也，译者增加了说明性文字 favorite concubine of a Tang emperor。此外，在对人名、地名处理时将音译和意译相结合，增加括号内容，解释字面意思，如"大雁塔""鼓楼""黄帝"分别译为 Dayan Ta（Great Wild Goose Pagoda）、Gu Lou（Drum Tower）和 Huangdi（Yellow Emperor）。译者通过音译和意译相结合的方法，可使读者产生生动有趣的联想与美的享受，对原文中相关信息一目了然。

除了增加背景信息，增译还包括对意义的阐释。旅游资料的汉译英属于外宣翻译，难免会存在因涉及社会文化差异所带来的理解困难。段连城（1990）曾提出"解释性翻译"的主张，认为增加解释性信息可成为一种行之有效的处理方式。

例 13：北京的腿，西安的嘴，桂林的山和水。

译文 1：Beijing's leg，Xi'an's mouth，and Guilin's mountain and water.

译文 2：In Beijing，there are so many places to see that the tourist guide has to walk a lot. In Xi'an，there are so many histories to tell that he has to talk a lot. In Guilin，he doesn't have to talk or walk a lot because the beautiful mountains and rivers are attractive enough for the travelers themselves to see and enjoy.（杨劲松、曾文雄，2008：38）

上例是常常被旅游从业者挂在嘴边的一句顺口溜，意思是北京名胜之多，走也走不完；西安古迹之盛，道也道不完；而桂林则是山水环绕之地，其美丽也不需要用言语来表达。

译文 1 让缺乏中国文化背景知识的外国游客不知所云，译文 2 虽少了原文的生动押韵和言简意赅的修辞特色，却通过增补有关文化信息，传递了有效的历史与文化信息。再如，我国申办奥运会主办权时的一个口号是"绿色奥运、人文奥运、科技奥运",如果按其字面的意思翻译为 Green Olympics,Humanism Olympics and Technology Olympics,则属于典型的中式英语,目标语读者会觉得难以理解。故有学者将其译为 Environment-Friendly,Culture-Enriched and Technology-Propelled Olympics,不仅形式上与原文对应,而且也体现了奥运会的真正内涵。

源语读者通常比较了解旅游资料所承载的文化信息,但外国游客可能会觉得陌生。成功的译文不是对源语文字进行字对字的解释,而是把源语读者司空见惯但目标语读者觉得陌生却又必需的信息加上补充性的解释。

例 14:湖南省位于长江中游南部,东经 108 度至 114 度,北纬 24 度至 30 度。因地处洞庭湖之南,所以叫作湖南。

译文:Hunan Province lies just south of the middle reaches of the Changjiang（Yangtze）River between 108' and 114'E longitude and 24' and 30' N latitude. As it is also situated south of Lake Dongting, the province has the name Hunan, which means "south of the Lake".

对比原文和译文,译者在原文末尾添译了一个非限定性定语从句 which means "south of the lake",对"湖南"进行解释,使读者了解"湖南"的由来,对它有更深刻的印象。

例 15:每年农历五月初五,数十万乐山人民欢庆端午佳节,观赏嘉州风采。

译文:On the fifth day of the fifth lunar month（early in June）each year, thousands upon thousands of Leshan people gather together to celebrate the Dragon Boat Festival and enjoy the scenic splendor of Jiazhou, Leshan's ancient name.

如果译文中不加上"嘉州"的同谓语 Leshan's ancient name,目标游客可能会不清楚 Leshan 与 Jiazhou 之间的关系。同样,译文中括号里的 early in June 也是为了帮助解释"农历五月初五"对应的时间,因为"五月"是按照农历计时,外国游客不一定明白。

3.4.2　删减

英语表达风格与汉语大不相同,它不像汉语那样溢于言表,而是恪守一种客观理性。因此,对汉语这类修饰语若在译文中照字直译出来会使译文因语义重复而显结构臃肿,破坏译文的语义表达,其原因归根到底还是汉、英民族思维方式和审美习性上的差异所致(张基佩,2001:23)。通常情况下,删减是一种行之有效的办法。黄忠廉(2002:113)曾指出,删减是指

> 总体上去掉原作中在译者看来读者所不需要的信息内容,有时是去掉原作中的残枝败叶,有时是挤掉多余的水分,在变译中表现为对原作的取舍。译者竭力提高变译的供与求的温和程度。从翻译的现实来看,需要是翻译活动的最初动力,凡直接地或间接地与读者需求有较高程度吻合的信息即可提留,凡是与之相偏离或关系微小的信息即可舍去。

实际上,绝大多数的译者在进行翻译时,往往会对原作进行或多或少的删改,"甚至是最著名的翻译家也不例外,且十分成功"(黄忠廉,1999:5)。

例 16:惠州市是广东省直辖市,位于广东省的东南部,珠江三角洲的东端,属于今日珠江三角洲经济开放区。战国时期属楚国,隋朝称"循州"并设府。公元 1021 年改称惠州。据《方兴纪要》载:惠州"东接长汀,北连赣岭,控潮梅之襟要,半广南之辅翼,大海横陈,群山后拥,诚岭南之名郡也"。

译文:Huizhou city is located at the south-eastern part of Guangdong Province and the east part of Pearl River Delta, which is under provincial administration. It is an open zone of economic developments. It has been an administration prefecture named Xunzhou ever since the Sui Dynasty (581—618 AD). After 1021 it was named Huizhou until now. The city is a very important spot for her strategic and geographic position.

上文中译者对原文作了较大幅度的调整,把《方兴纪要》中的内容全部删

去,避免读者觉得译文晦涩难懂而停止阅读,译文通过 The city is a very important spot for her strategic and geographic position 可精确地概括其含义,符合目标语读者的语言表达习惯。

例 17:这些山峰,连同山上绿竹翠柳,岸边的村民农舍,时而化入水中,时而化入天际,真是"果然佳胜在兴坪"。

译文:These hills and the green bamboo and willows and farm houses merge with their reflections in the river and lead visitors to a dreamy world.

比读原文和译文,译者删去了原文中的诗句,并对"岸边的村民农舍,时而化入水中,时而化入天际"作了调整,使原文的诗情画意变成了译文的直接明了,实现了语言文化信息的成功转换。

对于旅游资料中的某些知识,我国游客一看就懂,而外国游客未必能懂;对于有些知识,我国游客需要深入了解,外国游客未必要过细了解。因为多数外国游客是为了了解中国的风土人情,增加旅游乐趣,而不是进行考古或专业学习,所以不必向他们提供过分详细的专业知识。受传统文化的影响,中国人写文章时喜欢引经据典,旁征博引,在旅游资料中比较常见的就是引用古诗词,以增加文采。中国游客看到这些便会有一种油然而生的亲切感,然而,对于那些不谙中国文化的外国游客而言,就显得不可理喻。译者在翻译过程中最好删去此类信息,反而可使游客更容易理解。例如:

例 18:当风和日丽时,举目远望,佘山、金山、崇明岛隐隐可见,真有"登泰山而小天下"之感。

译文为:Standing on the deck, one gets the feeling that the world below is suddenly belittled.(或 When one looks out from such an altitude, the world before him seems to be suddenly belittled.)

原文中"登泰山而小天下"这句诗词被译者省略了,因为在外国游客的脑海中,他们没有"泰山"这个概念。

3.4.3　改译

改译是变译理论中的一种变通翻译手法。黄忠廉（2002：122）认为，改即改变，指"使原作发生明显的变化，改变了内容或形式，包括改换（改掉原作中的内容或形式，换成适合译语读者的内容或形式）、改编（据原作内容采用另一种体裁重写）和改造（修改整个原作，以便译作适合新的要求）等"。总体上，改译给人的感觉是改变了原作的模样。旅游宣传资料中常常包含中国特有的文化信息元素，如阴历纪年、旧地名、古官职等，如果按字面意思直译成英语，目标游客无法读懂。在翻译过程中，译者应该考虑目标游客的接受能力，在不影响理解的基础上，采用间接的手法将原文改写得简单明了。如在成都武侯祠折叠式导游图中有如下例子：

例 19：刘备章武三年病死于白帝城永安宫，五月运回成都，八月葬于惠陵。

译文：Liu Bei died of illness in 223 at present-day Fengjie county, Sichuan Province, and was buried here in the same year.

这句话对于中国读者比较好理解，但如果直译的话外国游客恐难以理解。原文涉及古地名、年代，这些文化信息词语在目标语中难找到对应的词，容易造成"文化空缺"，因而译者需要对其进行改写变通，使目标语读者和源语读者具有同样的感受。

例 20：上海市系江南名城，远东巨埠，内联九州，外通四海，物华天宝，人杰地灵。

译文：Shanghai is a famous port city in Southeast China and in the Far East. Linked with all the places in China and major ports throughout the world, this metropolis is known as a land of attractive resources and magical power, a birthplace of creative minds and gifted talents.

原文中的"巨埠""九州""四海"分别是"上海""中国""世界"的旧称，而且都用在四字表达中,表现出了中文独特的表达习惯。原文非常生动自然,但若整句逐字译出,必使译文累赘、臃肿,达不到应有的交际效果。因此译者在译文中灵活地对原文中的旧地名进行改写,使译文明了易懂,减少了文化干扰。

例 21:这里有宋朝徽、钦二帝坐井观天的五国城。

译 文:Here there is the site of Wuguo Town where two emperors of the Song Dynasty (960—1279) lived in exile.

外国游客对中国严密的封建等级制度不甚了解,无法理解宋徽、钦二帝坐井观天的文化内涵,译者在翻译时有必要将成语的隐含义明白地用目标语中的 exile(流放地)表达出来。

另外,为使旅游文本信息在目标语读者中产生共鸣,我们可用"以此及彼"的方法拉近游客与中国文化的距离,使目标语读者产生亲切感,提高对旅游的兴趣。

采用改译策略,能使外国游客将自己在游历中碰到的陌生年代、地方或事件与自己文化中相对应的年代、地方或事件联系起来,便于理解。这类似于翻译中的归化译法,即对源语的语言形式、习惯和文化传统的处理以目标语为归宿,最终看译文是否被目标语读者接受。改译策略是一种比较实用的变通策略,在旅游翻译中广泛使用。

3.4.4　整合

整合指重组或调整篇章的译法。每一种语言都有其独特性,正如英语由于语法标记完备,词尾形式发达从而形合程度较高,而汉语则由于缺乏曲折形式,句与句之间以意合为主,从而排比对偶句较多。正是由于汉语的这一特征,在对外宣传中,短小精悍、铿锵有力的排比、对偶结构随处可见。翻译时,要注意内部逻辑和深层意义。何刚强(2007:22)指出:

由于英汉两种语言的行文习惯不一样,表现在句式的排列上完全是不同的模式。因此,变换句式,调整词序,在翻译操作中是常见的事,而且为了取得良好的翻译效果,每每需要对原文施行"重起炉灶"的手术。因为不如此,原文的精髓要义便无法有效地移译到英文中去。

使用整合译法,可以不受原文篇章结构的限制,将句子的顺序打乱重排,从而使译文更加符合目标语的行文习惯。

例 22:团结湖北京烤鸭店为全聚德挂炉烤鸭。为保证宾客品尝精美风味,全部现吃现烤。精选纯北京白鸭,以果木挂炉烤制,只需要 40 分钟就能品尝到为您特别烤制的色泽枣红、香酥脆嫩、浓香四溢的正宗烤鸭。

译文:Tuanjiehu Beijing Roast Duck Restaurant uses only the finest Beijing ducks which are only roasted after you place your order. Preparation takes 40 minutes after which we will serve you with a delicious, golden red Beijing roast duck with crunchy skin. (林继红,2006:69)

比读原文和译文,读者会发现译文是基于原文之上的重写,这样使得译文具有较强的可读性。译文仅用两个句子就化解了原文众多的流散句。

例 23:东方明珠广播电视塔位于黄浦江畔、浦东陆家嘴嘴尖上,塔高 468 米,三面环水,与外滩的万国建筑博览群隔江相望,是亚洲第一、世界第三的高塔。

译文:Situated on the Huangpu River and at the point of Lujiazui in Pudong, the Oriental Pearl Radio and Television Tower is surrounded by waters on three sides and faces a row of buildings of variegated international architectural styles in the Bund across the river. This 486-meter-tall tower ranks first in Asia and third in the world in height. (林晓琴,2006:139)

原文是一个由零句组成、典型的汉语整句,流泻铺排,形散神聚,呈流散形句式。英语讲究句子结构的完整与严密,把类似汉语的零句称为“破句”(fragments),不属于常规句式。如果照常直译,造成的结果是要么不合英语语法,要么拖沓冗长,松散无力。译文成功地采用了整合译法,化零为整,将其整合成符合英语习惯的表达。

旅游等外宣资料的汉英翻译在我国的政治、经济、文化生活中扮演着非常重要的角色,其翻译质量的好坏直接影响到我国对外宣传与交流的效果。本节探讨的增译、删减、改译、整合等旅游翻译策略,对包括旅游文本在内的外宣翻译具有一定的借鉴意义。

3.5 旅游翻译实践个案研究:以地方特色文化外译为例

文化具有时空性。"从空间角度来看,各个民族、各个国家在不同的生态和人文环境下,形成了各具特色的民族地域文化,如本土文化、外来文化、都市文化、乡村文化、东方文化和西方文化等,因此从时空坐标系统考察,文化具有历时性和共时性的双重特征。"(包惠南,2003:3)文化的历时性指文化会随着社会的发展而不断发展变化;文化的共时性是指各个国家、各个民族、各个地区都有着各自独具特色的民族文化、地区文化,这些文化会以某种方式相互渗透,相互影响。

地方特色文化指特定区域源远流长、独具特色,传承至今仍发挥作用的文化传统,是特定区域的生态、民俗、传统、习惯等文明表现。一般来说,它在一定区域范围内与环境相融合,因而打上了地域的烙印,具有独特性。地方特色文化的形成是一个长期过程,虽不断发展变化,但在一定阶段仍具有相对稳定性。地方特色文化与中国特色文化具有同构性。

地方特色文化的集合构成了中国特色文化,形成中国特有的文化。在传播媒介非常发达的新时代,中国特色文化会很快传播到世界各地,世界各地也会对中国特色文化中的各种元素进行排斥、接受、改良、重组,使得中国特色文化发生变化,甚至以中国特色文化为基础,形成世界某地的特色文化。但是,无论怎样,中国特色文化里面最具特色的中国元素是无法改变的,这些中国元素也就是中国特色文化的核心(石春让,2016:60-61)。

地方特色文化外译是旅游翻译的重要组成部分,本节将以地方特色文化外译为例,结合实例分析翻译过程中语言维、文化维和交际维的转换,探讨旅游翻译实践中涉及的常见问题与翻译策略。

3.5.1　地方特色文化外译概述

地方特色文化外译是中国文化"走出去"国家战略的重要组成部分。中国社会经济的快速发展变化直接推动了包括翻译行业在内的语言服务行业的迅速发展。

> 更具有重要意义的是中国的语言服务业正在经历着一个里程碑式的变化,这就是中国翻译明显地从过去 30 多年改革开放引发的、快速发展的输入型工作朝着输出型工作发展。根据中国翻译协会的统计,在 2011 年全国中译外工作量首次超过了外译中,达到当年翻译总量的 54%,在 2013 年更进一步达到 60%。(黄友义,2014:63)

当前,我国政府大力推行中国文化"走出去"战略。这里的文化,"不仅仅是中华传统文化,还包括富含乡俗民情的地方文化"(胡六月,2014:82)。地方特色文化外译需要坚持"走出去"和"引进来"相结合的原则。

地方特色文化资料的源语文本往往考虑的是中文读者的阅读习惯、信息获取和文化体验方式;译者在翻译过程中,无论在遣词造句,还是在行文用典方面都需要考虑海外目标语读者的文化追求、跨文化体验和跨文化理解的需求。旅游翻译,尤其是地方文化外译承担着文化比较功能,"是宣传、推广乃至弘扬中国文化并了解、介绍外国文化的行之有效的方法"(陈刚,2009:40)。旅游翻译与研究不仅能保护和加强地方特色文化的自身发展,还能促进其与不同民族和国家的交流,最终保护和促进文化多样性。

唐朝贾彦公在《义疏》中这样认为,译即易,谓换易语言使相解也。这也被认为是最早有关翻译的定义之一。到底何谓翻译?至今为止,国内外译界众说纷纭,似乎还没有一个被一致认可的定义。但是,万变不离其宗,只是表述的语言、观测的角度略有不同而已,其内容或本质还是基本一致的。从传统意义上来说,翻译就是用一种目标语语言的文本材料去替换另一种源语语言的文本材料的跨文化交流活动,也即译者用一种语言所传递的文本信息用另一种语言等值地再现出来的一种跨文化交流活动。需要指出的是,这里的文化交流活动主要指语言层面的交流活动,而非文化学派所强调的文化翻译。

谈到语言与文化的关系,苏珊·巴斯奈特(Susan Bassnett)曾把语言比喻为文化有机体中的心脏。她说:"如同在做心脏手术时人们不能忽略心脏以外的身体其他部分一样,我们在翻译时也不能冒险将翻译的言语内容和文化分开来处理。"(包惠南,2003:12)这明确地说明了翻译不仅仅是语言符号指称的转换,更是两种不同文化的相互转换。如今,学界对翻译的认识更加宽广,已经突破了传统意义上对翻译的认识,开始重新审视甚至定义翻译。

自 20 世纪 70 年代以来,翻译界很多学者开始从文化角度来研究翻译。苏珊·巴斯奈特是翻译研究文化学派的重要代表人物之一。她在《文化研究的翻译转向》(The Translation Turn in Cultural Studies)一文中提出了翻译研究的"文化转向"论断,认为翻译研究已经超越了形式主义阶段,开始考虑有关语境、历史和传统的更广泛的问题。苏珊·巴斯奈特提出了其文化翻译观,主要包括以下四个方面的内容:第一,翻译的基本单位应是文化而非会话。第二,翻译过程不仅仅是文字解码和重新编码的过程,更重要的是一种文化交流活动。第三,翻译不应局限于对源语言文本的描述,而应与源语言的文化具有翻译的文化功能对等性。第四,在不同的历史时期,翻译应具有不同的原则和标准(马艺、马勇,2013:64 - 65)。可见,翻译研究的对象和领域已大大拓宽。翻译本身就涉及文化问题,尤其是两种文化的比较研究。

近年来,国家把中国文化"走出去"作为一项国家战略,投入了大量人力、财力和物力。这一方面是对全球化作出的积极响应,另一方面则旨在主动对外构建和展示良好的国家形象。"国家形象不仅是一个国家综合发展水平的体现,也代表了一个国家的发展品位、国家的精神价值取向,是一个国家'软实力'的重要组成部分。"(卢小军,2015:44)

3.5.2 地方特色文化外译的维度转换

基于地方特色文化,杨永刚(2014:461)从功能语境视角切入,研究非物质文化遗产相关的旅游翻译问题。他认为,从功能语境的视角来看,可以把非遗外宣的汉英翻译分为三大类:言内语境主导型——重在用词规范、准确;情景语境主导型——重在体现交际功能,给目标语读者提供信息;文化语境主导型——重在突破文化障碍,向目标语读者传递本族文化。此种分类法为地方特色文化外译研究提供了理论借鉴。

地方特色文化外译是旅游翻译和外宣翻译的重要组成部分。翻译过程中,不能采用逐字逐句的翻译,而是需要根据目标语受众的思维习惯,对源语进行必要加工,或增译,或减译,甚至变译。黄友义(2004:27)在外宣翻译的研究中,指出翻译工作者需要熟知并运用"外宣三贴近"的原则,即贴近中国发展

的实际,贴近国外受众对中国信息的需求,贴近国外受众的思维习惯。他还进一步分析指出:

> 对于从事外宣工作的翻译人员来说,最应该注意的是要潜心研究外国文化和外国人的心理思维模式,善于发现和分析中外文化的细微差异和特点,时刻不忘要按照国外受众的思维习惯去把握翻译。最好的外宣翻译不是按中文逐字逐句机械地把中文转换成外文,而是根据国外受众的思维习惯,对中文原文进行适当的加工,有时要删减,有时要增加背景内容,有时要将原话直译,有时必须使用间接引语。(黄友义,2004:27)

胡庚申提出的翻译适应选择论是本土学者提出的一个本土性、系统性翻译理论,对地方特色文化外译也具有一定的理论指导作用。翻译适应选择论着眼于从新的视角阐释翻译活动和翻译现象。适应选择论的翻译原则是"多维度适应与适应性选择",适应选择论的翻译主要体现在"三维"转换,即语言维转换、文化维转换和交际维转换(胡庚申,2004:132 - 133)。

地方特色文化外译着力于对文化内涵的准确传达,甚至是基于本土文化视角的重新阐释,其中,也包括语言、文化和交际"三维"转换。鉴于此,本节拟在翻译生态学的理论框架下,探讨地方特色文化外译三个维度的转换。

3.5.2.1　语言维的接受性

胡庚申(2008:2)认为,语言维的转换指译者在翻译过程中对语言形式的适应性选择转换。这种语言维的适应性选择转换是在不同方面、不同层次上进行的。在翻译过程中,译者首先要做翻译生态环境的适应者,即"对源语形式和结构进行解读,了解源语文本的词汇、句法和篇章使用情况,并了解源语文本使用的语言风格、目的和语境等,适应翻译生态环境"(朱敏杰、朱薇,2016:125);然后再对译文做出与翻译生态环境相适应的选择,即"寻求'整合适应选择度'最高的表达方式,力求使译文在内容、功能等方面与原文相匹配,产生适应翻译生态环境的译文"(朱敏杰、朱薇,2016:125)。

对语言维的适应性转换旨在实现语言维的可接受性。语言维包括语言形式、修辞风格等诸方面和层次。英汉语言分属两个不同的语言系统,英语属形合性语言,汉语属意合性语言。英汉语言既有相同或相似之处,更不乏特性与差异之处,或者说其个性远大于共性。也就是说,共性是相对的,个性和差异是绝对的。这种共性或个性差异在不同的文体文本中的表现也不尽相同。在翻译过程中,译者应充分考虑翻译的整体生态环境,对词汇、句式进行选择调整,对语言形式进行转换。地方特色文化文本蕴含着丰富的文化信息,地方特色文化文本外译旨在向目标语读者传递源语文化信息,达到对外宣传效果。这就要求译者熟悉英汉语言的共性特征,并将精力投注于语言的差异性化解,免除引起翻译问题的诱因与渊薮。

例 24:南京山环水抱,形胜天然;六朝遗迹,风貌古朴;明代城垣,举世无双;中山陵园,庄严雄伟;长江大桥,天堑通途;玄武湖、莫愁湖,犹如两颗璀璨的明珠,晶莹剔透地镶嵌在南京市的版图上;更有风光旖旎的十里秦淮,置身其间,令人怡情悦目,心驰神往。

译文:Embraced by mountains and waters, Nanjing enjoys a picturesque charm of nature. The remains of the six dynasties renders it a city of archaic simplicity and the city walls of the Ming Dynasty are worldly unmatchable. The Mausoleum of Dr. Sun Yat-sen looks solemn and magnificent while the huge bridge spanning over the mighty river makes the grand chasm to become a thoroughfare. The Xuanwu Lake and Mochou Lake seem to be two brilliant and transparent pearls inserted on the domain of the city of Nanjing, and moreover, there are still the 10 li attractions along the Qinhuai River. All these make you feel cheerful in heart and pleased to your eyes when you are lingering among them.(王振国,2014:306)

南京是六朝古都,具有非常重要的历史意义。这段旅游宣传材料对南京进行了一番介绍,源语行文使用了较多四字成语,对仗工整,极富韵律。形容恰如其分,用词准确优美,阅读节奏铿锵,饱含民族精神,给人以自豪感,符合汉语美学文风。中英文行文方式差异甚大,翻译时要进行变通,给英语目标语读者以真实感受。例如,"南京山环水抱,形胜天然"中的"环""抱"英译时,就用了过去分词短语 Embraced by...作状语,谓语动词用 enjoys,使整个句子变成拟人化表达,形象而逼真,易于理解。整个译文中,译者还采用了很多变通手法,使译文更符合英语读者阅读。译者所采用的这种适应性译文选择处理,既突出了重点,又符合旅游资料英译的特点与要求。

上例译文中,译者是为了译文语言维的可接受作了适当调整,以适应目标语读者的阅读审美诉求。在翻译此类地方信息型旅游文本时,一定要对源语和目标语的语言结构、形式或表达方式进行适当的调整,作出适应性选择。

3.5.2.2　文化维的充分性

所谓文化维的适应性选择转换,"就是译者在翻译过程中要有文化意识,认识到翻译是跨越语言、跨越文化的交流过程,注意克服由于文化差异造成的障碍,以保证信息交流的顺利实现"(胡庚申,2004:137)。文化维的适应性转换是为了充分体现源语文化,势必要求"译者在翻译过程中关注双语文化内涵的传递与阐释"(胡庚申,2008:2)。在进行文化维转换时,"译者需要分析原文所处的翻译生态环境,了解原文语言背后的文化信息,分析原语和译入语之间文化上的异同,然后进行'适应性选择',使译文符合译入语所属的文化系统"(朱敏杰、朱薇,2016:126)。文化维的转换要体现充分性,胡庚申认为,"由于原语文化和译语文化在性质上和内容上往往存在着差异,为了避免从译语文化观点出发曲解原文,译者不仅需要注重原语的语言转换,还需要适应该语言所属的整个文化系统"(胡庚申,2004:136)。

地方特色文化中包含了大量人名、地名、节日名等中国文化负载词,它们深深扎根于中国特定的社会文化背景之中,在英语中往往难以找到与之对应的表述,也就构成了翻译中的难点。翻译这类文化词语时,译者不仅要考虑源语文本的文化特色与目的语文本的通畅顺达,还要充分考虑到源语的潜在文化内涵和目的语读者的文化背景及认知水平,掌握好归化和异化翻译策略,恰到好处地使用包括直译、意译、音译和解释性翻译在内的各种翻译方法。

例 25:顾名思义,"点心"解作点中您的心意,精致巧手的粤式点心最能体贴您的口味。香港人喜欢上酒楼"饮茶",实际上饮茶兼指品茗和吃点心;叉烧包、虾饺、烧卖、蒸肠粉等,都是点心的经典。

译文:No visit to Hong Kong would be complete without a yum cha or dim sum(meaning "touch the heart")—light snacks such as dumplings, buns and pastries that are often served in bamboo baskets. Try char sui bau, a steamed barbecued pork bun, har gau, a steamed shrimp dumpling, siu mai, a steamed diced meat dumpling flavored with egg or saffron, and cheung fan, a steamed rice flour roll often flavored with barbecued pork, beef or shrimp. Tasty treats, they are bound to become firm favorites.(陈刚,2009: 89)

在语言层面上,为了顺应目标语读者的阅读习惯,该译文是对原文的重写,用一句点题句统领整个语段。在文化词语的处理上,该译文呈现出归化异化并用的杂合化特征,即将"点心"进行粤语音译,体现浓郁的异域风情,同时采用夹注,对目标语读者熟悉的西式餐点概念词加以解释说明,使其明白真正内涵。译者的这种文化适应性转换是为了达到文化的充分传递目的。

例26:长江三峡西起白帝城,东至南津关,全长193公里。万里长江在这里切开崇山峻岭,夺路东下,两岸峭壁插天,高峰入云;峡内急流汹涌,涡漩翻腾,云飞雾绕,景象万千,以雄、险、奇、幽著称于世,是长江风景旅游线上最奇秀、最集中的风景名胜,海内外游人十分向往的旅游热线。

译文:The world-famous Three Gorges is the joint name for Qutang Gorge, Wuxia Gorge and Xiling Gorge. It extends from the White Emperor's Town in Fengjie County, Chongqing City in the west to the Nanjin Pass in Yichang City, Hubei Province in the east, with a total length of 193 kilometers. All the way along, the Yangtze River cuts through high mountains and surges eastward, with precipitous cliffs and towering peaks reaching to the skies on both sides. Rapid torrents twist and turn, roaring through the gorges against curling clouds and whirling mists, presenting a great variety of majestic scenes. For its being magnificent, perilous, grotesque and tranquil at the same time, the Three Gorges is well-known as the major tourist attraction on the traveling route of the Yangtze River. Scenic spots and historic sites shine like a string of pearls on the golden river, offering a hot traveling route eagerly taken by tourists at home and abroad.(王振国、李艳林,2014:352)

　　这段旅游材料是对长江三峡的概括性介绍。原文文字短小精悍,语言简练精彩,内容介绍清晰,表述非常全面。在语言层面上,该译文在某种程度上与原文风格迥异,顺应了目标语读者的阅读习惯。在对文化专有名称的处理上,该译文进行了释义补充处理。如对"长江三峡"进行了释义以说明它是由 Qutang Gorge,Wuxia Gorge and Xiling Gorge 组成的由来,对"白帝城"释义说明是在 in Fengjie County,Chongqing City in the west 和"南津关"在 in Yichang City,Hubei Province in the east 的地理位置。总体来看,译文的结构均采用"专有名称+通用名称"的形式,比如 Qutang(专有名称)+Gorge(通用名),Fengjie(专有名称)+County(通用名);翻译方法是"音译(专有名称)+英语(通用名)",比如 Nanjin(音译专有名称)+Pass(英语通用名)。译者对文化负载词作了专门处理,译者的这种文化适应性转换是为了适应源语和目标语所呈现的翻译生态环境,做出文化维的"适应"与"选择",实现文化的充分传递。

　　对于这类文化语境主导型文本的翻译,其重点是"根据目标语的文化、语言以及语用方式传递信息,而不是尽量忠实地复制原文的文字"(杨永刚,2014:462)。文化维的充分性就是要突破翻译中的语言障碍,实现并充分促进文化交流和互动。实际上,文化维的充分性很难做到精确无误,尤其是遭遇文化缺省时,更是如此。这种缺省如果不经译者进行有效补偿,译文读者难以进行有效阅读。但如果补偿过度,就会损害源语的含蓄性和简洁美。补偿的原则要尽可能不影响或减少影响源语的语用目的和修辞效果。

3.5.2.3　交际维的互动性

　　翻译中交际意图的适应性选择转换,是指"译者除语言信息的转换和文化内涵的转换之外,把选择转换的侧重点放在交际的层面上,关注原文中的交际意图是否在译文中得以体现"(胡庚申,2004:138)。交际维关注的是在具体语境中目标语与源语的切合度问题。"交际选择适应是语用层面的操作程序,不限于词汇和语法组合限制条件和文化认同,而是在具体的语境中获得的质量评价标准。交际选择适应关涉到语言使用的环境和表达方式是否恰当的问题。"(陈锦阳,2016:42)

　　"译者需要熟知目标语读者的语言习惯、审美情趣、阅读口味等"(杨永刚,2014:462)。译者要根据目标语的行文习惯,在内容和结构上进行重组,提高译文的可读性,但应不以牺牲源语的文化信息为宗旨。这种强调在翻译过程中以目标语读者为中心的做法,旨在"以实现诱导、吸引为目的,让他们来体验中国文化、学习中国文化以及回国后宣扬中国文化"(杨永刚,2014:462)。

以上海市花为例。上海的市花是"白玉兰",翻译时没有必要准确说出"白玉兰",只要说出"属"(genus)的名称即可。生物学分类范畴有七大类别或七个等级,即界(kingdom)、门(phylum)、纲(class)、目(order)、科(family)、属(genus)、种(species)。因此,只要说出上海的市花是 magnolia 即可,因为说得很精确("white *yulan* magnolia"或"*Magnolia denudate*"),未必能达到应有的交际效果(陈刚,2009:38)。

例 27:"纸花如雪满天飞,娇女秋千打四围。五色罗群风摆动,好将蝴蝶斗春归。"风筝的故乡在中国,潍坊是中国风筝的主要发祥地之一。潍坊风筝在国际上有较大的影响,英国著名学者李约瑟在《中国科学技术史》一书中,把风筝列为中华民族向欧洲传播的重大科学发明之一。

译文:China is the birthplace of kites, and Weifang is one of the chief places where Chinese kites originated. Kites manufactured in Weifang have had a great impact on the world, and the famous English scholar Joseph Needham described kites in his book *History of Chinese Science and Technology* as one of the major scientific inventions that the Chinese people introduced to Europe.

潍坊风筝历史悠久,潍坊的风筝在国内外久负盛名。作为风筝之都的潍坊更是肩负着发展和弘扬风筝文化的历史重任。源语中的诗句"纸花如雪满天飞,娇女秋千打四围。五色罗群风摆动,好将蝴蝶斗春归。"出自郑板桥的《怀潍县》一诗,描述了清明时节潍县百姓踏青游玩,竞放风筝的欢乐场景。原文引用该诗句一方面是为了表达潍坊风筝具有悠久的历史文化,另一方面是表明潍坊的风筝可以给人带来欢乐,其功能在于衬托风筝的重要性。翻译时,如果译者不顾源语的语用功能和交际意图,也不顾目标语读者的阅读习惯和审美诉求,按照原诗逐字逐句地照直译出,译文不仅晦涩难懂,也会令读者如坠云雾。所以,翻译这类文本时,译者需要对源语文本信息进行有效筛选,化繁为简。

翻译与文本文体关系密切,译文的谋篇布局也要考虑文体的现实因素。也就是说,"翻译必须密切适应文体特点,译文中遣词造句务须符合文体的需要"(刘宓庆,2009:413)。由于翻译过程是动态的,文本类型也是不断变化的,因此"三维"转换在不同文本类型中的排序也应该是动态的、不断变化的。换言之,语言形式转换、文化内涵传递、交际意图转达的排序并不是固定的、一成不变的,而是随文本体裁或语篇类型的不同动态变化的(胡庚申,2004:146)。

翻译生态环境由多个维度和多种元素构成,所以,"当我们为了便于描述而强调某一维度、某一元素的时候,并不意味着其它维度、其它元素没有在翻译过程中起作用。事实上,在具体翻译过程中,语言的、文化的、交际的等等因素往往相互交织,互联互动,有时又是很难截然分开的"(胡庚申,2004:135)。在地方特色文化外译中,我们很难将语言维、文化维和交际维割裂开来。好的译文一定是这"三维"的综合体。"只有真正地做到'多维'适应和'三维'选择转换,才有可能产生出恰当的译品;相比较而言,适应转换的维度越多,选择的适应性越高,译品的整合适应选择度也才有可能相对地越高。"(胡庚申,2004:146)

3.5.3　地方特色文化负载词的翻译策略

翻译适应选择论中的交际维具有综合性,是对语言维和文化维的整合。如果说翻译适应选择论原则的功用在于宏观指导,那么,也更需要微观操作的翻译策略助其落地生根。也就是说,我们需要一些切实可行的翻译策略来帮助语言维、文化维和交际维的适应性转换。

在地方特色文化外译中,文化负载词的出现频率很高。例如,历史人物、典故、奇闻逸事等文化特色负载词,往往是民族智慧和文化的结晶,能够传递中国的异域风情。按照常理,涉及文化因素翻译时,译者应尽量用异化翻译策略。"异化策略是译者采取的一种宏观、整体性的文化策略。"(许敏、王军平,2016:109)熊兵(2014:85)将异化策略的翻译方法归纳为四种,即零翻译、音译、逐字翻译和直译。在具体翻译的过程当中,异化的翻译方法灵活多变。本节将探讨文化负载词的翻译策略,基于此分析地方特色文化外译中的常见问题与解决方法。

3.5.3.1 直译

直译即指译文忠实地传达原文的信息,除结构根据中英文的差异会发生改变外,其他无须做任何变通处理。也就是说,直译对于保留原文思想内容、形式特征和异域风采具有很大优势,能容忍译文语言形式结构的变化,但内容则无须作任何变化。如果能"在保留原文思想内容的同时,也保留其形式特征和异域风采,做到形神兼备"(许敏、王军平,2016:109),则是最佳直译。直译之所以可能,是因为"人类对外部世界的实践经验与认知体验具有共性,作为共性或普遍性的经验与体验是直译的前提,这种共性提升了直译的接受性"(许敏、王军平,2016:109)。

例 28:黄帝陵祭奠

译文:sacrificial ceremonies at the Yellow Emperor's Mausoleum

该文化负载词出自陕西省国家级非物质遗产代表项目。"黄帝"若音译为 Huangdi,极容易被误认为是一个普通人名。"黄帝"为古华夏部落联盟首领,被尊称为"中华民族人文初祖",为五帝之首。用 Emperor(皇帝)英译能基本体现其帝王的身份与地位。此外,在中国文化中,黄色代表高贵和权威,是"帝王之色",将"黄帝"翻译为 Yellow Emperor 能向读者传递源语丰富的文化内涵,达到交流的目的(田亚亚、孙雪娥,2016:58)。在陕西省非物质遗产代表性项目中,类似的直译很多,例如:木兰传说(legend of Hua Mulan)、凤翔泥塑(clay sculptures in Fengxiang County)、陕北说书(story-telling in Northern Shaanxi)、安塞腰鼓(waist drum dance in Ansai County)、[越剧]小生(the young male role)、[越剧]小旦(the young female role),等等。

虽然直译是凸显异质文化因素的理想翻译方法,但是直译使用的情境毕竟有限。为了满足特定读者对源语文化异质内涵认知的需求,译者需要借助注释或解释性说明文字消除跨文化理解上的鸿沟。例如:

例 29:(苗族)姊妹节

译文:Sister's Day—a day celebrated by the unmarried girls who are in pursuit of love

　　苗族"姊妹节"又称"姊妹饭节",是贵州省台江县老屯、施洞一带苗族人民的传统节日,每年农历三月十五日至十七日举行。届时苗族青年男女穿上节日的盛装,聚集于榕江、杨家、偏寨,欢度这个极富民族特色的传统佳节。台江苗族"姊妹节"最具代表性和影响力的要数施洞地区的"姊妹节"。"姊妹节"被喻为"藏在花蕊里的节日",是"最古老的东方情人节"。翻译时,我们要尽量保留民族特色文化,又要让目标语读者理解。如果将其翻译为 Oriental Valentine's Day,只是部分地反映了该节日的浪漫气息,读者未必能区分该节日与中国"七夕节"的异同。又如:

　　例 30:(苗族)吃新节
　　译文:the first bite of the newly grown crop(on the first Mao in the earthly branch since the slight heat as the 11th solar term.)

　　需要注意的是,加注的方式多种多样,包括脚注、尾注和文内注三种形式,具体运用也要视译语文本的功能而定。上述例子中的"吃新节"采用了文内加注法,其优点在于避免打断读者阅读。

3.5.3.2　音译

　　音译亦称"转写","即用一种文字符号(如拉丁字母)来表示另一种文字系统的文字符号(如汉字)的过程或结果"(方梦之,2011b:105)。在中国翻译史上,音译实践较多、音译法比较盛行的有三个时期:第一个时期是佛经翻译时期;第二个时期是从明末清初科技翻译开始到"五四运动"前后;第三个时期是20 世纪 80 年代实行改革开放以来至今(刘祥清,2008:38 - 39)。关于音译,不少学者曾作过探讨(陈刚,2009;刘祥清,2008;刘祥清,2010;陈芳蓉,2011;吴克炎,2011;许敏、王军平,2016),研究的内容和角度涉及多方面,如音译的必要性、有效性、适应性及局限性等。

　　方梦之(2011b:105)指出,"当源语和目的语之间差异很大、存在语义空白的情况下,翻译不可能直接从形式或语义入手,此时,音译是主要的翻译手段。音译对象主要是人名、地名和新产品的术语。"音译法虽然能解决很多翻译问题,但也要适度,"音译法在本质上与'认同'原则相抵触,只有在人名、地名、语义空缺词这些非用音译法不可的情况下适度使用"(吴克炎,2011:136)。如果译文中出现过多拼音音译,译者的接受能力会受到挑战,必定会影响其接受效果。

地方特色文化外译中的文化负载词可适当借用音译,"同时加斜体以示该词非英文词汇,从形式上凸显其异质性;人名音译需将姓名分开,采取姓前名后的形式"(许敏、王军平,2016:110)。例如:(安徽)宣纸(Xuan paper)、(南音始祖)孟昶(Meng Chang)。

在翻译外国人名、地名、民族名称等时,应将这些外国名称的音节与标准汉语发音的汉字对应。这些对应词的选择可参照《英语姓名译名手册》《世界地名译名手册》《世界民族译名手册》百科全书和英汉词典等权威工具书。在将中国的人名、地名等译成外文时,一般采用标准汉语拼音。(陈刚,2009:143)

这里的标准汉语拼音也称"标准汉音",指翻译时,"会根据源语内容的发音在目标语中寻找发音相近的内容。若完全按照汉语拼音进行音译,则可称为'标准汉音'"(陈刚,2009:139)。

例 31:铁观音产于福建安溪一带,是乌龙茶系中的名品。传说安溪松林头乡有一魏姓者,笃信佛教,每天早晨必以一杯清茶供奉观音。一天,他偶然看见岩石上有一株茶树叶面发光,便将这株茶树移回家中,栽入盆中培植,将茶叶采制后,香味极佳,遂视为观音所赐;又因其叶厚重,色深似铁,故称铁观音。

译文:*Tat-Kuan-Yin*,a famous variety of Oolong tea,is native to Anxi,Fujian Province. Legend has it that a man named Wei in Songlintou Village,Anxi was a devoted Buddhist,offering a cup of plain tea to *Guanyin*,or Goddess of Mercy,every morning. One day he happened to see the leaves of a tea bush on a rock glittering. He took the bush home and planted it in a pot. The tea picked and processed from it smelt extremely sweet,and so it was considered to be the gift from *Guanyin*. As its leaves were heavy and as black as iron,the special tea was called Iron *Guanyin* or *Tat-Kuan-Yin* in local pronunciation. It is better known in the West as Iron Buddhism or Iron Buddha.(陈刚,2009:145)

理论上,诸如地名、人名、茶名和菩萨名等专有名词均可音译,但如何音译较难判断,也就是说是否采用标准汉音,何时采用"名从主人"或"约定俗成"原则,何时采用增译或释义或加注,都没有明确的规则可以遵循。上例中涉及了安溪这一地名。安溪位于闽南,闽南话是中国主要方言之一,而且闽南文化在海外影响较大,尤其是潮汕文化、客家文化等,所以对于这类专有名词英译时要格外谨慎。音译包括以下四种具体操作方式。

1. 音译加注

音译加注指"先用汉语拼音转换某词语,再以文内作注或文外加注的办法将该词语中特有的文化内涵表述出来,达到文化信息传递的目的"(方梦之,2011b:105)。音译往往只能简单传递源语信息的语言符号,难以传递其文化内涵。先音译并加注,英语读者才会明白其真正文化含义。"但为了避免因盲目使用音译法而导致的过度异化现象,译者在非遗名称首次出现时应尽量采用音译加适度解释的做法。"(陈芳蓉,2011:42)

音译加注通常可分为两种。一种是音译加文内注释便于阅读,例如:

例 32:(鲁迅纪念馆)对外开放场所包括:鲁迅故居、百草园、三味书屋、鲁迅祖居和鲁迅生前事迹陈列厅。

译文:Open to visitors are the Lu Xun's Former Residence, Lu Xun's Ancestral Residence, the Sanwei Study(literally three-flavor study, Shaoxing's most widely known and influential private school in those days where young Lu Xun studied classics for about five years.), the Baicao Garden(a waste vegetable plot that made a paradise for little Lu Xun), and the Exhibition Hall.(陈刚,2009:68)

译文中,"三味书屋""百草园"均采用了音译加注法,括号内不仅对文化负载词进行了直译,还对其进行了解释性说明。又如,"莲花落"译为 Lianhualao (folk art of chanting and singing),"三弦"译为 sanxian(a three-stringed plucked instrument),"西施"可译为 Xi Shi(name of a famous beauty in the late Spring and Autumn Period)。

另一种是音译文外加注。

例33：越剧改革首先是建立剧本制，废除幕表制。（非遗名录：越剧）

译文 1：The reform of Yue Opera is to eliminate Mu Biao System and establish Script System.

译文 2：Initially，to reform Yue Opera is to replace Mu Biao System* with scripts.

Mu Biao System *：Each drama used to have only an outline rather than a script. Actors and actresses performed as they wished but within the outline.

幕表制是许多民间剧团创作和演出的一种方式，其特点是只给演员提供剧情提纲，没有完整的剧本，演员需要即兴编词演出。译文 1 中，音译法难以将其文化信息有效传递给国外读者，译文 2 采用音译加直译，并使用了文外注释的方法对该文化负载词进行解释说明。

2. 音译加类别词

音译虽能解决一些翻译问题，但是也有其局限性。对于一些音译词，译文读者可能一开始并不了解该音译词的确切含义，译者需要在音译词后面增加类别词。邱懋如曾谈到一名合格的翻译工作者掌握两种语言和熟悉两种文化同样重要，认为针对文化差异现象的翻译方法有所不同，指出"译者可以从七个途径加以考虑，选择合适的翻译方法"，"建立文化对等"（邱懋如，1998：19）。这七种途径中的第三种是"音译"，第四种是"音译加类别词"，例如：新昌调腔（Xinchang Tune Opera）。音译从某种程度上来说，音译加类别词比单纯的音译更能传达出源语的文化内涵，例如：绍兴宣卷（Shaoxing Xuanjuan Tune）、商洛花鼓（huagu opera of Shangluo）、秦腔（Qinqiang Opera）、昆曲（Kunqu Opera）、粤剧（Yueju Opera）等。

还值得一提的是，如果音译加注或音译加类别词仍不能很好地传达源语文化内涵时，可以采取音译加类别词并增添注释的综合译法。

例 34：（杭州）城隍庙

译文：Chenghuang Temple（Cheng and Huang both are the Town God protecting the city in Chinese culture）

城隍庙出现于杭州城隍阁内的民俗介绍中。城隍,起源于古代的水(隍)庸(城)的祭祀,为《周宫》八神之一。"城"原指挖土筑的高墙,"隍"原指没有水的护城壕。古人造城是为了保护城内百姓的安全,所以修筑了高大的城墙、城楼、城门以及壕城、护城河。他们认为,与人们的生活、生产安全密切相关的事物都有神在,于是"城"和"隍"被神化为城市的保护神(姜智慧,2010:50)。该译文既采用了音译加类别词,又增加了注释说明。

3. 音译加直译

音译和直译都是异化策略的具体翻译方法。音译加直译不仅能保留源语文化特征,还能贴近目标语读者对源语文化的猎奇审美诉求。

例 35:西安是古丝绸之路的起点,也是中国历史上建都最多的城市之一。新发掘的秦兵马俑被称为"世界第八大奇迹";大雁塔、鼓楼是唐代留下来的建筑;您可以到杨贵妃洗澡的华清池去洗温泉澡;作为炎黄子孙,您或许有兴趣去拜谒离西安不远的黄帝陵。

译文:Xi'an, the starting point of the ancient Silk Road, served as one of the capitals of Chinese dynasties for the most times. The life-size terra cotta soldiers and horses of the Qin Dynasty(221—206 B.C), unearthed recently, are known as the "Eighth Wonder of the World". Other interesting sites include Dayan Ta(Great Wild Goose Pagoda) and Gu Lou(Drum Tower), both erected in the Tang Dynasty, and Huaqing Chi(the Huaqing Hot Springs), where visitors may bathe in the warm mineral water. This site used to be the private baths for Yang Yuhuan, favorite concubine of a Tang emperor. If you are of Chinese descent, you may be interested in paying homage to the Tomb of Huangdi(Yellow Emperor), the first Chinese emperor, not far away from Xi'an.(陈刚,2009:56)

这段宣传文字中,出现了"丝绸之路""大雁塔""鼓楼""杨贵妃""华清池"和"黄帝陵"等文化负载词。"丝绸之路"采用了直译。历史人物"杨贵妃"采用了直译加注释的译法进行文化信息补偿,使外国游客能更好地了解旅游目的地的历史文化内涵,而其他文化负载词一律采用了音译加直译。这些负载词放置于一个完整的语篇语境之中,在某种程度上能帮助读者理解其内涵。根据陈芳蓉(2011:42)的观点,民族特色鲜明的文化负载词宜采取以音译为主的译法,并辅以直译或解释的方法,不仅能保留民族特色,还能尊重目标语读者的理解能力,有利于文化传播和文化多样性的发展。

当然,音译加直译虽能保留源语文本的语言符号特征和文化意象,但对目标语读者而言,他们有可能还无法理解译文传递的文化内涵。也就是说,音译加直译的适应性有限,并不能解决所有问题。音译加意译则能对其进行有效补偿。如苗族中"游方",可译为 Youfang as a descent way of courtship。"游方",又称"友方",也叫"望月亮"或"摇马郎",是苗族青年男女进行社交和娱乐的一种形式。苗族小伙子和姑娘们往往通过这种活动结识朋友、物色对象或倾诉爱情。为了选择一个称心如意的终身伴侣,有的小伙子往往要跋山涉水到十几里、几十里甚至上百里的村寨去"游方"。音译保留其文化意象,意译则传递出其文化内涵。

4. "名从主人"与"约定俗成"

"名从主人"与"约定俗成"是音译的两种既常见又特殊的现象。中国翻译史上,音译法由来已久,最早可以追溯到孔子。《春秋谷梁传》记载说:"孔子曰:'名从主人,物从中国。'"所谓"名从主人"是说人名、地名应该按该人该地所在的国家或民族语言的读音去翻译。孔子这里说的虽是撰写史书时记载事物名称的方法,但它已和约定俗成一起,成为音译实践中须遵循的原则(刘祥清,2010:39)。

"名从主人"是"外国专有名词汉语音译的原则之一,即翻译地名、人名必须遵照原来的读音"(方梦之,2011b:98)。例如 Auger 是法国人名,按照法语读音可读为"奥热",而不是按照英语读音译为"奥格"。这是从英汉翻译角度谈论"名从主人"。陈刚(2009:79)从一个更为全面的角度论述了"名从主人",他指出:

> 翻译欧美人姓名时,依据名从主人的原则,即根据他们的习惯顺序,先名后姓地音译成汉语;将汉语(汉字)音译成方言(拼音)时,也应根据方言本身的拼法拼写汉语姓名;有些外国人有其汉化姓名,故在外汉互译时,应特别注意尊重主人的选择;英语和美语有一些人名和地名是同形不同音,或者发音不规则,应根据具体的发音来音译。(陈刚,2009:79)

例 36：淮海路正迅速恢复其原先霞飞路的繁华景象，吸引了众多的外国投资。豪华的购物商场巴黎春天百货公司、百盛购物中心和华亭伊势丹有限公司等使淮海路变成了购物天堂。

译文：Fast regaining its reputation for prosperity as the former bustling "Avenue Joffre", Huaihai Road has attracted considerable foreign investment. Splendid shopping malls such as Printemps, Parkson and Isetan make the road a shopping paradise. Many people prefer to buy things there, especially those from other cities and provinces.（陈刚，2009：80 - 81）

"霞飞路"位于原上海法租界内，当时称为 Avenue Joffre，所以不能想当然地音译为 Xiafei Road。同理，三家百货公司都有其固有外文名，译者可查阅。该例也可称作回译。

约定俗成是"外国专有名词汉语音译的原则之一，指许多通行已久的译名虽与名从主人的原则不符，但已为世人所公认，一般不轻易改动"（方梦之，2011b：98）。也就是说，一些专有名词有几个译名，我们需要选择已被广泛接受的约定俗成的译名。例如，英国作家 Oscar Wilde 按旧译应该是"王尔德"，一直沿用至今；而按现今规范译法应该是"怀尔德"。有时新旧译名同时并存，并逐步过渡到新的译名。

特色文化外译对于推动中国文化"走出去"具有重要的文化战略意义。在翻译过程中，译者要特别注意源语与目标语语言维、文化维和交际维等三个维度之间的转换。同时，译者需要围绕三个维度之间的转换采用具体的翻译策略。好的译文一定是这"三维"的综合体。"只有真正地做到'多维'适应和'三维'选择转换，才有可能产生出恰当的译品；相比较而言，适应转换的维度越多，选择的适应性越高，译品的整合适应选择度也才有可能相对地越高。"（胡庚申，2004：146）在地方特色文化外译的过程中，译者需要考虑文化负载词等翻译，综合采用直译、直译加注、音译、音译加注、音译加直译等策略，在传递地方特色文化信息的同时充分考虑目标语受众的语言和思维习惯，从而提升旅游翻译质量，塑造良好的地方形象。

第 4 章

新闻文体翻译

新闻英语(journalistic English)是一种语言变体,有其独特的词汇、语法、修辞和语篇特征。张健(2006:前言)认为,我们所说的新闻英语,不仅适用于报刊、广播、电视、网络等形式的新闻报道,而且是现代英语中常见的实用文体之一,同时也是规范英语语言的标准之一。他还指出:

> 新闻中使用的语体种类(varieties)比较广泛,比较丰富多样,具有不同的特点:时事报道、特写、评论、气象预报、学术型或科技性文章、文艺性作品、广告类文字材料等。另外,新闻英语中也经常掺杂政府机构、国际国内组织或团体的公报、公约等法律文书。因此,显而易见,英语中实际上并不存在绝对统一的新闻英语文体。新闻英语与其说是指一种特点的文体,毋宁说是多种不同新闻写作特点的综合和混合。(张健,2006:前言)

侯维瑞(1998:247)曾在《英语语体》中指出:

> 报纸是一种极其重要的大众传播工具,它最主要的任务是以最快的速度报道国内外发生的重大事件。报纸的这一社会职能决定了新闻英语许多独特的文体特点。与讲究生动形象、含蓄蕴藉和追求各种艺术效果的文学语言相比,或者同以表意和移情为商业目的而实现劝说功能的广告语言相比,新闻报道不失为一种具有鲜明语言形式和文体特点的文章体裁。

一般来说,新闻文体文本由标题、导语、主体、背景和结尾五要素组成。

新闻翻译是应用文体翻译的一种,按照文体划分,新闻翻译有广义和狭义之分:狭义指新闻报道的翻译,广义则指报纸杂志上登载的各类文章的翻译,其涉及的范围非常广泛,如经济、政治、军事、外交等领域。在全球化全面展开的今天,新闻翻译"在塑造中国形象、讲好中国故事,提升中国软实力和国际传播等方面发挥了巨大的作用,必须长期坚持,不断完善与加强"(司显柱,2020:126)。本章仅探讨狭义范围内的新闻报道的翻译,侧重于新闻标题和导语的修辞翻译,报刊新词的翻译原则,以及新闻翻译中的变译和误译。

4.1　英语新闻标题中的修辞与翻译

4.1.1　英语新闻标题概说

新闻标题不仅是新闻的点睛之笔,而且是必不可少的"指示牌",在整个新闻中占有极为重要的地位。新闻标题是新闻的"题眼",高度概括新闻的主题和思想,并能表达新闻作者的立场、态度、评价和判断,在新闻作品和读者之间架起沟通的桥梁。关于何谓新闻标题,有许多学者曾下过定义并进行相关研究。其中,彭朝丞的定义较为具体、全面,他认为新闻标题

> 是报刊上新闻和文章的题目,通常特指新闻这种文体的题目。是以大于正文的字号,用精警的词语,对新闻内容和中心思想富有特色的浓缩和概括。它是新闻的一个组成部分,是新闻报道的延续和最后完成。这也就是说,第一,它必须是新闻事实的浓缩,是新闻不可分割、不能任意拟定的一部分;第二,它是对新闻事实"画龙点睛"式的评论,让读者透过这个小小的"窗口",窥见新闻的要义;第三,文字简短,富有个性特色。(转自刘其中,2009:206)

好的新闻标题可使读者须臾间了解该新闻报道的内容,过目难忘。"从新闻学角度来看,报刊标题的功能包括推销文章(advertising the story)、概述内容(summarizing the story)和美化版面(beautifying the newspaper page)。"(端木义万,2001:47)所以,新闻标题必须简约、醒目、概括、风趣,体现新闻的精髓。

新闻标题的作用非凡,有时能够决定该新闻的"命运"。故而,有学者称,"新闻可以没有导语和背景,但不能没有标题"(许武明,2006:213)。由此观之,新闻标题在整个新闻中占据核心地位。然而,在以往的新闻翻译研究中,学者们多从词汇、语法等角度进行展开,而对其中的修辞格及其翻译研究笔墨不够,成为一大缺憾。

"题好一半文",好的新闻标题能使读者耳目一新,留下深刻印象。任何好

的新闻标题,必须具备应有的信息传递功能,还必须具备美学欣赏价值。为了使新闻标题更具有吸引力,作者可采用各种修辞格,使标题更显轻松、活泼和幽默。

4.1.2 新闻标题与修辞格

何谓修辞?"修辞"二字出于《易经·乾·文言》中的"修辞立其诚,所以居业也"。修辞学是随着语言的发展而逐渐发展成熟的,古今中外概莫能外。修辞就是选择(张志公语)。范家材(2003:1)认为英语修辞可分为两个侧面:一是交际修辞(communicative rhetoric),二是美学修辞(aesthetic rhetoric),亦即现代修辞学家陈望道先生在《修辞学发凡》中提出的消极修辞与积极修辞。换言之,交际修辞属于消极修辞,而美学修辞属于积极修辞。我们一般意义上所说的修辞就是指积极修辞。

如今,各类资讯如潮,各类新闻"你方唱罢我登场",作者(记者或编辑)在新闻标题的拟定上也是下足了功夫,运用各种修辞手法,如夸张、讽刺、双关、比喻、借喻、仿拟等,竭力增加新闻标题的可读性、生动性和渲染力。这就为新闻标题的翻译带来了巨大挑战,因为在新闻标题翻译中,不仅要做到准确理解,精确表达,还要恰当地传译这些修辞格。好的新闻标题翻译,不仅应该像原文一样能在开卷之前引起阅读期待,合卷之后产生阅读的回味,还应既要忠实于标题代表的作品的精神实质,又要顾及审美上的要求,并达到使人过目不忘的宣传效果(虞建华,2008:69)。

其实,无论是何种修辞,它们各自在新闻标题中都发挥了重要作用。例如:Contagion, Then Complacency(危机蔓延及沾沾自喜)。该标题是 2000年 1 月 27 日刊登在《金融时报》上的一则新闻,作者巧用 Contagion 和 Complacency 形成头韵的修辞手法,不仅读起来流利顺畅,而且意蕴深远。译文中,由于难以保留头韵,译者巧妙地运用了汉语四字格形式,分别译为"危机蔓延"和"沾沾自喜",不仅使译文凝练达意、富有节奏,而且让读者读来朗朗上口,也不愧是一种较好的补偿译法。又如:Zidane's a Hero to Zero(齐达内,从真心英雄到伤心英雄)。这则标题使用了析词(anagram)修辞格。英语里的析词修辞格就是变移单词、短语或短句中的字母位置而构成另一个单词、短语或短句。在这则标题中,法国球星 Zinedine Zidane 的首字母 Z 与 Hero(英雄)的后三个字母组成 Zero,Zero 的意思是"零",由此是说 Zidane 在足球生涯中英雄一世,却在最后一场比赛中因用头撞人而被红牌逐出,使一世英明化为乌有。析词能变换词义,产生趣味,增加语言表达力(黄焰结,2007:58)。译文中,译者没有局限于标题字面语言表达进行直译,而是采用变通的手法,将原作中的修辞美学内涵传译了出来。

新闻文本属于信息功能性文本,是应用翻译的一部分,重在传递文本信息,同时考虑信息的传播效果。此外,该文本还具有表达功能文本和感召功能文本的某些特征,因为任何文本的交际功能都不是绝对单一的,往往是一个文本兼具几种侧重点各异的功能,出现功能重叠现象。因此,新闻标题创作中必须采用一些修辞格以增强其信息传递的交际功能和美学感召功能。

4.1.2.1　新闻标题中的交际修辞

交际修辞是指"在内容的表达上偏重于炼字锻句、明确流畅,在形式的结构上偏重于平匀缜密、严谨妥帖,总体上讲究逻辑思维,叙述准确,鞭辟入里,以有效地发挥语言的交际功能"(范家材,2003:1)。毛荣贵给出如下定义:"主要指那些没有相对固定格式的修辞性写作技巧,它与语法、语言结构和词汇的关系密切,只是为了修辞和立意新颖的缘故,对之作了一些调整,在消极修辞的时候,语法也能用来描写,词汇具有了活力,语言结构似乎也带上了魔力。"(毛荣贵,2006:384-385)这种修辞手法在新闻标题中使用很频繁。例如:

例 1:One of the Lost Tribes of Israel Surfaces in India(一个被忘却的以色列部落在印度出现)

例 2:Next Century Will Challenge Law of Land(下世纪土地法将面临挑战)

例 3:Deposits, Loans Rising in HK(香港储蓄与贷款额上升)

英语中的动词有时态变化,由于新闻是指刚刚发生或发生离现在有一段时间的事件,英语中应该使用过去时或过去完成等时态。然而,例 1 用了现在时态,例 2 用了一般将来时,例 3 不仅使用了现在进行时,而且在 Rising 前省略了 Are,将 Hong Kong 缩写为 HK。英语新闻中大量采用现在时态,能"使读者阅报时一如置身于这条新闻事件中,这叫'新闻现在时'(journalistic present tense),与文学写作中的'历史现在时'(historical present tense)实际上完全一样"(王银泉,2009:116)。新闻标题中常用一般现在时、现在进行时和将来时来替代过去时态,从而大大增强新闻的新鲜感、现实感和直接感。

为了有效实现新闻报道的目的,有时也会大量采用非谓语动词时态。例如,标题 Trials to Stabilize the Leaning Tower of Pisa Look Very Promising (稳定比萨斜塔的努力渴望成功)使用了不定式 to Stabilize。标题 Film Star Clint Eastwood Honoured in Gala Tribute(影星克林特·伊斯特伍德受庆嘉奖)使用了被动语态,并省略系动词 Was。同理,有时为了凸显新闻标题短小精悍的简约性,作者会大量使用简短词,如:Allowance to Be Cut in 200,000 Families(政府削减津贴波及廿万家庭)未用 Reduce 一词,而采用短小有力的 Cut。为了使新闻标题语言活泼,作者有时会套用习语、俚语、名言警句等,如:Crying over Unsold Milk(牛奶未售出,懊悔已徒劳)套用了英语成语 cry over split milk,意思是为已经发生而无法补救的事情懊悔。

此外,新闻标题中还会采用其他修辞手法,如大量使用缩略词、节缩词、拟造新词等,不一而足,而使用修辞手法都是为了达到有效的交际目的。

4.1.2.2 新闻标题中的美学修辞

美学修辞即一般概念上的修辞,是指"在运用逻辑思维的同时,偏重于随景应情,运用想象和联想,通过辞格(figures of speech)唤起生动的意象,使语言文字新鲜活泼,意蕴优美,发挥更大的感染力和说服力,取得艺术性的表达效果"(范家材,2003:1-2)。毛荣贵认为积极修辞是指那些有相对固定格式的修辞性写作技巧,并归纳为词义修辞格(比喻、借代、拟人、反语、夸张、低调、委婉语、对照、矛盾修辞法、移就、双关、异叙、拈连、仿拟、隽语)、结构修辞格(反复、联珠、回文、平行结构、反对、设问、突降)和音韵修辞格(头韵和拟声)三大类(毛荣贵,2006:387-388)。

在英汉新闻中,作者无不在新闻内容的音形义上做文章,以体现文章的精髓。为了引人入胜,英语新闻标题应充分利用各种修辞手法引起读者进一步阅读的好奇心和兴趣。例如,标题 Royal Ballet Keeps Fans on Their Toes(皇家芭蕾,奉献绝技)中 on Their Toes 运用了词义修辞格中的夸张和双关修辞手法,既可指"(女演员舞蹈时)用脚趾尖点地",也可指"(舞迷们观看舞蹈时)踮起脚尖",译文将其译为"(芭蕾)绝技",采用的是意译法,一则表达了皇家芭蕾舞蹈演员的技艺高超,二则解释了观众被芭蕾舞吸引的原因,译文可谓形神俱佳。又如:

例 4：Asian-American Success Real But Bittersweet（亚裔美国人成功不假，但苦乐参半）

例 5：Courage Knows No Gender（勇气不分男女）

例 6：Gas Prices Going Up，Up，Up（煤气价格一涨再涨）

例 7：Egg Talks：Agricultural Advisers Meet（蛋类谈判：农业顾问聚首）

例 4 采用了词义修辞格中的矛盾修辞法，译文中不但保留了矛盾修辞法，而且将 Real（真的）反译为"不假"，增强了标题的可读性。例 5 采用拟人修辞手法，使标题具有人的灵性，翻译时采用了意译法。例 6 采用了结构修辞格中的反复修辞手法，传达了煤气上涨引起人们的愤慨，译文中将反复性词语翻译为"一涨再涨"，套用了"一而再，再而三"中的"一""再"，较好地传达了原文的"情"势。例 7 的标题一语双关，Egg Talks 可以理解为 egg that talks（蛋类谈判）和 talks about egg（就蛋类进行谈判），译者需要对报道的内容完全理解后，才能做出最后的决定。译文中，译者将其译为"蛋类谈判"，其实这也有两层含义，一是蛋类在进行谈判，二是进行蛋类的相关谈判。该译文以双关译双关，保留了原标题的模糊性。

当然，在英语新闻标题的编辑中，交际修辞和美学修辞并非绝对或彼此分离的，有时可能会在同一则新闻标题中交叉使用，达到吸引读者目光的目的。总之，无论使用何种修辞格，目的都在于实现新闻的阅读价值。

4.1.3　新闻标题中的仿拟辞格

仿拟是美学修辞中的一种，是新闻标题中使用频率极高的修辞手法之一，其英文为 parody，源于希腊语中的 *paroidia*，意思为 satirical poem（讽刺诗）。《新牛津英汉双解大词典》（上海外语教育出版社，2007）对 parody 给出的释义为：an imitation of the style of a particular writer，artist，or genre with deliberate exaggeration for comic effect（对作家、艺术家风格，或对一流派的夸张滑稽的）模仿作品。就英汉语言而言，"二者都有悠久的发展历史，语言上的一词多义与同音异义现象均十分普遍，而且文化也源远流长，留下了大量可供仿造和借鉴的熟语及掌故，这些都为仿拟的构成和使用提供了广泛的空间"（唐艳芳，2009：118）。

国内首次提出仿拟修辞格定义的是陈望道,他在《修辞学发凡》中指出:"为了讽刺嘲弄而故意仿拟特种既成形式的,名叫仿拟格。"(陈望道,2008:89)此后,很多学者开始对仿拟修辞进行了宏观和微观的研究,其中以徐国珍教授最为突出。历经数载,她对仿拟辞格作了深入探讨,在总结前人研究的基础上对其进行了重新定义:仿拟是指仿照某种现成的语言形式拟创造出一个临时性的新说法的修辞方法(徐国珍,2003:6),并铸就"较诸以往单项辞格的专门著作"更具分量的《仿拟研究》(沈谦,2004:74)。

较之其他的修辞格,仿拟所包括的范围极广、种类极多。陈望道先生将仿拟分为两种:第一是拟句,全拟既成的句法;第二是仿调,只拟既成的腔调(陈望道,2008:89)。黄民裕先生把仿拟分为三种形式:仿词,即把现成的合成词或成语中的一个语素换成意义相反或相对的语素,临时仿造出一个新的"反义词"或"相对的词";仿句,故意模拟、仿造既成的句法格式;仿调,故意模拟既成的篇章和语调(黄民裕,1984:48)。李红琴则认为仿拟是"根据交际的需要,对某些众所周知的词语、句子,甚至篇章等进行故意模仿,临时创造出新的词语、句子和篇章的一种修辞方法"(李红琴,2006:54)。

4.1.3.1 新闻标题中仿拟辞格的分类

根据不同角度,仿拟可以进行不同的分类。根据所属语言单位层次的不同,仿拟可以分为仿词、仿语、仿句、仿篇等;根据仿造手法的不同,仿拟可分为音仿、义仿、语调仿、语体仿、换序仿、格式仿等。由于新闻标题的特殊性,本书就从仿词和仿句两个方面探讨新闻标题中的仿拟辞格。

1. 仿词

仿词往往根据表情达意的需要,在特定的语境中,以现有的词语(词素)单位为基础或本体进行的仿拟。在仿拟过程中,作者可根据需要更换原词中的某个词(词素),并融入新的语素最终得到仿体以传情达意。仿词可以细分为音仿和义仿。

音仿也称谐音仿拟,是指利用音同或音近的词语构成语义变体,换言之,就是仿体与本体在谐音的基础上,仿体模仿本体中某一个语素的音节发音,再造出新词新句及新意的音同义异词。由于这种"谐音双关"仿词间存在较大程度的相似性,容易引发联想,读者很容易从仿体的语音形式中推测出音同义异的本体。由于英汉语言的差异,汉语新闻中音仿使用频率较高。例如:

例 8:"智"在必得(《春城晚报》2009 年 10 月 19 日 B16 版)

例 9:听取"娃"声一片(《教育信息报》2007 年 9 月 1 日)

　　例 8 为运动健将谢智夺得全运会 100 米蛙泳首枚金牌之后的一篇报道标题。标题中的"智"取谢智的名仿拟"志在必得"一词中的"志",具有一语双关功效。例 9 中的仿拟取自南宋词人辛弃疾《西江月》中的一句"稻花香里说丰年,听取蛙声一片","娃"音同"蛙"。这里用来说教师听着小学生们读着他们所喜爱的《小学生时报》时那种快乐、兴奋的心情(张燕峰,2008:44)。

　　义仿与音仿相对,也称作非谐音仿拟。由于现实表达的需要,而仿体和本体间又没有同音或近音的谐音关系,通常会通过词句的意义类比联想仿造新的词句,产生新音异意同或不同的仿体。根据仿体新词的意义与本体的关系,义仿可分为类义仿词和反义仿词。

　　类义仿是指仿体与本体在风格情调、语义内容上相同或相近,两者构成一种相近关系。

例 10:Chrone-Plated Independence(铬板式的独立)

例 11:猪以稀为贵(《南方周末》2007 年 8 月 23 日)

　　例 10 的标题仿拟了 American Independence 这一说法,美国经过了艰苦卓绝的努力才得以独立,而这里用来类比年出口铬只有 80 万吨的某小国想独立也是很艰难的。例 11 被仿的原句是"物以稀为贵",标题这样做是为了介绍当时猪肉飞速涨价的现象。

　　反义仿指仿体与本体在形式结构上相同,却在情趣格调上相悖,二者形成一种相对的关系。两相对比,反义仿更加突出了仿体的语义,给人以更加鲜明深刻的印象。例如:千里之行,始于"手"下(Buy a Siemens cell phone right away, and Roma could be built in a day)。仿体仿拟的是汉语"千里之行,始于足下",但以"手"代"足",仅一字之差,意义就同原语大不一样——只需以手指轻揿键盘,小小的西门子手机就可以做成大事。基于此,译文以英文谚语 Roman was not built in a day 为本体,再辅以语音手段(如押尾韵、采用意大利语拼写形式 Roma 以保证前后两部分音节数相同,等等),尽可能营造出符合原文意思和译文特点的仿拟效果来(唐艳芳,2009:119)。"手"与"足"是反义,译文中,仿体省略了本体中的 not,意义也相反。

2. 仿句

仿句是指以古今中外名言名句为依托,基本上保持原句的句式,或偶尔更换句中的部分词语以产生特定的表达效果。根据现实表达的需要,仿句往往有以下三种情况。

第一,替换仿句指仿体保持本体句式,只替换其中个别词语,该本体多为现有的格言、谚语、成语、警句等。

> 例 12:Easy Com. Easy Gone.（网络经济:来得容易去得快）
> 例 13:The Silence of the Goats（沉默的山羊）
> 例 14:For many in cinema, all roads lead to Wilder（对许多影迷而言,条条道路通威尔德）

例 12 巧妙地使用谐音双关,用 Com 替换 come,表示网络经济。同时,将 go 换成 Gone,造成时间错位,表示网络经济泡沫的消失。例 13 报道的是由于竹子开花,大熊猫饥不择食,开荤偷吃农民家的山羊的事情,仿拟了电影 *The Silence of the Lamb*（《沉默的羔羊》）的片名。例 14 中,Billy Wilder 是美国著名讽刺电影导演,于 2002 年 3 月在洛杉矶去世。该标题仿拟了 All roads lead to Rome 这条谚语,将 Wilder 替换了 Rome,产生强烈的互文效应,让读者感到亲切而熟悉,从而起到了标题应有的"吸引眼球"的作用。

第二,变序式仿句指适当变换本体顺序,一般无须替换或增减词语,本体多为格言、谚语、成语等,例如仿体 like son, like father 的本体为"like father, like son",将本体的表述顺序颠倒过来。又如,标题 Gatt and Agriculture: Ploughshares into Swords（关贸协定与农业——玉帛化干戈）仿拟了谚语 swords to ploughshares（干戈化玉帛）,和本体相比,仿体中将 ploughshares 和 swords 颠倒了顺序,而且还将 to 换成了 into。对于这类变序式仿句,读者也能容易"识破"。

第三,变体仿句是仿句中较为灵活多变的一种仿拟形式,和前两种仿句形式不同的是,该仿体更为"叛逆",其结构和本体相比有时有较大的改变,如可以将短句改为长句,也可以将长句改为短句;可以将否定句改为肯定句,也可以将肯定句改为否定句;可以将主动句变为被动句,也可以将被动句变为主动句等。例如,新闻标题 A Bowl of Soup a Day Could Keep the Pounds at Bay (一天一碗汤,脂肪减光光)用了押韵(Day 和 Bay),并活用谚语(源自 an apple a day keeps the doctor away)。译文较好地忠实于原文,运用押韵、谐音双关——"汤"与"光",凸显了原文的上下文意思(张钰瑜,2007:16)。变体仿句的修辞手法能通过仿拟谚语或诗文名句,较好地达到了"以旧瓶装新酒"的功效。

> 例 15:Discretion over Valor(谨慎乃勇敢之本)
> 例 16:Time Waits for No Man(时不待人)

例 15 如译作"谨慎胜过勇敢"就会造成误译。该标题仿体改自英语谚语 Discretion is the better part of valor(勇敢贵审慎)。这篇新闻讲的是《中国日报》记者提醒救援人员要注意个人安危,不逞匹夫之勇,反映了媒体的人文关怀(黄焰结,2009:7)。例 16 中,法国队在小组赛前两场中表现不佳,球员 Zidane 还被禁赛一场,而且他世界杯结束后即将退役,该仿体是根据谚语 Time and tide wait for no man 改写而来,省略了"and tide",而且 wait 后还加了"s",一方面指出法国队和 Zidane 的困境,一方面又对 Zidane 表示期待。"时不待人"给人悲怆的感情色彩(黄焰结,2007:56)。

当然,以上仿词和仿句的分类是相对的,仿句中可能也会有仿词,而且仿句也不是绝对的,有时还会存在几种情况交替出现。

4.1.3.2　新闻标题中仿拟辞格的语用功能

新闻标题是每条新闻的点睛之笔,在新闻标题的编辑中使用仿拟辞格,无疑会大大提高其受众度,实现特定的语用功能。

1. 求信求异

在当代物质生活极为丰富多彩的社会,人们已经"厌倦"了两点一线的流水线式生活,多少有点"审美疲劳",于是开始追求构思新奇的新事物,这与俄罗斯文艺理论家维克托·什克洛夫斯基(Viktor Shklovsky)提出的"陌生化"理论不谋而合。该理论认为艺术技巧就是使对象陌生,使形式困难,增加感觉的难度和时间长度,因为感觉过程本身就是审美目的。新闻标题采用仿拟辞格是为了追求醒目、新颖、活泼效果,推陈出新,并产生陌生化效应。"人们在运用流行语、成语、谚语、名言警句等时会根据新的语境有意识地仿效和创造出新颖、独特且能满足发话人标新立异的欲望、体现发话人机智和博闻的临时变体。"（胡剑波，唐忠顺，2002：89）求新求异的心理始终驱使着人们去创造别具一格的仿拟，而新奇风趣的仿拟又满足了人们求新求异的心理诉求。毕竟"人们不喜欢平淡无奇、习以为常的东西，而喜欢新鲜和奇异，更喜欢由此带来的刺激和挑战，这是人们的审美取向，而仿拟恰恰符合人们这种求新求异的审美心理需求"（吕煦，2004：253）。诚如著名的修辞学家谭永祥曾在其《汉语修辞美学》（1992）的自序中坦言："修辞是什么？修辞是个薄情郎，生性就是喜新厌旧，嗜'美'成癖。所以，唯有创新，庶几近之。"按照接受美学的理解，艺术语言的最终实现，还需适当运用"陌生化"语言，唯其如此，才能调动读者的兴趣和参与的欲望。可见，语言的创新是语言内部矛盾运动的必然结果。

2. 求简求便

中英文新闻标题中大量使用仿拟辞格，不仅能满足人们求新求异的心理，还能满足其求简求变的心理诉求。当今社会，人们过着"不能承受之重"的快节奏生活，来自各方面的压力极大，需要轻松释怀。从文体学角度来说，新闻文体属应用文范畴，而应用文往往"惜墨如金"，讲究高度概括的实用功能，追求产生言简意赅的简洁效应。同时，仿拟辞格的一个显著特征就是经济原则，即用最少的词来表达最丰富的意思而又不使人难以理解或产生误解。这就为新闻标题中使用仿拟辞格提供了可能。

新闻标题中高频率使用仿拟辞格具有其强大的理论支持——关联理论。关联理论也称相关理论，对仿拟在新闻标题中的应用具有很强的解释力。关联理论认为，语言交际是一个从认知到推理的心理过程，要认知就要找关联，要关联就要思辨、推理。关联理论的核心根本乃追求最佳关联，"要想取得交际的成功，实现其交际意图，必须寻求一种最佳相关。最佳相关不是最大相关，而是适当的相关"（赵艳芳，2006：176）。由于人们对过往事物的认知会在大脑中形成某种固定图示，在实际生活中遇到与存储于大脑中类似的事物时，内心图示会被立即激活，对该事物形成一个较为全面的认知。由于仿拟的本体大多来源于流行歌曲、电视剧、高票房电影、畅销书、名人名言、广告等，人们对此或多或少有所了解。这些本体被模仿之后，其仿体仍然保留着本体的有关特征，基于这种相关性联系，人们很容易理解其内涵。而"发话者无论采取明说或暗含的方式，他的明示总是为受话者推理提供一定的相关信息和认知环境。而受话者就是由发话者的明示激活有关的认知语境，努力寻找关联，并进行推理以明白对方的交际意图，获得语境效果"（赵艳芳，2006：175）。例如，《时代》周刊一篇报道的标题"They Came，They Saw，They Bought Out"套用了凯撒的名言"I came，I saw，I conquered（我来了，我看见了，我胜利了）"。相传古罗马统帅凯撒在公元前 47 年率领部下，在小亚细亚的吉拉城，一举击溃帕尔那凯斯，全部战役只用了五天时间。凯撒写信给罗马的一个友人报捷时，只用了三个音节简练、铿锵有力的拉丁词 Veni，Vidi，Vici（I came，I saw，I conquered），以夸耀自己用兵如神，无坚不摧，捣毁敌巢易如探囊取物。用词简而精，读来上口又回味无穷，可谓仿拟佳作（杨才元、吴彩亚，2002：88）。

3. 求美求雅

在新闻标题中，除了使用仿拟辞格外，作者还会使用很多其他修辞手法，如比喻、对偶、拟人、借代、隐喻、双关等。在实际运用过程中，仿拟易同其他辞格一起融合使用，达到一种综合的审美效果。由于新闻标题的特点，编辑新闻时常注意其音美、意美、形美等方面，换言之，仿拟应尽可能顾全音谐、形美、义丰等特点。在可能的情况下，仿拟在音谐的同时，兼顾意（义）美、形美。这不仅表现在选用形式优美的本体上，也表现在仿拟与其他辞格的兼用上。"美的标题带给人们精神上的享受，标题的美体现在形式和意蕴上。新闻标题的形式美主要有三种形态：整齐一律、平衡对称、错落有致。新闻标题的意蕴美，是新闻标题中最深沉、最含蓄的美。"（朱燕，2007：289）新闻标题中使用仿拟，在追求新颖独特之外，也满足了人们内心求美的心理诉求，当人们在接受仿拟现象的刺激时，往往抱着一种积极、欢迎的态度，而态度决定着对外界的判断和选择。喜新尚变的审美倾向就构成了仿拟接受中十分有利的一种心理因素。"仿拟行为以其独特的方式改变了语言中词、语句、篇章的'原生状态'，使原来习见的、平淡的、常态的言语形式突然变化为一种既新颖、别致、奇特又让人感到熟悉、亲切的形式。这就极大地满足了人们喜新尚变的审美倾向。"（徐国珍，1997：159）例如，2008 年 12 月 8 日的腾讯网上有一则报道：Moderate drinking can improve memory（研究：借酒消愁"愁更愁"）。新闻中的一项最新研究发现，借酒消愁可能会"愁更愁"。译文中的"借酒消愁'愁更愁'"借用耳熟能详的诗词，恰如其分地表现出过度饮酒对人身体上和精神上的伤害。同时，也让人们感受到标题所传达的古典美（徐敏，2009：53）。

此外，仿拟辞格还具有劝导、说理、风趣、幽默、嘲讽和批判等功能，它们在使用过程中具有易辨性、灵活性、生动性等特点。仿拟辞格能化腐朽为神奇，译者于翻译中见真功。由于新闻语体的独特性,翻译时必定会要求译者采取与其他文本类型不同的翻译策略,"翻译不同类型的文章,应该运用不同的翻译原则和方法,这是当代翻译理论的核心"(郭建中,2001:14)。

4.1.4　新闻标题中修辞格的翻译策略

新闻翻译与其他应用文体翻译既有相同之处,又有不同之处,这是由新闻文体的自身特点决定的。一般来说,翻译英语新闻标题时,译者应注意以下三个方面:①准确把握标题内涵,理解标题的制作技巧。②翻译时要注意译文的趣味性、幽默性,以引起读者的兴趣。③尽量做到文雅与通俗相结合,要照顾各个阶层的读者、各个年龄阶段的读者(胡社考、刘艳敏,2010:27)。换言之,译者应该准确理解和把握原标题制作中的修辞特点,并采用恰当的翻译方法将这种修辞格传译到译文中,从而不仅保留原标题的趣味性和幽默性,还可以增强可读性。此外,考虑到读者的接受能力,译者翻译时还需对一些修辞格作适当变通,达到雅俗共赏的预期功能。一般来说,英语新闻标题中的修辞格,可采用直译、意译、直译和意译相结合、套译、仿译、创译等翻译策略。

4.1.4.1　直译

在我国源远流长的翻译长河中,直译是采用较多的一种翻译方法。"实践证明,无论翻译哪种题材的作品,文学文体也好,科技文体也好,新闻文体也好,直译都是翻译英语书名、篇名的最为常用、也最可能行之有效的方法。"(周晔、孙致礼,2009:30)

在一般的应用翻译中,译者应尽可能采用直译法,因为用直译法翻译书名、篇名,不仅能传达源语的形式美,还能较好地保留其旨趣。例如:

　　例17:Hope of the Weak and the Meek(软弱者和胆小者的希望)

　　例18:Spend, Spend, Reagan to Stop(花钱,花钱,里根必将住手)

　　例19:After the Booms, Everything Is Gloom(繁荣过后,尽是萧条)

在例17中,Weak 和 Meek 采用的是押尾韵的修辞手法,分别直译为"软弱者"和"胆小者",保留了原文中的押韵。例18采用了反复的修辞手法,译文中用两个"花钱"将反复修辞格直译了出来。例19也采用了押尾韵的修辞手法,不过直译的译文中没有保留这种押韵修辞,但总体较为忠实地传达了原文的意思。

以仿拟辞格为例,仿体有时直接套用本体的表达,其形式上没有任何变化,但其内涵可能不同,译者可采用直译的方法。例如,标题为"Land That Time Forget"(被时间遗忘的土地)的新闻是汶川地震后的一则报道,套用了美国著名作家埃德加·赖斯·伯勒斯(Edgar Rice Burroughs)科幻小说书名 *Land That Time Forget*。小说描述了第一次世界大战中一艘美国船只在英吉利海峡被德国舰队击沉、船上的幸存者流落荒岛并最终走向人类文明的故事。该标题既感叹四川广汉县在地震中严重受灾,也隐喻了幸存者定会走出灾难的阴影,重建美丽的家园的美好愿景(黄焰结,2009:7)。

直译虽能较好地传达原作的形式和内容,但直译也并非字字对译的文字转换。茅盾曾说,"所谓'直译'也者,倒非一定是'字对字',一个不多、一个也不少地翻译。那种译法不是'直译',而是'死译'。'直译'的意义就是不要歪曲了原作的面目,要能表达原作的精神"(方梦之,2011b:101)。也就是说,直译时,译者有权也必须进行适当的文字调整,即变通。通常情况下,直译可分为增词直译和减词直译两种。

1. 增词直译

由于新闻标题编辑时受字词数的限制,很多情况下一些相关的背景知识,如人物、事件等未必都能尽含其中。若字对字进行直译,读者未必能"按图索骥",了解该报道的主要内容。增词直译是一种有效的补偿方法和手段,可视具体情况,在译文中增添一些有关人物、事件等的补充信息,使译文明白易懂。例如,标题 Pilot's Final Flight(特拉格纳的告别飞行)采用了头韵的修辞手法,读来朗朗上口,但读者不读新闻内容就难以知晓究竟是谁在进行告别飞行,结果很可能不会去浏览这则新闻。基于此,译文增添了人名特拉格纳,使原文主旨瞬间明了。又如,标题 Love for Labor Lost?(工党失宠了吗? ——英首相布莱尔支持率下降)虽然使用了词义修辞格中的头韵修辞手法和结构修辞格中的设问修辞手法,但乍看标题,读者仍不能瞥见报道的主旨。译文中,译者巧用了破折号功能,增添了人名(布莱尔)和事件(支持率下降)等主题信息,最大程度地传达了标题的交际和美学功能。

2. 减词直译

由于英汉语言的不同特点,有些词语或句子成分在原文中必不可少,但翻译时,若照搬到译文中,可能影响译文的简洁和通顺,故译者应对其进行必要的"瘦身"处理,使其符合目标语表达规范。例如:500 Reported Killed in the Republic of Korea Building Collapse(韩国大楼倒塌致使 500 人丧生)。该标题遵从了交际修辞中的简约美这条原则,省略了句子成分,原文句子补充完整后应该是:500 People Were Reported to Be Killed in the Republic of Korea Building Collapse。原标题省略了 People,Were 和 to Be 这三个成分。而译文中则省略了 Reported 一词,减译也不会影响原文含义的传达。

4.1.4.2　意译

意译和直译一样是新闻标题翻译中的主要方法之一。和直译不同的是,译文中若无法保留标题原文的语言或修辞形式,只能在表达形式上另辟蹊径,以忠实地传达原文的意思。例如:

例 20:Silent Walk Speaks of Hope for Peace(人们默默行,心中思和平)

例 21:Mexico Out But Not Down after Elimination(墨西哥输球不输魂)

例 22:Obama Faces "Glass-Houses" Criticism over Camp Fund Raising(奥巴马筹款成绩喜人,对对手的批评置若罔闻)

例 20 使用了拟人修辞格,用 Silent Walk 作主语。由于英汉语行文的不同,英语可大量使用非生命的事物作主语,而汉语则相反,多用人作主语。翻译时,应将其转化为汉语中的人称(代)词。该译文采用了意译法,打破了原文的行文结构,凸显了隐含主语"人们",而且还采用了对仗的翻译手法,并使"行"和"平"押尾韵,忠实地再现了原文的含义。例 21 套用了成语 down and out。该成语原指拳击比赛中拳击手被击倒而在规定时间内不能站起。标题将成语拆开,虽然墨西哥队出局(out),但并没有被击倒,既显示了墨西哥队的顽强精神,又一语双关增添了俏皮的味道(黄焰结,2007:56)。例 22 套用了谚语"People who live in glass houses shouldn't throw stones."(自身不保,休惹他人)中的"glass-houses"一词,比喻不具杀伤力的批评。该词的选用符合新闻标题的交际修辞中使用俚语、俗语、习语、典故使行文简约、活泼的原则,大大提高了原标题的可读性。修辞的使用给翻译带来了巨大困难和挑战,译文采用了意译法,并使用了对仗修辞法,形象地再现了原文的幽默与活泼。

4.1.4.3 直译与意译相结合

为了使新闻标题标新立异,人们在拟定新闻标题时往往会借助一些形式上非常吸引眼球的表达方式,如各种俚语、谚语、名言警句,还包括标点符号的使用等,这些因素是译者在翻译中必须传达出来的。同时,由于英汉语言的巨大差异,又因为新闻标题的自身特点,译者有时很难传达出这种形式,但必须对其内容进行某些调整,或换一种表述。对于这种情况,直译和意译相结合是一种较好的选择。

例 23:Emergency Response:A Tale of Two Disasters(紧急事件的反应:双灾记)

例 24:Measure for Measure(一报还一报,恩怨就此了)

例 25:Europe's Pension Problem:Too Few Cradles,Too Few Graves(欧洲的养老金问题:少壮投入少,老人徒伤悲)

例 23 是美联社的一则新闻,报道了两个相邻的亚洲国家在同一个月内先后遭遇了自然灾害,但两国的反应截然不同:缅甸对这次热带风暴反应迟缓,而中国却迅速作出了反应。标题 A Tale of Two Disasters 仿拟了英国作家狄更斯 *A Tale of Two Cities*(《双城记》)的书名,将 disasters 替换了 cities,用 two disasters 和 two cities 作比拟,使两国在灾难面前的反应形成了鲜明对比。译文中,"紧急事件的反应"是对 Emergency Response 的直译,而"双灾记"是对 A Tale of Two Disasters 的仿译,属意译范畴。例 24 仿拟了(an) eye for (an) eye,(a) tooth for (a) tooth(以牙还牙),同时也套用了莎士比亚的作品 *Measure for Measure*(《针锋相对》)。该报道讲述了戴安娜王妃之死和查尔斯王子有间接关系,因此若查尔斯放弃王位,威廉王子即位,王妃地下有知,可以安息的故事。以上译文中,"一报还一报"是对 Measure for Measure 的直译,而"恩怨就此了"是根据报道内容和标题意译出来的,此译为直译加意译的较好结合。例 25 报道的是欧洲的养老金改革问题,由于欧洲人寿命越来越长,孩子却越来越少,从而导致向养老计划贡献资金的年轻员工愈来愈少,不断增加的养老金缺乏只能通过减少发放养老金来弥补。译文中,前半部分为直译,而后半部分将用"少壮投入少"来翻译 Too Few Cradles 属意译,用

cradle 来指代"出生的婴儿"。此外,后半部分译文还仿拟了汉乐府《长歌行》中的佳句"少壮不努力,老人徒伤悲",惟妙惟肖地映射了报道主题。

4.1.4.4　套译

为了使标题语言活泼、幽默,或有时为了达到讽刺、批判的目的,英语新闻中大量采用仿拟辞格。新闻标题中借用现有的词、句,或通过语音形式、句式上的相谐仿造,获得独具审美情趣的新内容、新意义,因为"就英语和汉语而言,二者都有悠久的发展历史,语言上的一词多义与同音异义现象均十分普遍,而且文化也源远流长,留下了大量可供仿造和借鉴的熟语及掌故,这些都为仿拟的构成和使用提供了广泛的空间"(唐艳芳,2009:118)。对于这些仿拟修辞格,译者在翻译时可采用套译(也称仿译)法。从某种程度上说,套译也是一种直译,但又不尽相同。套译法能较好地体现原文的修辞特点,传达原文的交际和美学修辞效果。

> 例 26:Don't Cry for Me，England(英格兰,别为我哭泣)
>
> 例 27:To Arm or Not to Arm—That Is the Question(携带武器还是不携带武器是个问题)
>
> 例 28:The Old Man and the Economic Sea(老人与经济大海)

例 26 标题原文(仿体)仿拟了脍炙人口的歌曲名 Don't Cry for me, Argentina(《阿根廷,别为我哭泣》),并将 Argentina 替换为 England,非常形象生动。译文套用了本体的翻译,保留了原文的修辞格。例 27 是一则关于英国警察是否要佩带武器的报道,标题套用了莎士比亚名剧《哈姆雷特》中的一句名言 To be or not to be, that is the question(生存还是死亡,这是个问题),再现了是否佩带武器这一艰难抉择。例 28 的新闻介绍了美国著名学者杰弗里·H.穆尔在经济学领域所做的贡献。标题借用了美国小说家欧内斯特·海明威的名著《老人与海》(*The Old Man and the Sea*)的小说名。"经济"一词加得很妙,既简洁地表明老学者所研究的领域,又使原书名产生新颖活泼的效果(端木义万,2001:49)。总之,套译这种以"仿"译"仿"要比直译更易传达原文的"形"和"神"。

4.1.4.5　仿译

如 4.1.3 所述,新闻标题大量使用仿拟辞格,旨在达到特定的传情达意的目的,故在翻译词类修辞方法的过程中,译者应尽可能以"仿"译"仿",即译文模仿原文语言形式,保留仿拟,或复述、再现其思想内涵或意义,因为"理想的仿拟翻译是既体现'形似'又可达到'神似',使原、译文在'形'与'神'两方面都能达到趋同一致"(陈孝静,2009:91)。例如:

例30:Liberty Is the True Mother of Invention(自由是发明之真母)

例30:Red Star over Hong Kong(红星照耀下的香港)

例29是《中国日报》(英文版)上的一则新闻,属于仿句中的替换式仿句,套用了谚语 Necessity is the mother of invention(需要是发明之母)这一本体,译文只要照直仿译即可。例30摘自美国《时代》周刊(*Time*,July 14,1997),以西方观点谈香港回归中国的问题,该标题仿拟了美国记者及作家埃德加·斯诺(Edgar Snow)的名著 *Red Star over China*(《红星照耀中国》,又名《西行漫记》),译文只需照直仿译,将"中国"改为"香港",仿拟巧妙绝伦。

4.1.4.6 创译

创译是指译者在翻译中,如果用上述方法仍然不能解决问题时,可借助目标语语言优势"自由发挥",对新闻标题在语用、语义等方面进行全面综合考虑,然后决定采用仿拟或套用本体。

无论是直译、意译,还是套译,都具有一定的适应范围,并非万能钥匙。有时,英文标题中所使用的修辞手法不足以突显该新闻报道的重要性,直译可能会太过平淡而不足以引起读者的注意,若意译可能会使原文的形式尽"失",但又不具备以上套译的条件,造成翻译的困难。当"对等翻译/等值翻译"不可能时,译者应该充分发挥主观能动性,利用目标语的汉语优势进行创译。著名翻译家许渊冲就是创译的倡导者。其创译的核心是译文应该是几种可能译文中最好的一种,是数种译文相互"竞赛"的结果。"从原语篇标题角度看,只要翻译出来的标题与原语篇标题的意义和形式之间的离异程度最小就是最理想的;从翻译目的的角度看,只要翻译出来的标题与翻译目的最吻合就是最好的。"(何恒幸,2003:9)

例31:Time Is Money,Just Figure Out How Much(一寸光阴几

寸金?)

例31中的Time Is Money使用比喻修辞,如将其译为"时间就是金钱"似乎平淡有余。翻译时套用固定表达"一寸光阴一寸金"显得更好,同时还可以将"一寸"改为"几寸",正与"How Much"相对应,再将其变为问句,看似提出疑问,实则引人深思:时间与金钱到底是什么关系,又应该是什么关系? 目标语读者可以将个人想法与文章观点作对比,进而长久地体味。而这一现象正是标题中寓味悠长的古雅渗透到读者心中所引起的结果(杨根培,2008:141)。

新闻标题既具有一般标题的写作特点,又有其特殊之处,形成了特殊的语篇文体风格。标题创作者采用惜字如金的标题吸引读者注意,或使用修辞格中的交际修辞,或使用美学修辞,或两者交错使用,都为翻译带来了巨大的挑战。译者必须依据具体情况,采用各种不同的翻译方法,甚至同时采用几种翻译方法才行。本节探讨了新闻标题中修辞格的运用及其翻译方法,对整个新闻翻译中修辞格的运用及其翻译也具有一定的启发性。

4.2　英语新闻导语中的修辞与翻译

4.2.1　英语新闻导语概说

在新闻的五个要素中,除了新闻标题广受关注外,导语同样备受关注。"导语是新闻文体特有的一个概念,是新闻区别于其他文体的一个显著特征和重要标志。"(冯展极、鞠晶,2010:3)导语通过简练而生动的文字表述新闻事件中最重要的内容,因此也被誉为新闻的"灵魂"。关于导语之于新闻的作用,王银泉等曾指出,"人们在阅读报刊新闻或者收看电视新闻的时候,除了关注标题外,导语是否生动有趣,往往决定了读者或观众是否继续关注该新闻的详细内容"(王银泉等,2007:58)。

关于新闻导语的定义,毛泽东曾有过极其精辟的论述。1951年2月,他在审阅《中共中央关于纠正电报、报告、指示、决定等文字缺点的指示》时曾写道:"一切较长的文电,均应开门见山,首先提出要点,即于开端处,先用极简要文句说明全文的目的或结论(现在新闻学上称为'导语',即中国古人所谓'立片言以居要,乃一篇文警策',唤起阅者注意,使阅者脑子里先得一个总概念,不得不继续看下去)。"(黎信,2009:80)这段话道出了导语在新闻中的重要作用,因此也成了一个经典定义。由此观之,导语的重要性不言而喻,好的导语等于新闻报道成功的一半,"可以毫不夸张地说,导语决定新闻的生与死"(黎信,2009:80)。然而,正是由于导语的重要性,导语的写作必须生动活泼、引人入胜。在英语新闻导语写作中,为了增强新闻的可读性,记者常常采用各种修辞手法,极尽语言文字的一切可能性,使导语呈现出具体形象、新鲜活泼的动人力量,从而充分地调动读者的阅读兴趣。然而,和新闻标题、正文中的修辞运用相比,以往的研究对导语中的积极修辞研究极为鲜见。本节拟探讨英语新闻导语中的积极修辞运用及其翻译策略。

4.2.2　英语新闻导语中的修辞

由于修辞格在新闻标题中使用比较集中,学者关注较多,而对于和新闻标题同等重要的导语,对其中的修辞格使用情况关注较少。殊不知,在新闻导语的写作中,"只要可能,记者就应当动用各种修辞手段使新闻导语更具可读性",不仅"是为了更有效地为报道事实服务",也是为了"更充分地调动读者的阅读兴趣"(黎信,2009:112)。值得注意的是,"新闻导语中所采用的修辞手法的前提是不违背新闻的真实性原则,它是以更生动、优美、清晰、简洁的文字,使报道生辉,从而吸引广大读者"(华光耀,1994:74)。研究发现,导语中使用修辞格的情况毫不逊色于新闻标题。学者就新闻标题中的修辞格及其翻译研究发表过不少学术论文,在一些论著和教材中还另辟专节论述;而对于和新闻标题同等重要的导语,也有不少学者对其中的修辞格及其翻译进行专门研究,如在著作方面,有许明武(2006)、黎信(2009)、赵红霞(2021)等专辟小节进行讲述。但总体来说,学界对新闻导语中修辞格及其翻译研究的关注仍显不足。这不能不说是一大遗憾。

由于修辞格可细分为很多修辞技巧,毛荣贵(2006:387-388)将其分为三种,如词义修辞格、结构修辞格和音韵修辞格。陈望道(2008:57-181)将积极修辞格分为辞格和辞趣,前者还可分为材料上的辞格、意境上的辞格、词语上的辞格和章句上的辞格四大类。鉴于导语的特殊性,修辞格的运用也具有一定的选择性,本节就英语新闻导语中修辞格及其翻译作补充研究。

4.2.2.1 对比

对比是将意义相反的句子或句子成分排列在一起,相互映衬、对照。在导语写作中,对比修辞的好处在于"将两个极端的事物加以对照,造成巨大反差,从而引起读者的兴趣。这种对比的写法,有助于揭示事物的特点、阐明新闻的主题"(许明武,2006:341)。

例 32:London— Prince Harry, the younger of her two sons, called her "the best mother in the world." The bishop of London remembered how readily "she found the right word or the right gesture to bring cheer and comfort." And Earl Spencer, her brother, who gave such a rousing, combative speech at her funeral, was silent this time around.

译文:本报伦敦消息——她的小儿子哈利王子说她是"世界上最好的母亲";伦敦大主教说,她总是用"最合适的言辞和手势给人们带来鼓舞和安慰"。在她的葬礼上,她的兄长斯潘塞伯爵用好斗的言辞发表了具有号召性的演说,而这一次他却保持沉默。

该新闻是 2007 年 8 月 31 日英国公众聚会纪念戴安娜因车祸遇难 10 周年的报道。导语中,记者采用了引语和对比修辞手段。引用他人的观点说明戴安娜受人爱戴,而采用她兄长前后的态度反应作对比则更加突显出了人们对戴安娜的尊敬。该导语采用了直译法,再现了源语的语用目的。

4.2.2.2 委婉语

委婉语与文化密切相关,任何文化中都有特定的委婉语。范家材认为委婉语是一种特殊的雅言,是"写、说者感到直率的说法可能会受到读、听者某种程度的怀疑、拒绝,甚至厌恶时,出于忌讳或礼貌,就通过遣词造句的调整,来克服上述的心理障碍"(范家材,2003:1)。需要注意的是,委婉语并非仅限于词汇层面,还包括语义、语境等多层面。鉴于委婉语的语义模糊特征,人们在新闻报道中广泛使用,体现新闻人物或新闻制作者"含而不露"的立场。

4.2.2.3 设问

设问修辞格使报道具有较理想的悬念。设问旨在以自问自答的形式引起读者对报道的关注,问题的答案常常在报道中给予充分的陈述。陈望道将设问分为两类:一是为提醒下文而问的,称为提问,这种设问必定有答案在它的下文;二是为激发本意而问的,称为激问,这种设问必定有答案在它的反面(陈望道,2008:114)。新闻导语中常用前一种设问。设问的优势不仅在于激发人们的好奇心,还能借此突出新闻的主题、强调某种观点,还能抒发情感、增强语势,并使文章语言生动。例如:

例 33:Ever wanted to read minds? Ever wanted to communicate your thoughts without speaking a word? It may become possible after claims by British scientists that they have created a system that allows "brain-to-brain communication", sending messages formed by one person's brain signals though an internet connection to another person's brain many miles away.

译文:想过要看出别人的心思吗? 想过在不必开口说话的情况下传达你的想法吗? 这一切都有可能成为现实,英国科学家声称,他们已发明了一种"脑对脑沟通"系统,可通过互联网将一个人的脑信号所生成的信息发送至相距许多英里外的另一个人脑部。

该导语旨在突出在不进行任何沟通的情况下能读懂别人的心思。如果采用直陈的论述方式将观点摆出,未尝不可,但这样写的话,该新闻的可读性会大打折扣。采用设问导语,一方面把大家"想都不敢想"的问题提问出来,一方面又给予回答,势必能引起读者的关注。

4.2.2.4　比喻

比喻是使用最为广泛的一种修辞手法,因而受到广泛的关注。许多学者都曾对其下过定义,范家材认为比喻是"以此喻彼(to speak of one thing in terms of another)的手段。它有一个基础,四项要素"(范家材,2003:168)。基础指心理上的联想,四项要素就是本体、喻体、相似点和相异点。比喻能"以人们熟知的事物去描绘、说明不熟知或较抽象的事物,使人读后产生某种联想"(张健,2007:465)。在英语新闻导语的写作中,如果能科学地使用比喻修辞,就能勾起读者无限遐想,达到新闻报道的目的。一般来说,比喻可分为明喻和暗喻。

1. 明喻

明喻,也称作"直喻",是用另外事物来比拟文中事物的比喻。明喻的最大特点是以两种具有共同特征的事物或现象进行对比,借助 like 和 as 等比喻词起连接作用,表明本体和喻体的相类关系,而且二者都在对比中出现。

例 34:Alexandria,Egypt,January 10,1942(AP)— The British light cruiser Galatea,struck by three torpedoes from an Axis submarine,flopped over like a stabbed turtle and went down within three minutes off Egypt's Mediterranean coast in the inky darkness just after midnight in the morning of December 16.

译文:美联社埃及亚历山大港 1942 年 1 月 10 日电——12 月 16 日凌晨,午夜刚过,在浓黑的夜雾中,英国珈拉忒亚号轻巡洋舰连中三枚轴心国潜艇发射的鱼雷,它像一只被猛刺一刀的大乌龟,肚皮朝天翻转过来,三分钟后就被埃及海岸线外的地中海怒涛吞没了。

例句中,由 flopped over like a stabbed turtle(像一只被猛刺一刀的大乌龟)可联想到因中鱼雷而侧翻的潜艇,二者在受伤后都会有"类似"的反应。句中使用了比喻词 like,比较容易识别。译文采用直译法不仅传神,还能达意。

2. 暗喻

暗喻修辞格使用广泛,亚里士多德早在两千多年前在其《修辞学》和《诗学》中就提到过。和明喻相比,暗喻的比喻关系比较隐蔽,因此也称作"隐喻"。暗喻不同于其他比喻修辞手法,本体和喻体关系显得更为密切、客观。范家材(2003:76)认为隐喻中本体与喻体的关系,比在明喻中更为密切。明喻在形式上只是相类(as,like)的关系,隐喻在形式上却是相合(be)的关系。比较而言,暗喻在英语新闻中的使用频率较高。这不仅能淡化报道人的主观性,还能凸显出新闻报道的客观真实性。例如:

例 35:MANILA,Philippines — A mountain of rain-loosened garbage collapsed on Monday at a giant Manila garbage dump, burying dozens of squatter houses and killing at least 72 people. The collapsed wall of rotten garbage then burst into flames,which engulfed the area, rescue officials said. (Associated Press, July 10, 2000)

译文:星期一在马尼拉的一座巨大的垃圾山由于大雨导致的山体倒塌,埋葬了几十间破屋,砸死了至少 72 人。据救护人员说,倒下的垃圾堆立刻着了火,整个地区一片火海。

原文中的 engulf 意为"吞没;卷入;吞食",倒下的垃圾堆着了火,着火的垃圾堆吞没了整个山体滑坡区,使整个地区陷入一片火海。此情此景让读者在脑海中联想到,这不是像一片火海,简直就是一片火海。

按照隐喻中本体与喻体的关系,范家材(2003:81)进一步将之分为认同结构和折射结构,并另外探讨了隐喻到位和隐喻延伸两种隐喻形式。其实,这四种形式根据不同情况有时在新闻写作中都会出现。以下以隐喻延伸为例,它是"在本体和喻体之间安装起一串铰链(hinges),唤起一系列相关而不相同的意象,从不同的侧面丰富、巩固、加强既定的联想,使读者全面、持续地进入比喻的情景,从而取得更完整的修辞效果"(范家材,2003:81)。例如:

例 36:SAUZE d'OULX, Italy — In two years of coaching China's freestyle aerials teams, Canadian Dustin Wilson has only picked up a few phrases in Chinese. Now he knows another: Gold medal.

译文:意大利萨奥兹·杜尔克斯滑雪场电——加拿大人达斯廷·威尔逊指导中国自由式空中技巧运动员长达两年,却只学会了几句中国话。此刻,他学会了另一句中文:金牌。

该新闻是指 2006 年 2 月 23 日晚(当地时间),在都灵冬季奥运会上,名不见经传的中国选手韩晓鹏一举夺得了自由式滑雪男子空中技巧项目金牌,顿时成了本次世界大赛上的"黑马"。此外,这也使得人们对他的教练颇感兴趣。美联社就针对加拿大籍教练达斯廷·威尔逊播发了这篇人物侧记。细细分析后我们发现,该导语使用了暗喻修辞格——隐喻延伸,"Gold medal"一词暗示了中国运动员夺得了金牌,同时,无形中也为读者设置了一个悬念:一个不会说中国话的外国教练是如何指导运动员?如何与运动员沟通?运动员又是如何摘得桂冠？读者定会忍不住继续阅读该新闻。

4.2.2.5 拟人

拟人是一种常用的修辞手法，是将人拟物，使事物具有人类的某些特性、特征，甚至赋予事物以人的言行或思想感情，从而给读者留下深刻的印象，产生心理上的感情效果。在导语写作中，拟人可以使导语带有感情色彩，使读者具有和"人"沟通情感的欲望。例如：

例 37：Beijing, June 14（Xinhua）— Plastic products that normally wouldn't decompose in a hundred years in a garbage dune or in the soil can now be "eaten away" in a few months by a newly developed catalyzing agent.

译文：新华社 7 月 14 日电——垃圾和土壤中的塑料制品通常要经过数百年才能降解；现在，科学家研制出一种催化剂，几个月就能把塑料"吃"掉。

这则导语是关于科技发展进步内容的，作者使用了拟人修辞格，使科技产品"催化剂"赋予人的特征：它能"吃掉"塑料。因为白色污染是环境问题中最为棘手的，科学家声称找到了解决的办法，自然会引起读者的广泛关注，继而读完该新闻报道。译文采用直译法即可，能让读者产生心灵的沟通。

4.2.2.6 引语

英语新闻写作中，人们非常重视引语的使用。含有引语修辞格的导语也称作"引语式导语"，是"引用消息中主要人物关键性或针对性、有代表性或有新意的谈话，以增强消息的真实性、可信性与权威性。通常又分为'完整引语式导语'和'部分引语式导语'"（陈明瑶，2001：13）。而实际上，由于导语受到字数的严格限制，而新闻人物所讲内容太多，完整引语式导语不及部分引语式导语使用广泛。根据新闻导语的制作情况，我们可将其略分为直接引语、间接引语和部分引语。

1. 直接引语

直接引语是记者用引号对新闻人物所讲内容的忠实记录，能使新闻报道具有较强的现场感，不仅提高了该新闻的真实性，常常还成为该新闻的点睛之笔,给读者留下深刻的印象。直接引语可以是对新闻人物言辞的全部引用,也可以是部分引用。可以说,新闻中一般不能没有直接引语。例如:

例 38:"I'm in, and I'm in to win and that's what I intended to do," she said.

译文:她说:"我已经报名参选。我参选就是为了赢得胜利。这就是我想要做的事情。"

这是 2007 年 1 月 20 日前美国第一夫人希拉里·克林顿参议员决定参加下届总统竞选时所说的一段话。导语中原封不动地引用这句话,就是为了突出报道的真实性、可信性,表明是新闻人物在说话,而不是新闻制作者在说话。译文采用直译法,对 in 和 win 进行增译,补充"参选""胜利",使语义更加明晰。

2. 间接引语

间接引语是记者用自己的话转述新闻人物所述内容,无需使用引号,引语往往是对讲话人话语主要意思的概括。使用间接引语,主要是因为新闻人物所述内容较多或内容不够简练,而在导语中又要表达新闻人物的观点以增强新闻的真实性,新闻作者不得已只能进行提炼、总结。例如:

例 39:LUBBOCK, Texas — A missing 5-day-old baby was found Monday evening, more than 24 hours after her mother said she was abducted by a woman who had posed as a nurse. Priscilla Nicole Maldanado was taken to University Medical Center. Hospital spokesman Greg Bruce said the baby was fine.

译文:得克萨斯州卢伯克电——一个名叫普里西拉·尼可勒·玛尔达那多的女婴出生仅 5 天便丢失,女婴母亲说是被一个化装成护士的女人抱走的。24 小时后,女婴于星期一被找到,旋即被送进大学医院救治。医院发言人格雷格·布鲁斯说,女婴健康状况良好。

新闻讲述了出生仅 5 天的婴儿丢失 24 小时后被找到并被送往医院的事件。读者自然关心婴儿的健康状况,期待知道医院给出的检查结果。导语中,作者没有引用格雷格·布鲁斯的原话,只凝练其观点,告知女婴健康状况良好。译文采用直译法即可。

3. 部分引语

部分引语是仅仅引述新闻人物所讲的部分内容,所引述部分无须像直接引语那样完整,往往是寻章摘句式的摘选内容,是一些简短的词汇、词组或短语。例如:

例 40:Senator John MaCain said on Thursday that he and other backers of immigration reform "are not winning," and must boost efforts to get the House of Representatives to pass such a bill. (Reuters,July 19,2013)

译文:路透社 7 月 19 日电讯——参议员约翰·麦凯恩本周四说他和其他移民改革的支持者"并未获胜",必须竭尽全力让众议院通过该议案。(何昆莉,2017:92)

源语导语先提到该新闻的主角"who"(Senator John McCain),后给出事件发生的时间"when"(on Tuesday)。一般来说,英美主流报刊习惯于将事件发生的时间放在新闻导语的末尾,但该新闻是个例外,将时间放在人物之后,正好符合中国读者的阅读习惯。该导语将新闻事件的"主题"(immigration reform)和"结果"(are not winning)移后,并在最后提出为改变"该结果"所应采取的措施。以上叙述都符合中国新闻导语"主题—结果—措施"的叙事习惯。为了突出新闻报道的可信度,源语导语援引了改革的结果"are not winning",故可直译。

4.2.2.7　引喻

引喻指"借用历史上或传说中的典故与现实生活中某种人或事之间的相似性来暗示说话者的观点,达到借古喻今或借此言彼的目的"(黄任,1996:76)。引喻俗称引经据典,具有"引"和"喻"的双重特征,一般引用人们所熟悉的人名、地名、名言、故事等作喻体,以说明本体。所以,引喻是一种居于历史背景的修辞手法。一般导语中往往不注明其来源和出处。例如:

例 41:Beijing,November 23 (Xinhua) — "Be the first to share

the hardships of the nation, and the last to enjoy its prosperity"——according to today's *People's Daily*, this ancient Chinese maxim is being followed by numerous Chinese Communist Party officials.

译文:新华社北京 23 日——"先天下之忧而忧,后天下之乐而乐"——《人民日报》今天报道说,许多中国共产党官员正在用这句古老的格言指导自己的行动。

导语中的"Be the first to share the hardships of the nation, and the last to enjoy its prosperity"让读者想起宋代文豪范仲淹《岳阳楼记》中的名句"先天下之忧而忧,后天下之乐而乐"。该句不仅因其句式工整而脍炙人口,还以其雄浑的气势使人心旷神驰。有时,记者只引用大意、关键词或词组,将其融合在自己的新闻人物的话语中。这里采用的是回译法。

4.2.3 英语新闻导语中修辞的翻译策略

新闻导语写作的最基本要求是"开门见山,有话直说,不要拐弯抹角,不要'慢三拍';突出新闻事件的'亮点',不要把'亮点''埋藏'起来"(黎信,2009:112)。传统的导语包含了新闻的六要素(五个 W 和一个 H),旨在开门见山地概括该新闻内容。但如今,新闻导语写作方法越来越灵活化、多样化,不必涵盖所有要素,旨在突出一个或几个新闻要素,于是就有了单一要素导语、多要素导语等,其目的都旨在服务于该新闻。然而,导语写作中适当运用修辞格会更加凸显新闻的交际效果,从以上所举例子可见一斑。总体来说,导语写作中使用修辞格,不仅会强化其表现内容的思想性、文学性、趣味性和人情味,而且还能满足现代人的特殊审美诉求,是当今新闻写作的大势所趋。

由于中英语言文化差异以及导语的写作方式和种类不同,翻译的方法也不尽相同。翻译需要传形达意,即要兼顾形式和意义的准确传达。由于导语中的修辞格主要集中在结构、意境和章句层面,其翻译要比词语层上的修辞格较为容易,所以导语中的修辞格的翻译方法较为固定,通常采用直译法,或在此基础上进行适当的语言形式改变,能较好地传形达意。

4.2.3.1 直译

新闻文体属信息功能文本,兼顾表达功能型文本的某些特征。作为应用翻译的一个重要分支,英语新闻文体通常采用直译法。在一般的应用翻译中,译者应尽可能采用直译法,"不仅能传达源语的形式美,而且能较好地保留其旨趣"(刘金龙,2011:47)。导语中运用修辞格主要不是为了语言的优美,而是为了更好地突出主题,再现新闻的主旨,因此"译者采取直译往往最能显示出对原作的尊重"(周晔、孙致礼,2009:31)。所以,在可能的情况下,译者应采取直译法。

1. 完全直译

完全直译就是在形式和内容上都照原文直接译出。这种译法的好处在于"把原文的修辞格、俗语、文化典故等尽量保留下来,让译语读者更直接地感受异域文化,因而更有效地起到文化交流和沟通的作用"(周晔、孙致礼,2009:31)。例如:

例 42:HAVANA— Fidel Castro looked alert and healthier during an hour-long interview taped and aired on Cuba television Friday, responding to rumors of his death with a defiant "here I am."

译文:**哈瓦那电**——本星期五,菲德尔·卡斯特罗在古巴电视台制作并播送的长达一小时的访谈录像中露面;看上去他很机警,健康状况有所改善,他直言驳斥关于他已死去的传言,声称:"瞧,我还活着。"(黎信,2009:93)

该新闻发生的背景是在 2006 年 7 月,古巴领导人菲德尔·卡斯特罗因肠胃出血接受了手术,并宣布因健康原因将国家最高权力暂时移交给古巴国务委员会第一副主席劳尔·卡斯特罗。同年 11 月,菲德尔·卡斯特罗从公众视线消失三个多月后,古巴电视台播放了他接受采访的一段视频。源语新闻导语中部分引用了新闻事件主角卡斯特罗的一句话"here I am."("瞧,我还活着")。译文采取了直译,既简练又达意,达到了预期交际效果。

2. 直译加适当增减

直译虽能较好地传达源语文本的形式和内容,但也并非能完全做到字当句对,有时会根据译文行文表达需要进行适当的词语增减,原因有三:一是译者有意做点明晰化处理,以增强文章的吸引力;二是适当补充点信息以弥补译语读者与原语读者在背景知识上的差距;三是针对译语与原语在行文习惯上

存在差异,做出或增或减的文字调整(周晔、孙致礼,2009:31)。例如:

例 43:Madagascar's opposition leader vowed on Sunday to continue protests against President Marc Ravalomanana a day after security forces killed at least 25 anti-government demonstrators. (Reuters Feb. 8,2009)

译文:在安全部队枪杀了至少二十五名反政府示威者一天后,马达加斯加反对派领导人周日(2 月 8 日)誓言继续进行反对总统马克·拉瓦卢马纳纳的抗议活动。(路透社,2009 年 2 月 8 日)

该导语运用了引语修辞,旨在增强新闻的可信度。译文总体上采用了逆序译法,对于引语部分采用了增词翻译,增加了"2 月 8 日",意在使读者明了其具体指代。

4.2.3.2　形式调整

由于英汉语言文化的差异,两种语言在行文结构上有很大不同。翻译时,有必要对源语文本进行结构调整,并采用符合目标语的行文习惯进行表述。例如:

例 44:Mirror,UK — Behind the same walnut desk he used to dust 25 years ago as an office boy,Vigil F. Stimson today received congratulations upon becoming president of Andalia Trucking Company.

译文:英国《镜报》消息——25 年前,作为勤杂工的他经常收拾这张核桃木办公桌;今天,维吉尔·F.斯迪姆森站在这张办公桌后,接受下属对他升任安达利亚运输公司总裁的祝贺。

该导语采用了对比修辞,原文按照英语思维行文,如果目标语不加调整,将会产生"欧化"的译文,而调整了的译文却增强了新闻内容的对比度。

在实际翻译过程中,译者还需根据运用的不同修辞格采用不同的翻译方法,或直译,或适当意译,或解释性翻译,甚至是多种翻译方法的有效融合等。

新闻导语的写作方式灵活多样,但以往学者多从语言差异、语篇特点、文化差异等方面探讨导语的语言文化特点及其翻译策略，较少探讨导语中的积极修辞格的运用及其翻译策略。笔者认为在导语中运用修辞格能增强其可读性，并对其中一些常用修辞格及其翻译策略作了一番探讨。

4.3　汉语报刊新词与翻译策略

报刊新词是新闻报刊中的一道亮丽风景线。翻开报刊，或打开电视，总有新词新语扑面而来。报刊新词也成了新闻翻译中不容忽视的重要内容之一。

4.3.1　汉语报刊新词概说

4.3.1.1　汉语新词概说

1984 年，吕叔湘在《辞书研究》第一期上发表了《大家来关心新词新义》一文，针对当时的语文词典对新词新义没有给予足够重视的现状，倡导大家都来关心新词新义。40 余年来，随着我国政治、经济、文化等领域的迅速发展，新词新语如雨后春笋般地涌现，已经渗透到人们的生活当中，引起了广泛注意，也产生了许多颇有分量的研究文章和专著。例如，窦卫霖等所著《中国社会文化新词英译及其接受效果研究》（华东师范大学出版社，2021）一书主要以近20 年来出现在大众视野并且热度不减的中国特色社会文化新词为研究对象。书中所选新词包括近十几年国家语言资源监测与研究中心权威发布的《中国语言生活状况报告》（2006—2019）和各权威机构汉语盘点的最能反映中国当今社会文化特征且在对外翻译传播中意见不统一或存有异议的词语。在该书中，作者首先通过借鉴翻译史上成功的文化传译案例总结出社会文化新词的翻译原则和立场；其次通过汉英词典中的汉语新词收录与释义方法，总结汉语社会文化新词的翻译标准与方法，最后从三个层面分析汉语社会文化新词对外传译及其效果研究，考察英语母语受众对中国社会新词英译的接受度和有效性。

李宇明在 2007 年 8 月 24 日的《光明日报》上发表了《发布年度新词语的思考》一文，指出"教育部、国家语委 8 月 16 日举行新闻发布会，向社会公布2006 年中国语言生活状况，其中公布了 171 条 2006 年度新词语，引起媒体、读者（听众、网民）和专家的广泛关注，至 18 日晚，新浪网网民的相关留言就达

1700 多条"。同时,由教育部语言文字信息管理司策划的"中国语言生活绿皮书"(商务印书馆出版)丛书《2006 汉语新词语》(周荐主编,2007)、《2007 年汉语新词语》(侯敏、周荐主编,2008)、《2008 年汉语新词语》(侯敏、周荐主编,2009)则集中收集了近三年来较为成熟、固定的汉语新词新语,除了少量旧词新义外,其中大量新词语首次进入人们的视野,可以说,其对人们的生活效果产生的影响的确很"雷人"。

2010 年 6 月 24 日,在华中科技大学毕业典礼上,李培根校长在 2000 余字的演讲稿中把四年来的国家大事、学校大事、身边人物、网络热词等融合在一起,如"俯卧撑""躲猫猫""打酱油""妈妈喊你回家吃饭""蜗居""蚁族""被就业""被坚强"……由此,他也博得了"根叔"的称号。据了解,这也是我国大学校长首次在毕业典礼上使用诸多新词新语。由此可见,新词新语对人们的生活产生了巨大影响。

新词新语无不折射出当今的种种社会现实,有积极的,也有消极的,值得人们去深思。目前,国内出版过的汉语新词(热门话题/流行词)翻译研究方面的代表作有王逢鑫的《100 个热门话题汉译英》(北京大学出版社,2009)、《从"雷人"到"达人"100 个网络热词汉译英》(北京大学出版社,2012),张健的《传媒新词英译研究》(上海外语教育出版社,2012),以及陈德彰的《热词新语翻译谭》系列丛书(中译出版社)等;出版过的工具书(汉英词典)有胡志勇主编的《汉英新词新语辞典》(上海交通大学出版社,2004)、姚小平主编的《汉英词典》(第三版)(外语教学与研究出版社,2010)、吴光华主编的《汉英大词典》(第三版)(上海译文出版社,2010)、陆谷孙主编的《中华汉英大词典》(复旦大学出版社,2015)等。其中,《汉英词典》第三版和第二版相比,收录了 10 年来的新词10000 余条,《汉英大词典》第三版和第二版相比,收录了 10 年来新词新义15000 余条,如房奴(mortgage slave)、躲猫猫(hide-and-seek)、山寨版(cheap copy)、百搭简历(all-fitting resume)等。此外,也有学者出版过探讨新词新语及其翻译的著作,如邵斌的《漫话英语时尚新词》(大连理工大学出版社,2006)、邵斌的《透过新词看文化——英语时尚超 IN 词》(浙江大学出版社,2008)、徐昌和的《英语新词新语导论》(上海交通大学出版社,2009),许静的《这个词原来这样说》(华东理工大学出版社,2009),以及魏新俊与李轶楠主编的《新词,流行词,常用词翻译》(东南大学出版社,2014)等。也有学者对英汉语新词翻译同时展开研究,如金其斌的《英汉语新词研究与翻译》(武汉大学出版社,2012)一书对英汉语中的新词及其翻译进行了全面、系统的探索与研究,既从宏观阐述了近 20 年来英汉语新词研究、汉语中接受英语外来词的新倾向及其心理透视和英汉语新词翻译的理论思考,又从微观上对英汉语新词进行爬梳剔抉,并就英汉语新词翻译作个案研究。该书对英汉语新词翻译研究具有借鉴作用。

语言和社会、文化是紧密联系的,尤其是反映当代人们生活的汉语新词更是如此。新词同日新月异的社会一道发展,或者说是社会的快速发展催生了新词新语的诞生,而这些新词新语反过来又给我们提供了表达思想的新鲜表达方式和选择,因此人们将新词语称之为反映社会变化的"晴雨表"。其实,并非所有新词语都能广泛流传,有的转瞬即逝,有的经过频繁使用,为社会认可并为人们所接受,也有的新词是由旧词新义转化而来。

4.3.1.2 汉语报刊新词概说

新词的产生和传播与报刊密不可分。通过报刊等新闻媒体的传播,新词新语层出不穷,它们充满着生机勃勃的生命力与爆发力,它们的产生与流播不仅丰富了我们的语言,而且也使我们的生活更加丰富多彩,更使我们的现代化建设事业万般绚丽。可以说,报刊是新词产生和传播的助推器。张健(2011:2)曾说新词语由隐到显、由边缘到中心均离不开大众传媒的传播;假若没有大众传媒,日新月异、万紫千红的语言奇观将不会出现。大众传媒不仅仅是新词语的"通道""舞台",更是催生新词语的"梦工厂"。语言是大众传播的"端口",也是大众传播的"终端";为了取得最佳的传播效果,大众传媒莫不在语言上求新变异,先声夺人。这说明了新闻语言鲜明的文体特色,以及报刊新词出现的必然性。

报刊新词的产生,有着诸多促成因素。新事催生新词,包括政治、经济、科技、文化等诸领域。例如,改革开放后出现了"跳槽"现象,即指员工主动离开原来的职业或工作岗位,更换了工作场所。"跳槽"并非中国特有,中外皆有。若把这个口语味较浓的形象化词语翻译为 abandon one occupation in favour of another 或 throw up one job and take on another,虽然意思翻译出来了,但是味道却尽失。实际上,英语中有等值词 job-hop,用该词来翻译"跳槽"不仅简短,而且形象尽显。基于此,再译"跳槽者",自然可译为 job-hopper。由此观之,对于这类形象生动的新词完全依赖词典,是翻译不出来的。

报刊新词的出现引起了学界广泛关注。不少学者曾将报刊新词作为翻译研究对象,发表了不少论文和专著,如张健的《报刊新词英译纵横》(上海科技教育出版社,2001)、张健的《传媒新词英译研究》(上海外语教育出版社,2011)。张健(2011)曾精选 50 条传媒新词作为典型译例,包括时事政策、改革印记、行业用语、衣食住行、社会镜像、简约套语、方言俗语和旧语新义等八个方面,例句摘自国内新闻传媒,译句的译文规范地道,或精选自国内外主流英语报刊等一手资料,或系首次由作者自译,并配有译文分析,这让我们对报刊新词英译有了更加理性的认识。笔者也曾出版《汉语报刊超 IN 新词英译例话》(国防工业出版社,2010)一书,探讨了 100 个报刊新词内涵及其英译情况。此外,还有一些相关著作中也有专门章节探讨报刊新词翻译的,如张健的《外宣翻译导论》(国防工业出版社,2013)。人们对新闻报刊新词翻译的重视程度可见一斑。

4.3.2　汉语报刊新词英译策略

汉语新词和英语新词一样,其来源多种多样。本节仅以汉语报刊新词及其英译为研究对象。笔者以为,欲研究汉语报刊新词及其英译,可以把握好以下三个方面。

4.3.2.1　借助报刊语境,使释义清晰明了

由于工具书(词典)的特殊性,不能对每个收入的词语给出必要的释义,这对于一些新词来说,可能使读者未必完全明白其精确的含义,比如"人肉门""秋雨含泪""软绩效"等。换言之,如果单单给出一个新词语或译文,没有给出必要的语境,读者可能不会完全明白该词的确切含义,甚至可能误解该词语。比如说到"入园难",可能很多读者会联想到上海世博会,认为入园参观要排很长时间的队,所以才有了"入园难"这一新词。其实,情况绝非如此。2010 年 6 月 25 日的《深圳特区报》上有"如何迈过幼儿'入园难'这道坎 比考大学还难"的报道,称:"距离 9 月开学还有数月,与以往人们将目光集中在小学、中学、大学不同的是,今年幼儿园的入园更为吸引人们的目光。家长在为孩子的入园奔走着、忙碌着,幼儿园的入园难已悄然由公办幼儿园蔓延到民办幼儿园,各地频现有家长通宵排队为求一入园名额。'入园难'问题愈演愈烈,该怎样应对'生育潮''入园难'? 近日网友们争先恐后纷纷支招。"其实,"入园难"是指幼儿上幼儿园难的这一社会现实,具有特指性。有了这一语境,就不容易误解。

请看相关英文报道：

例 45：There are classroom concerns in New York City, as a kindergarten crunch has the city struggling to find room for thousands of kids. (http://wcbstv. com/local/nyc. kindergarten. crunch.2.987701.html)

例 46：Many feel kindergarten crunch—According to an online survey of 10,400 people across China, 78.5% of respondents feel the difficulty of enrolling a child in kindergarten.

以上报道中，kindergarten crunch 就是"入园难"的英文表述。crunch 为"不足，短缺"的意思，也有"艰难局面，困境，危机"的意思，例如：economic crunch(经济困境)；They were caught in a crunch.(他们陷入左右为难的困境。)百度词典释义为"嘎吱吱的声音；咬嚼声；艰难局面；财政困难；短缺"，如：an energy crunch(能源危机)。crunch 在口语中，常表示"关键时刻；危机"，例如：When it comes to the crunch they will support us.(到紧要关头他们会支持我们的。)用 crunch 来形容时下幼儿园名额紧缺、"入园难"的情况形神俱佳。

人们不禁要问，为什么进个幼儿园这么难呢？调查显示的原因包括 private kindergarten（私立/民办幼儿园）的学费太高，而 state-owned kindergarten(公立幼儿园)的总量太少。另外，调查还显示 89.6% 的人认为 preschool education(学前教育)应被纳入 the range of compulsory education（义务教育范围）。直至各幼儿园的招生录取工作基本结束，仍然有不少家长为孩子没找到接收的幼儿园而发愁。

2010 年关于"入园难"的问题，英语国家也面临这样一个严峻的社会问题。笔者曾读到一篇题为 Demand Exceeds Space in Some North End Seattle Schools 的报道，里面有这样一句话：

The growing number of young families in the city's North End is raising concerns about the capacity of the elementary schools there, with hundreds of families on waiting lists this year for their favored schools.

虽然没有明确指出是幼儿"入园"问题,但在旁边的注释里看到这样一句话:

Waiting lists: More kindergarten students are on waiting lists this year than last. The schools with the longest waiting lists are TOPS (93 students), John Stanford International (88 students), Bryant (82), Stevens (57) and Salmon Bay (50).

联系全文,也不难发现,当时当地的人们也普遍面临"入园难"的问题。

4.3.2.2　借用已有译法,避免生造译文

诚如华东师范大学赵刚教授在给笔者的《汉语报刊超 IN 新词英译例话》一书的序文中说道,"由于中国目前所处的发展阶段西方社会大都经历过,所以汉语中出现的新事物、新概念、新技术等很有可能在英文中早早已经存在,译者需要做的不是'译',而是'找',找到这些词的对应译文表达即可。"他还举了"按揭""倒按揭""人治""关键先生"等近些年出现的新词,本来在英文中已经存在,译者就没有必要再费时费力去硬译了。

例如"关键先生"一词是指在篮球等体育赛事快结束时,双方势均力敌、相持不下时,能投出关键球打破僵局或投入制胜一球的选手;也泛指在比赛中能够经常取得关键比分而获胜的选手。如火箭队的特雷西·麦克格雷迪(Tracy McGrady)、湖人队的科比·布莱恩特(Kobe Bryant)等都堪称"关键先生"。搜狐体育网 2008 年 12 月 21 日报道:"姚明最后 22 秒成关键先生,火箭巨人全场罚球为零。"那么,"关键先生"该如何翻译呢?

《辞书研究》2006 年第 2 期"新词新义集萃"一栏中把"关键先生"译成"key player"。这个译文看似正确,其实值得商榷。首先,"key player"可以回译为"关键球员"或"核心球员",而一个球队中首发上场的球员均应算该队的"关键球员",但"关键球员"并非"关键先生"。为此,笔者在网上检索后的结果证明了以上推测。如:The key player of handball can often reflect the whole level of the handball team.(手球关键队员水平往往反映一个球队的整体水平。)而且,key player 也不一定译为"关键球员",如:The political party is the key player of the political life, and the party system is the core content of the political system in a state.(政党是国家政治的核心和主体,政党制度是一国政治制度的核心内容。)

所谓"关键先生",像硬件(hardware)、软件(software)一样,乃语意借词,

英文中本已有其表达,只要翻看原版的体育报道,就能找到地道的表达。美国体育电视台"娱乐体育电视网"(ESPN)就曾撰文"Who's Mr. Clutch?",对NBA现役球员中的"关键先生"进行了分析。文章标题中的"Mr. Clutch"就是"关键先生"的地道表达。

又如"走光"一词,指当事人(尤指女性)在不知情的情况下暴露身体敏感部位的现象。网络上热衷于讨论其英文表达。譬如,有望文生义地译为"go(走)light(光)",也有人意译为"accidental exposure of some intimate parts of human body",更有人直截了当地将其译为"accidental nudity"。

那么,"走光"如何用英文来表达呢?答案是"wardrobe malfunction"(衣柜失灵)。因为它是美国歌手贾斯汀·廷伯雷克(Justin Timberlake)在2004年第38届橄榄球超级碗大赛(Super Bowl)后生造的一个委婉表达。在这次大赛中,美国实力派天后珍妮·杰克逊(Janet Jackson)和人气偶像贾斯汀·廷伯雷克(Justin Timberlake)受邀表演节目,演唱进行到一半的时候,杰克逊紧身皮装的胸部部分突然破裂,场面一时颇为尴尬。赛后,贾斯汀·廷伯雷克就走光事件向公众致歉:"I am sorry that anyone was offended by the **wardrobe malfunction** during the halftime performance of the Super Bowl. It was not intentional and is regrettable"(很抱歉,在这次超级碗表演进行的中途不慎走光冒犯了大家。我不是有意的,我很抱歉。)

如今,wardrobe malfunction常用作因穿衣不当(尤指演员)或演员更换演出服时导致身体部位外露的意外"走光事件"的委婉表达。此后,wardrobe的意思不仅是"衣柜",也有"服装、行头"的意思。

wardrobe malfunction迅速流行,以至于美国全球语言监测机构(US Global Language Monitor)将其列为"2004年对英语语言最具影响的好莱坞词语或短语(Hollywood's Top Word or Phrase for Impact on the English Language in 2004)"。之所以如此流行,大概是因为这一正式的、准技术性(quasi-technical)的短语表达出了这样一种戏剧性的场面。不过,关于"走光"是否与动画短片(Wardrobe Malfunction)[①]相关,也值得进一步探究。

4.3.2.3　借助网络工具,验证译文准确度

随着计算机网络技术的迅速发展,为提高翻译的准确度带来了巨大的便

---

① 由美国的808公司制作,故事内容很滑稽,动画人物在工作场合时他们的衣服失去了掩盖身体的作用,里面的人物就像穿上了皇帝的新装。

利。笔者以为,借助网络工具,不仅可从网络上找到相应的表达,即我们通常所说的"名从主人"译法,还可以借助网络工具等来验证译文的准确度。

例如"友好城市"一词大家一定不会陌生。2010 年 3 月 24 日的《新闻晨报》上有"上海友好城市市长：为世博提供多方面资源"的报道,上面配有上海友好城市科克市长戴拉·墨菲饶有兴致地翻看晨报《世博报告》的一幕,并说了句对世博表示祝福的话：I hope to meet many local people from Shanghai when I visit next May and I wish you all well during the course of this exciting event.（希望五月来上海时认识更多的上海朋友,祝愿世博会的举办一切顺利。）2005 年,爱尔兰的第二大城市科克市与上海结为友好城市。在其后的几年里,科克成为与上海交流最密切的爱尔兰城市之一。由于科克市是上海市的姐妹城市,市政府对这次世博参展显得格外重视。来自科克市商会、旅游局、科克大学、科克理工学院的"各路人马"齐聚一堂,组成了一支筹备队伍。

何谓"友好城市"? 请看以下相关英文报道：

例 47：Seattle's slow pace of life is similar to that of Chongqing, its Chinese "sister city", with which it established ties in 1983. (*China Daily*，2010-07-08)

例 48：A large delegation led by San Francisco mayor Gavin Newsom visited recently to celebrate the city's 30th anniversary as a sister city with Shanghai. (*China Daily*，2010-07-02)

例 49：Shanghai and sister city Maputo, Mozambique's capital, should take the opportunity to extend exchanges and cooperation so as to deepen friendship, he said. (Xinhua，2010-06-23)

例 50：Richard Stewart，the mayor of Coquitlam，a city of 125,000 about 10 km east of Vancouver city center，and a sister city to Laizhou in Yantai, Shandong Province，added the donation would go a long way to spreading knowledge and understanding of China in the community. (*China Daily*，2010-06-16)

以上报道中,sister city 就是"友好城市"的对应表达,也可以翻译成"姐妹城市"。"友好城市"的诞生主要是出于社会发展的需要,她们彼此不仅可以达到增加居民或文化交流的目的,还时常会交换学生(exchange student),以及进行经济或文化上的交流或合作。和 sister city 相似的用法还有 sister school(姐妹校),sister ship(姐妹船,同型船),sister company(姊妹公司)等。不过,值得注意的是,友好城市(sister city)在西方国家有时还称为 twin city。但二者含义不尽相同,twin cities 主要是指两个地理上相近的城市,亦非普遍意义上的"友好城市",而是两个有着相似文化和/或历史背景的城市,如美国得克萨斯州的加尔维斯敦(Galveston,Texas)和路易斯安那州的新奥尔良(New Orleans,Louisiana),这两个城市历史上均为墨西哥湾沿岸的重要南部港口;还有南卡罗来纳州的查尔斯顿(Charleston,South Carolina)和马萨诸塞州的波士顿(Boston,Massachusetts)。

总之,对于一些中英文报刊的新词新语,如"国学大师""耗水产业""碳税""植入式广告""诈捐门"等,为了确保新词新语的译文准确,译者应多方查证,不仅要查阅相关的权威词典工具书,还应从《中国日报》(英文版)、新华网(英文)等英文媒体上摘取相关语料例证,以资佐证。关于这一点,张健教授曾总结说,新词英译研究首先要建立在对现代英语实际运用的仔细观察之上,建立在占有较翔实、较新鲜的语言材料之上。唯其如此,方能征信于读者。

4.4 新闻翻译中的"变译"与误译

4.4.1 新闻翻译中的"变译"

在现代社会,新闻翻译已成为人们了解信息和世界的重要手段,是生活中不可或缺的一部分。由于我们当今所处的信息社会,各种信息更替频繁,如何在有效的时间内使译文读者了解更多的信息,这是译者所必须考虑的一个问题。由于新闻报道的特点是以最快的速度和最短的篇幅传递尽可能多的信息,那么在翻译中也应该体现出这些特点。为了达到这些目的,译者可以采取适当的翻译方法,"变译"就是其中最常见的翻译方法之一。

黄忠廉教授从保存原文完整性程度出发,把翻译方法分为全译和变译两种。变译,又称非完整性翻译或翻译变体,是相对全译而言的。他将变译定义为："译者据特定条件下待定读者的特殊需求采用增、减、编、述、缩、并、改等变通手段摄取原作有关内容的翻译活动。"(黄忠廉,2002:96)而所谓翻译变体,就是对国外信息的形式采用扩充、取舍、浓缩、补充等方法传达信息的中心内容或部分内容的一类宏观方法,包括摘译、编译、译述、缩译、综述、述评、改译、阐译、译写、参考译等 10 余种。变译的提出,标志着人们翻译观念的嬗变:"从翻译量的积累到翻译质的积累;从既善于'取'到又善于'舍';从重战术到重战略;从翻译语篇的'身在此山中'到'一览众山小';从翻译读者对象的千人一面到千人千面;从译文形式的一花独放到百花争艳;从翻译的全盘性到变译的摄取性……。"(黄忠廉,2000:17)

关于变译现象,在中外翻译实践中早已存在,只是可能未被人们发现或未经深入研究。我国翻译史上既精通外文又深谙中国文化的严复称西方社会科学著作为"非正译",具非凡文学才能的林纾与通晓外文者合译的 100 多部译作通常也被认为是"非真正"的译作,但对中国文学和文化却具有独到的价值。通常情况下,变译的适用范围是单纯传递信息的文字,如社科文本、旅游文本、科技文本、文学文本等。笔者对李亚舒和黄忠廉教授在《国际新闻翻译素养管窥》一文的一则全译和变译实例印象非常深刻,该例是时任美国总统布什在"9·11"事件九天后的一次讲话的内容。

例 51:Mr. Speaker, Mr. President Pro Tempore, members of Congress, and fellow Americans, in the normal course of events, presidents come to this chamber to report on the state of the union. Tonight no such report is needed; it has already been delivered by the American people; we have seen it in the courage of passengers who rushed terrorists to save others on the ground. Passengers like an exceptional man named Todd Beamer. And would you please help me welcome his wife Lisa Beamer here tonight.

We have seen the state of our union in the endurance of rescuers working past exhaustion. We've seen the unfurling of flags, the lighting of candles, the giving of blood, the saying of prayers in English, Hebrew and Arabic. We have seen the decency of a loving and giving people who have made the grief of strangers their own.

My fellow citizens，for the last nine days，the entire world has seen for itself the state of union，and it is strong. Tonight，we are a country awakened to danger and called to defend freedom. Our grief has turned to anger and anger to resolution. Whether we bring our enemies to justice or bring justice to our enemies，justice will be done.

全译（见香港《明报》）：

（众院）议长先生、（参院）临时主席、国会议员们及美国同胞们：

在正常程序下，美国总统来到国会时发表国情咨文。今晚，我们不需要这份咨文了，美国人民已经发表了。我们看到那些乘客阻挡恐怖分子以保护陆地上的无辜平民所展现出来的勇气。这些乘客就像一位名叫毕德·比默一样了不起的人。今晚，请大家和我一起欢迎他的妻子莉萨·毕默。我们也在搜救人员耐劳耐怨、筋疲力尽的工作中，看到了我们的国情。我们看到了国旗飘扬、烛火点起、挽袖捐血以及众人的祈祷，用英语、犹太语和阿拉伯语祈祷。我们更看到了充满爱与奉献的人们，将陌生人的悲痛化为自己的悲痛。

我的同胞们，过去九天来，整个世界已经看到这份由人民谱写的国情咨文，那是笔力千钧的国情咨文。

今晚，我们是一个临危惊醒的国家，接受召唤保卫自由的国家。我们的悲伤化为愤怒，愤怒化为决心。不论是我们将敌人绳之以法或者我们对敌人伸张正义，正义都将实现。

变译（见香港《东方日报》）：

在正常程序下，美国总统来到这个会场作国情咨文报告，交代国家的状况。今晚，此一报告已无必要，因为国家的面貌已由美国人民表达出来了。

我们看到那些与恐怖分子搏斗的乘客所展现出来的勇气，我们也在搜救人员的努力中看到了我们的国情。

今晚,我们是一个受危险而惊醒的国家,受召唤而保卫自由。我们的悲伤化为愤怒,愤怒化为决心。不论是我们将敌人绳之以法或是我们对敌人伸张正义,正义都将实现。(李亚舒、黄忠廉,2005:234 -236)

比较以上两则译文,我们会发现,全译文中增加了许多润色之词,而变译文主要采用了摘译策略,也有小小的转述和阐释成分,总体上可以标注为"摘译"翻译法。由于变译多半力破内容与形式的矛盾关系,卸下内容的形式,取其核心内容或部分内容,变译文(摘译)在此主要是突出演讲的主要内容,这是中国读者所需要的信息。变译文除了摘取重要信息外,还对译文段落进行了重新划分,更符合中文读者的阅读习惯。意义在此与语用等同,意义的取舍就是语用的体现。

由此可见,变译现象不仅普遍存在,而且还具有其存在的理由。新闻翻译中如果采用变译的翻译手法,不仅能大大提高新闻翻译的效率,也必将取得新闻翻译的预期效果。以下略举数例并作简要分析,以期透视新闻翻译中的"变译"现象。

例 52:Cramer is a hedge-fund manager who for years has written a no-holds-barred financial column for a succession of magazines,most recently the two-year-old *Smart Money*.(《时代》周刊 1995 年 3 月 6 日)

译文:克拉莫是一家投机性投机集团的经理,几年来陆续为多家杂志的金融专栏撰写文章,最近他为之撰写专栏的一家杂志,是创刊两年的《智慧钱》。

比读原文和译文,译文采取了删减的变译手法。删减就是删除不必要的词语或句子成分,减少用词数量,是压缩篇幅的较好方法。原文中 no-holds-barred 可译为"笔下据理力争,慷慨直陈,毫无隐讳",译者在译文中删除了这个多余的解释性描述,虽然只是少了一些"色彩",却达到了简化译文、提高译文接受效果的目的。

例 53：Assad earlier said that Camp David was "the final striptease" in which the Israelis "won't even leave him with a fig leaf".

译文：阿萨德早些时候说过，戴维营会议是"最后一场脱衣舞"，以色列甚至不让他留一块遮羞布。

a fig leaf 意思为"无花果叶子"，出自《圣经·创世纪》第三章第七节："They sewed fig leaves together，and made themselves aprons"指亚当与夏娃将无花果叶子缝在一起，围在身上，其目的当然为遮羞。若译者按字面意思译为"连一片无花果叶子也不给他留"，读者会觉得莫名其妙，故而译者采取了变译中的"改"的翻译方法，即改变了 a fig leaf 的原始内容形象，换成了适合目标语读者接受的内容形式。

例 54：Weldon has outraged modern-day feminists by advocating "masculinism"—her term for the compassion that she feels should be shown to men who lose out in the modern sexual order. (*The Sunday Times*，December 6，1998:9)

译文：新剧的主题也更符合她(指英国女作家)一直以来的观点：现在这个社会，已经不再是女人操心怎样嫁个好人家，倒是男人该想想怎样才能不在和女人的竞争中败下阵来。(《文汇报》1999 年 1 月 25 日第 11 版)

原文是英国广播公司第四频道请了一位女作家，让她改写简·奥斯汀(Jane Austen)的《傲慢与偏见》(*Pride and Prejudice*)，把它变成一个专写男人的故事。英国《星期日泰晤士报》(*The Sunday Times*)对此作了报道。而上海的《文汇报》上就有一篇根据这篇报道内容所"编译"的文章。例 54 的译文即出于此。不难看出，被编译加工后的文章层次分明，语言流畅，很有文学色彩。

例 55：Eight years ago the black woman and the white man were married. They have survived their families' shock and disapproval and the stares and unwelcome comments of strangers.

译文：这对夫妇是八年前结的婚，丈夫是白人，太太是黑人。双方家庭对此都感到震惊并加以反对；旁人也对他侧目而且非议纷纷。面对所有这一切，他俩顶住压力，挺了过来。

对照原文，读者不难发现译文的变化之大。原文中的 shock、disapproval、stares 和 comments 等词本身就包含有动作的意味，译者将他们都转化为动词。另外，译者也对 survive 一词加以发挥，采用了"变译"手法中"述"译法，即把原作中 survive 的主要内容用自己的话传达出来，使"原作形式基本遭到破坏"，具有"有摘有编，更有概括"的特征。

例 56：Rather than dry speeches, smiles and gestures seem more likely to win votes for the US Presidential candidates.

译文：美国总统候选人变得气势夺人。作为枯燥演讲的调味品，其面部表情和手势更能打动人心。

原文和译文明显体现出了中西方行文写作的鲜明特征。西方人的思维习惯是直线形的，反映在语言上是谈话时直奔主题，而且直截了当地点出要害，非常具体明确。原文的结构直接说明"……笑容和手势……赢得选票"。然而，中国人的思维是螺旋式的，反映在语篇上是先不入主题，从很远谈起，在谈及要害时，半遮半掩，曲折委婉。故而译文中，译者先加了一句英文中没有的主题句"美国总统候选人变得气势夺人"，继而未将 win votes 直译为"赢得选票"，而是曲折地译为"打动人心"，实际上改变了原文的意思，在内容上有增有减或改动，旨在以英语读者的认知和思维方式将新闻信息转换成易于读者接受的新闻信息。其实，该例中采用数种变译手法，如"增""减"和"改"等，这说明完美的译文有时是几种翻译方法的综合运用。

总之，变译是我们翻译中有效的翻译方法，符合功能翻译理论中目的决定翻译、读者决定译品种类的观点，毕竟读者是多层面的、千差万别的，对原文的要求也是有弹性的、动态的和多侧面的，因此变译译文呈现出千姿百态的样态。

4.4.2 新闻翻译中的误译

新闻报刊翻译得体与否决定了翻译交际效果，或者说新闻传播的效果。

因此,我们应努力提高新闻翻译质量,从而最大限度地提高新闻传播效果,这是摆在所有新闻翻译工作者面前的重要课题。抛开那些胡猜乱译的做法不说,主观愿望良好的译者也往往难以避免误译现象的发生。张健(2012:111 - 131)曾归纳了传媒新词误译的七种情况:"想当然"和"中式英译"、忽视语言习惯、不辨原文词义、译文语域不分、译文词序颠倒、回译不到位和政治词语不够慎译。笔者在对一些新闻报刊资料译文进行查阅和分析后,发现有许多错误之处,有的是属于理解方面的,有的则是表达方面的。以下仅略举数例进行分析。

例 57:Mr. Rogers responded favourly, and although here will confirm it, talks have apparently begun.

原译:罗杰斯先生作出了有利的反应,虽然这里谁也不愿意证实这一点,但是会谈显然已开始了。

改译:罗杰斯先生作出了有利的反应,会谈显然已经开始了,虽然谁也不愿意证实这一点。

该例属于理解错误。原译文中译者没有理解 it 是先导词,它所指的是"会谈显然已经开始"这件事,也就是说,它所指的是后面的整个主句,故而导致表述错误。

例 58:The center should probably be staffed by people on temporary loan from firms, research laboratories, universities, and other talent pools.

原译:这个中心配备的人员大概该靠来自公司、研究实验室、大学以及其他的人才库的临时贷款来维持生活。

改译:这个中心配备的人员恐怕会从公司、研究实验室、大学以及其他的人才库临时借调来。

该例属于词义理解失误。原译文中,译者把 loan 这个词就直译为"贷款"。其实,即使对 loan 这个词的意义掌握得不够全面,对词的本义理解不深,但只要逻辑推理再深一些,细一些,也可防止犯这个错误。贷款一般是由政府和银行提供的。公司、研究实验室、大学和人才库怎么会提供贷款呢？译者在理解原文时，可进行适当引申。

例 59：Mr. Chen Yun's superintendency was responsible for halting the runaway inflation that had undermined the Nationalists and for beginning the reconstruction of the war-torn economy.

原译：陈云先生当时主要负责制止曾使国民党人的基础遭到破坏的失去控制的通货膨胀和开始重建备受战祸的经济。

改译：当时中国制止了曾使国民党根基动摇的如脱缰之马的通货膨胀并开始重建因战争而疮痍满目的经济，这是陈云先生主管经济的功劳。

目前，英语翻译中对（be）responsible for 这种句型误译很多，大都翻译为"对……负责"。要表达这个意思，中文有不少现成的表达方法，比如"脱不掉干系"或"……系……所为"，如果说得更直白或口语化一点，还可以用"……是……干的"来表达。改译采用了"是……的功劳"进行处理。

例 60：The force of his appeal for united action to prevent the aggravation of situation in the Middle East was virtually dissipated by the Israeli refusal to stop its air strikes against the Palestinians in the West Bank.

原译：他呼吁采取联合行动阻止中东局势恶化的力量实际上被以色列拒绝停止对约旦河西岸的巴勒斯坦人的轰炸而消失了。

改译：由于以色列拒绝停止对约旦河西岸的巴勒斯坦人的轰炸，他呼吁采取联合行动以阻止中东局势恶化的效力实际上化为乌有。

该例属于表达型失误。原译文将 by 直接译为"被"，使译文不够顺畅。汉语没有以无生命的事物作为主动者的被动句式，因为汉语一般不用表示有意志的动作的动词来表示无意志的效果。因此，英语中有些被动句的 by 可以用"因为"或"由于"来表达。当然，语言是灵活多变的，译者还要根据原文的逻辑关系和译文的实际需要情况，灵活选用具体的翻译方法。

例 61:Early on Sunday afternoon，exit polls showed that recent days had not produced a massive change of heart by voters，who are disillusioned with economic reforms they perceive to be friendlier to business than to the man on the Strasse—and that the Social Democrats（SPD）was heading for what is probably the most bitter defeat in its post-war history.

原译:周日午后，投票出口处的民意调查表明，近日来选民的心态没有出现大的变化，他们对经济改革不抱幻想，认为改革偏向商界而不是普通老百姓，而且他们还认为，"社会民主党"正走向大概是它在第二次世界大战后历史上最糟糕的惨败。

改译:周日午后的票站调查表明，近日来选民的心态没有出现重大变化，他们对经济改革不抱幻想，认为改革偏向工商界而不是普通老百姓。调查还表明，"社会民主党"正走向大概是它在第二次世界大战后历史上最糟糕的惨败。

该例属于定语从句理解失误。原文中，Strasse 一词是德文，相当于英文的 street，the man in the street 指"普通人，普通老百姓"。原译对破折号后面由 that 引起的从句理解有误，没有把它看成前文 showed 后的 that 引起的宾语从句的并列成分，从而导致误译。

例 62:It is not delight but some dismay that is accompanying the arrival of the Europe "whole and free" sought by the elder George Bush and reiterated as an objective by President Bush，who said in Warsaw in June 2001 that "our goal is to erase the false lines that have divided Europe for too long."

原译:伴随着老乔治·布什所寻求的以及小布什总统作为目标强调的"整个自由"欧洲的到来而来的不是高兴，而是有些沮丧。布什总统 2001 年 6 月在华沙说:"我们的目标是消除长期以来使欧洲分裂的人为界限。"

改译:老乔治·布什寻求"完整而自由"的欧洲，小布什总统也重申了这一目标，2001 年 6 月他在华沙说:"我们的目标是消除长期以来使欧洲分裂的人为界限。"但是,伴随着这样的欧洲而来的不是高兴,而是有些沮丧。

该例属于理解和表达型失误。一般来说,英语重形合,从构词、构语、构句到语篇的连接都偏重于使用形式或形态因素,句型结构严谨、界限分明,表达讲究简洁流畅和准确严谨;而汉语则不同,它更重意合,句子疏于结构,重在达意。原译的错误在于严格模仿原文的结构句式进行翻译,看似忠实于原文,实际上却适得其反。而改译中,译文做了适当的调整,不仅将原文的意思翻译出来,而且还使译文符合汉语的表达习惯,做到了"神似"与"形似"的统一。

由本节的实例分析可见,翻译中的理解和表达是统一的,译者只有理解了原文,并用适当的语言将原语再现出来,翻译才算成功。如果对原文没有充分理解,再好的表达也无济于事,反而会更偏离于"忠实"的宗旨。如果充分理解了原文,只是表达上有所欠缺,充其量只是使读者阅读"不顺"。比较而言,前者之害要甚于后者,新闻报刊翻译更是如此。

本章围绕新闻翻译与修辞,探讨了英语新闻标题和导语中的修辞与翻译、汉语报刊新词及其英译方法,分析了新闻翻译中的"变译"与误译现象。英语新闻中广泛采用修辞手法,增强新闻的可读性和新奇性,也为新闻翻译带来挑战。新词与社会发展密切相关,在翻译新词的过程中,需要借助语境信息,进行准确清楚的理解和释义。同时,需要关注新闻翻译中的变译现象和误译现象,在翻译的理解和表达阶段,结合新闻的特征,以最快的速度和最短的篇幅传递尽可能多的信息。

附录1 应用翻译:教学与研究
——方梦之教授访谈录

本文是对上海大学方梦之教授的访谈录。方梦之教授长期致力于应用翻译的理论与实践研究。访谈中,他回顾了自己从事科技翻译实践与研究的经历,畅谈了多年来从事科技翻译及其研究的一些体会。方梦之教授认为,应用翻译的蓬勃发展是翻译学科和社会经济发展的必然结果,他回顾了策划首届全国应用翻译研讨会的始末与思考,并畅谈了应用翻译理论研究的价值与意义、翻译理论与实践的辩证关系。应用翻译量大面广,他认为应结合实践找到一个适合自己的研究领域,指出了应用翻译中可供深入研究的潜在选题及其各种制约因素,并就应用翻译批评、教学等方面提出了自己的观点。最后,他还就学者们关心的投稿事宜,尤其是应用翻译理论研究方面的投稿给出了一些有价值的建议。

在笔者做这篇访谈之际,方梦之教授任教于上海大学外国语学院,担任《上海翻译》主编,是中国译协资深翻译家,曾任上海市科技翻译学会理事长、中国翻译协会三至五届理事、中国译协翻译理论与教学委员会委员等职,兼任上海外语教育出版社特聘编审、国内多家翻译研究丛书或系列教材、学术期刊的编委和国际生态翻译研究会顾问等工作。早年在科研院所从事科技情报的翻译、研究和编辑工作,20世纪70年代末步入教坛。至本次访谈时,他在国内外各类学术期刊上发表翻译和语言研究方面的文章百余篇,出版编、译、著各类作品20余种。其中,代表性的作品有《科技英语实用文体》(1989)、《英语科技文体:范式与应用》(1998)、《翻译新论与实践》(2002)、《译学辞典》(2004)、中国对外翻译出版公司"高校英语翻译系列教材"(丛书主编,共6册)、《英汉、汉英综合应用翻译教程》(2004)、《科技翻译教程》(2008)、《中国译学大辞典》(2011)、《科技英语文体:范式与翻译》(2011)等。方梦之教授治学严谨,学识渊博,在科技翻译、应用翻译和译学词典等方面有着很深的造诣,参与策划"应用翻译理论与教学文库"(国防工业出版社策划、出版),并担任专家委员,是当今我国科技翻译、应用翻译领域中当之无愧的领军人物。在从事翻译、科研和教学的数十年中,培养了很多德才兼备的外语和翻译人才。他为人诚恳,乐于提携后学。笔者对方教授进行采访,请他谈谈对应用翻译教学与研究的看法,方教授欣然应允,以下是谈话记录。

刘金龙(以下简称刘)：方老师，您好！很高兴您接受我这次的采访。我们知道您早期从事了大量的科技文献翻译，您能否简要谈谈科技翻译的体会？

方梦之(以下简称方)：关于这个问题，我想从两个方面来简要谈谈：一是怎么从事科技翻译实践；二是怎么从事科技翻译研究。

先来谈谈第一个问题。1958年，我从大学外语系毕业，并没有马上从事与外语有关的工作，而被分配到一家工厂当技术员，被卷入了大炼钢铁的群众运动的洪流，还写过一本首印10万册的小册子《土法炼钢》。后来，分配到冶金研究所情报室，主要从事专职的科技情报翻译和编辑工作。在这个岗位上，一干就是十几年。从事科技翻译还是很有趣的，因为这项工作几乎每天都能接触新事物、新观点，所以总处于知识的前沿阵地。自己不知道的，要想尽一切办法搞清楚，所以当时做翻译时，为了多了解这个专业知识，要不断学习，除了书本知识外，经常下基层，走厂矿。一方面科技翻译要联系实际，不能闭门造车；另一方面，译者要不断更新自己的知识，知识面越广越好。总之，这使我的求知欲得到了很大的满足。

再来谈谈第二个问题。1978年底，我调到上海工业大学（现上海大学）。一开始，我并没有马上开始研究科技翻译，而是考虑到提升自己的教学水平并进一步发挥自己的学科优势，下决心学习语言理论和翻译知识，总结过去10余年的翻译实践经验。我认为，要将这些实践经验上升到理论高度并将之系统化，必须借助语言学方面的知识。所以，在起步阶段，还是以系统学习语言学知识为主，如对比语言学、普通语言学等。其实，对比语言学的学习和研究早在工作的时候就开始了，那时为了更好地翻译情报，需要了解各语言的规律和特点，也曾写了一些不成熟的对比语言学的东西。应该说，从1979年始，我就开始撰写并陆续发表文章，主要获益于之前的语言学知识的学习经历。后来，每年发表的文章主要还是集中在对比语言学和语言结构方面。记得当时还曾给吕叔湘先生写信，提议成立对比语言学学会。1983年，在《翻译通讯》上开始发表翻译研究方面的文章。

从学术研究角度来说，从事翻译研究是为了总结以往语言实践等方面的感性认识，拓展理性思考。于是，我就着手思考首部专著《科技英语实用文体》的写作。写作过程中也曾因缺乏材料积累而为难，就写信给原研究所的同事请求协助提供原始材料和我当时的译文。该书1985年开始动笔，1987年，完成初稿，交给出版社，并于1989年出版，历时四载。让我感到欣慰的是，该书得到了众多学者和学生们的欢迎，成了他们科技英语或科技翻译教学的指定教材和论文写作的必读书。更让我感到鼓舞的是，还得到一些大家的首肯，已故王佐良先生曾给我写信说："尊著不仅内容并然有序,而且有很高的实用价值,在国内似尚无第二本。"杨自俭先生在《翻译新论》序言中也说,该书是"10 年(1983—1992 年——作者)中在这方面取得突出成绩的代表性著作"之一。应该说,在可供借鉴的理论资源匮乏的年代,该书从文体学的表达性来阐明科技英语的文体特征,从文体学的功能性来分析几种常用文献的形式与结构。该书奠定了我的学术基础,增强了继续深入研究的自信。

20 世纪 80 年代,科技英语书籍可谓琳琅满目,但重复的经验性总结较多。要深入研究科技翻译,必须找到合适的切入点。因受到王佐良先生的文体学思想的影响,就选择从文体学角度切入。当然,还有别的切入点,但我认为这个切入点比较好。需要补充一点,80 年代很多学者提出要建立科技英语学科,但受文体学理论的启发,觉得科技英语要独立成学科不太现实,因为科技文体不过是英语中的一种语域。

刘:说到应用翻译,我清晰地记得,2003 年 9 月在上海大学召开了首届全国应用翻译研讨会。您是本次会议的首要策划和组织者。您能否给我们回顾一下那次会议的基本情况?

方:回想起来,那时的情景还历历在目。召开这次专题会议也是经过深思熟虑的,原因有三:

第一,顺应时代要求。到了 90 年代,改革开放更深入了,旅游、新闻等其他行业迅速发展,与之有关的各类应用文体翻译也就逐渐发展起来了。尤其是 2001 年中国加入世贸后,各类应用翻译有了较大发展,科技翻译再也难以一统天下。在这种情况下,有的学校注意到这种变化,加强了各类应用文体的翻译教学,应用翻译研究也逐渐进入人们的视域之中。这次会议的论题涵盖了翻译教学、政论、广告、商标、科技、新闻、商贸、旅游、法律、警务、军语、外事、财经、针灸、WTO 文书、商务谈判、辞典翻译、机器翻译以及翻译市场等各个领域。应该说,应用翻译无所不包,顺应时代的多元翻译要求。

第二,适应翻译教学需求。当时,翻译尽管没有形成专业,但很多学校已意识到应用翻译的重要性,也开设了诸如商务、经贸、旅游、广告等应用文体翻译方向的本、硕教学培养方案。从培养人才角度看,怎么培养应用型人才一直是外语教学与研究的主题,科研怎么更好地为翻译教学服务,进一步推动应用翻译教学。所以,这次会上,专家一致认为需要编写一部以应用翻译为主题的统编教材。会后,由我和毛忠明先生牵头,组织了部分专家,共同编写了《英汉—汉英应用翻译教程》这一教材,并于2004 年由上海外语教育出版社出版。该书出版后,市场反响不错,很多高校将其作为指定教材,现已重印数次。

第三,推进翻译理论深入研究。应用翻译虽然和实践结合紧密,但从应用翻译本身来说,也需要理论指导,故这届应用翻译研讨会的主题为"应用文体翻译及应用文体翻译理论研究",相关议题还包括应用文体翻译理论的性质、任务、框架以及其现状和发展等诸方面。这次研讨的目的既是总结经验,也是指出不足和展望未来,这些都要从理论方面加以研究。

本次会议组织很成功,中国翻译协会也很重视,时任中国译协常务副会长的林戊荪先生在开幕词中称,"这次会议是一个里程碑,标志着我国应用翻译开始深入研究"。

刘:应该说,应用翻译占有大半江山,有学者统计称甚至高达96%。不过,应用翻译的理论性、系统性研究相对落后,以至于有人说,应用翻译研究的重点应该是翻译技巧的研究,其在理论建构方面难以深入。您对此有何看法?

方:我不这么认为。翻译理论可分为一般翻译理论和专门翻译理论。前者有文化途径、语言学途径等,对文学翻译、应用翻译都适合;后者可分为文学翻译理论和应用翻译理论。应用翻译有其特殊性,可根据其特征建立特殊的翻译理论体系,同时,各种不同语域之间存在差异,也需要不同的理论进行指导,或建立特殊的理论体系。就应用翻译而言,其文本类型理论应是重点,它重点突出了文本差异的特征,要求译者区别对待和利用不同的翻译策略。由于文本的不同,这就决定了翻译策略、翻译方法也要区别对待,这不同于文学翻译研究。

我认为,应用翻译研究应包括六个基本范畴,其中宏观理论、中观理论和微观研究是一个开放式的理论体系,吸纳和整合各种应用翻译研究的理论于一体,并构成了应用翻译的本体研究。作为微观研究的翻译技巧,可列入应用翻译的理论范畴,理由为翻译技巧是实践经验的归纳和总结,其在一定的条件下可被验证。翻译技巧往往有一定的理论渊源,是可以用相关学科的规则或原理来论证的。例如奈达的早期著作中,也集中对翻译技巧和翻译方法进行过阐述,他论述过核心句的语法转换、语序处理,甚至还具体到时间词、数量词的处理等。应该明白,翻译技巧也不是一成不变的,它也随着相关学科的发展而发展,如传统的翻译技巧主要从语法的角度条理化、系统化,而现在学者则借助相关学科的原理,对翻译技巧加以科学阐释。当然,需要指出的是,翻译技巧对翻译实践具有指导作用,但也不能评价过高。

刚才谈到专门理论研究,这能有效地指导解决不同文本类型差异的翻译问题。另外,应用翻译的一大特征就是术语繁多,这是大规模翻译项目中首先必须解决的问题,这就要求译者掌握一定的翻译技术,如术语数据库的建立与管理、有效使用网络工具等,这些都要求用新工具和手段来拓展技巧研究。总之,翻译技巧研究不等同于翻译理论研究,当然,翻译技巧的研究新成果反过来可以丰富应用翻译理论的内涵。

刘:应用翻译中的技巧研究极为重要,但它应该是应用翻译理论研究的全部,甚至是重中之重。

方：对。不光是在应用翻译领域，在文学翻译中也是一样，很多人认为技巧对翻译实践的指导意义更大，而形而上的纯理论往往备受排斥。这里我再来谈谈文本类型与翻译方法、技巧的关系问题。我一直认为应用文体的鲜明特征是文本庞杂、类型繁多，可谓"体中有体，类中有类"。比如说，应用翻译有法律翻译、旅游翻译、经贸翻译、政论翻译、广告翻译、科技翻译、医学翻译、学术翻译等，如果再细分，科技翻译可根据其不同次语域和内容细分为涉及法律文本特征的专利说明书翻译、技术标准翻译、合同翻译，涉及学术文本特征的论文翻译、文摘翻译、正式报告翻译以及一般的科普翻译，包括科普读物翻译、科技新闻翻译、产品说明书翻译、可行性报告翻译和备忘录翻译等。又如医学翻译还可以医学学术翻译、大众医学翻译、医患翻译、医疗技术翻译等。各种文体有着诸多的不同，同种文体的不同文本也差异较大，需要区别对待。适应一种次语域或文本的翻译方法或技巧不适应另一种次语域或文本，这就体现了文本类型与翻译方法的内在密切关系。

刘：翻译方法和技巧与实践联系紧密，所以往往误认为要做好应用翻译，只要把翻译技巧研究透即可。结果，自然会忽略应用翻译理论的作用。说到翻译理论与实践的关系，记得 2003 年您组织了一些专家在《上海科技翻译》（现改名为《上海翻译》）上发起了一场声势浩大的关于翻译理论与实践之间关系的大讨论。学者们从各个角度畅谈了各自的观点。您能再给我们谈谈翻译理论与实践的辩证关系吗？

方：这次大讨论不是要解决理论与实践的关系，这是一个永恒的命题。讨论是为了活跃思想，沟通理义，向真理性认识前进一步。当时有 19 位专家参加了讨论。学者观点不一，见仁见智，达到了预期效果。

应用翻译天生就和翻译实践紧密结合在一起。做应用翻译研究一定要有一定量的实践基础，我之前的大量科技情报翻译实践对我的科技翻译和应用翻译研究贡献很大。联想到现在应用翻译研究难以深入，就是研究者没有量大面广地从事应用翻译实践，对所要研究的文体和文本没有感性认识基础，难以有效提升到理性认识层面。另外，从理论角度来看，应用翻译实践者往往忽视翻译理论的特有功能，而没有意识到翻译理论功能的多元性。翻译理论具有预测、阐释等多种功能，未必每种翻译理论都能直接指导翻译实践活动。如果了解一点翻译理论，再来从事翻译实践，应该或多或少有一定的指导作用，其可能会在潜意识里指导翻译实践，只是译者从未察觉而已。

刘：应用翻译研讨会至今已经成功召开了四届。我参加了第一、第三和第四届，感觉一次比一次研讨更加深入。应用翻译涉及面广，要找到合适的切入点绝非易事。您能否和我们谈谈应用翻译的研究选题？

方：谈到这个问题，我们需要弄清应用翻译的范畴和体系，上面也谈到了。尽管我们多少谈过一些应用翻译的理论问题,但我认为更重要的是其范畴和体系问题。根据霍姆斯对翻译研究的分类,我稍加修改后,认为应用翻译理论至少包括六个子系统,即宏观理论、中观理论、微观研究、分类研究、术语与术语库、翻译的本地化与全球化。其实,这六个子系统包含的内容包罗万象,可供研究的内容非常丰富,尤其是与当下的热点话题联系密切的几个方面,如分类研究、术语研究、翻译本地化,里面有很多内容有待挖掘,我觉得这些方面大有可为。我于2011发表在《上海理工大学学报》(社会科学版)第二期的《应用文体翻译研究的定位与范畴》一文就对此进行过较为详细的阐述,有兴趣的朋友可以去查阅该文。

另外,从研究角度看,应用翻译中的伦理研究问题突出,这既是实践问题,也可以说是个理论问题,这对应用翻译具有更为重要的指导作用。翻译技术是应用翻译的重点研究对象,如翻译公司、翻译项目管理都需要运用到翻译技术。由于应用翻译和语域联系紧密,可从这个角度切入,如曾利沙的研究中语境参数、范畴化等就涉及这方面的内容。还值得一提的是,从国际潮流来看,新世纪的翻译理论研究更向应用翻译倾斜。莫娜·贝克于2009年出版的《翻译研究百科全书》一书中收入了很多有关应用翻译的词条,如科技、广告、商务、新闻、术语、本地化、机构、机器翻译等,大家也可以从中找到一点启示。

刘:应用翻译研究难以深入,既有人们的认识因素,也有很多其他客观因素。您能否谈谈导致当前应用翻译研究裹足不前的原因吗?

方:可以。我认为当前的制约因素主要有三方面:第一,应用翻译实践历史长,但有系统的研究时间短。事实上,我国的应用翻译实践历史悠久,即便在传统的翻译研究中,也有相当一部分涉及应用翻译,如明末清初掀起了科技翻译的高潮,对我国的传统文化、科技知识、语言文字都产生了极大的影响。130多年前,傅兰雅在《江南制造总局翻译西书事略》中有专章讨论"译书之法",总结"华文已有之名"的翻译、"设立新名"的方法以及如何"作中西名目字汇"。之后,严复翻译出版了《天演论》,并发表了影响至今的"信达雅"三字经。应该说,这部作品属科普性质,研究应用翻译不能不研究《天演论》及其"译例言"。虽然,五四前后,学者也对译名问题、科学术语的定名问题也有过讨论,也吸引了包括鲁迅等诸多有识之士的参与,但探讨的理论深度不够,也显得颇为零散。直到2003年,林克难先生提出了针对性的"看译写"原则(后来又改为"看易写")。随后,丁衡祁于2006年针对公示语的翻译提出了"模仿—借用—创新"的翻译原则,后来杨清平于2007年提出了"目的指导下的功能原则与规范原则"。尽管如此,应用翻译的系统研究不够。而在西方,西方有系统的研究就要早得多。1954年,卡萨格兰德就对翻译作了四种分类,提出应用翻译的目的是"尽可能有效地、准确地翻译信息",关注的重点是"信息内容本身,而非信息的美学形式、语法形式或文化语境"，指出了应用翻译重信息传递而轻美学信息传递。随后，豪斯、纽马克、诺德等学者也就此展开了相关的深入研究。第二，应用翻译研究人数多，其中有实践经验的少。当前，应用翻译比重大，从事其翻译的人数众多，但这些有实践经验的译者不一定会去研究理论，他们只是把这种翻译当作一种谋生的职业。相反，一些在从事应用翻译理论研究的人，未必都大量地从事过各类应用文体的翻译，这会直接制约他们对各次语域和文本的感性认识，势必会影响他们对翻译实践经验的总结，从而上升到理论层面。第三，中外翻译理论繁多，能借鉴来指导应用翻译的理论较少。纵观中外，翻译理论层出不穷。仔细分析后，发现多与文化、文学翻译联系在一起，可从这些翻译理论中借鉴的理论资源不多。许多学者在研究时，要么用一般翻译理论来指导应用翻译研究，要么将其他理论直接或间接挪用过来指导应用翻译。当然，还可以借助丰富的应用翻译实践，从实践的基础上凝练出具有较强指导意义的应用翻译理论。总之，创新不易。

刘：您说的这个颇有翻译批评之意。当前的翻译批评研究发展迅速，但关于应用翻译批评研究的内容鲜见。应用翻译的挑错式批评很流行，但其理论阐述多为一笔带过，可在已经出版的数部翻译批评论著中可见一斑。您如何看待当前的应用翻译批评研究？

方：应用翻译的批评落后有其必然原因。一方面，应用翻译理论研究历史短，而且理论研究不系统，与文学翻译理论著作相比，相关作品实在太少。另外，应用翻译范畴和体系没有建立起来，缺乏理论的针对性，故难以展开理论批评。另一方面，应用翻译涉及的文体正式程度的跨度大和文本功能各异，我们既需要普适性的应用翻译理论，又需要适用各类文本的理论。商务翻译、科技翻译等领域的理论研究相对较早、很多，但从目前来看，其批评研究也不多。所以应用翻译批评研究之路还很长。

刘：我想也是这样。关于翻译教学，近年来，各高校中文学翻译教学占绝对优势的状况有所改观，各类应用翻译教学异军突起。然而，虽然应用翻译教学非常普遍，但很不系统。您能谈谈当前我们应该如何有效地开展应用翻译教学吗？

方：最早开设的应用翻译课程应该算是科技翻译了，而现在各个学校开设的应用翻译课程丰富多了。我认为，可以开设一门应用翻译的入门基础课或通论课，主要讲述应用翻译的一些基本概念，如应用翻译的定位、作用、翻译原则、翻译标准、分类及主要策略等，让学生对应用翻译有个大致了解，知道应用翻译与文学翻译不是同一个东西，既有相同点，更有相异之处。然后，可结合各个学校的办学特色和师资情况，开设科技翻译、商务翻译、法律翻译、新闻翻译、广告翻译等课程中的一门或多门课程，形成一个应用翻译课程体系。当然，这些课程可以是选修，也可以是必修，可依具体情况而定。

刘:如今翻译本科专业、翻译专业硕士都成了独立的专业,应该说其教学也主要侧重于应用翻译教学。不知您对这两个新办专业的教学有何建议?

方:翻译本科、翻译专业硕士的设立是新时期翻译教学中的一大进展,导致该变化的原因很多,既有翻译学科本身的,也有社会经济发展变化方面的。有的学校翻译本科还有具体方向,如侧重商务翻译、法律翻译、科技翻译等。当然,有些综合类院校则突出通识教育,如复旦大学,旨在培养学生的综合能力,学生毕业后不但能胜任语言服务工作,也可向相关专业进一步发展。翻译专业硕士的培养和传统的学术型翻译硕士是有区别的,其侧重于培养学生的翻译实践能力,对翻译理论的掌握要求不是很高。培养方式可以"请进来"和"走出去"。所谓"请进来",就是经常邀请一些业内翻译专家来授课,作主题报告或实践指导,以自身的翻译实践引导学生;所谓"走出去",就是培养单位会按照培养方案,为学生寻找翻译实践基地,如出版社、翻译公司等,让学生能有机会去大量从事翻译实践。这种"走出去"的做法常常是采用导师项目制培养方式,由导师指导学生做翻译。理工科专业一般都有较多对接的学生实习基地和合作见习单位,但翻译方面可供合作的单位相对较少。还需要补充的是,虽然翻译专业硕士对翻译理论素养要求不高,但多学点理论知识对翻译实践还是有指导意义的。目前的情况是很多翻译本科、翻译专业硕士的师资依旧,同一个老师教授同样的课程,或者改换个课程名称,课堂内容不变,这是当前翻译专业硕士遭受诟病的主要原因。

刘:我非常同意,很多学者也表达过类似的观点。最后,说点题外话,您所主编的《上海翻译》的办刊宗旨是推动应用翻译,从办刊到现在有二十余载,在推动我国的应用翻译理论与实践发展作出了突出贡献,可以说是应用翻译理论与实践研究的风向标。您能简要谈谈贵刊在选稿、录稿方面的一些情况吗?

方:好的。我非常感谢广大读者对本刊的信任,能踊跃地把自己的研究成果投送到本刊。坦率地说,现在的稿件很多,但质量好的却不多,尤其是缺乏有创见的稿件。从稿件的分类来看,重复研究的内容很多,同样主题,举例不同,多集中在研究翻译技巧、总结翻译经验等方面,能够理论联系实践的稿子太少,而能在应用理论研究方面有所深入的稿子更是少之又少。2011 年 4 月,在上海大学召开的第四届全国应用翻译研讨会上,很多学者都响应要把应用翻译作为专题进行研究,国防工业出版社在会前对市场做过调研后,联合《上海翻译》编辑部、《中国科技翻译》编辑部、黑龙江大学翻译科学研究院和西安外国语大学高级翻译学院等多家单位,并邀请国内一些从事这方面研究的专家组成了"应用翻译理论与教学文库"专家委员会,想致力于这方面的深入研究,打造一个包括应用翻译专著、教材和工具书的系列图书品牌。所以,从应用翻译的学科建设角度,我们欢迎应用翻译理论体系、范畴、途径、策略研究方面的稿子,其实应用翻译需要研究的内容很多,除了理论探讨及科技、商务、新闻、法律、旅游等次语域的分别研究外,翻译教学、翻译批评、翻译史、翻译技术、翻译市场等都值得重视,形式可以是评论、综述、讨论、实证报告等。我们也有不同意见的争论文章。

刘:今天通过和您的谈话,我获益颇多。您的观点新颖独特,很有创见。相信已经或者在从事应用翻译教学与研究的同仁必定会从您的思想中受益。再次感谢您的采访!

(原载于《山东外语教学》2012年第2期,略有改动)

附录 2　应用翻译研究的理论化与体系化
——《应用翻译研究：原理、策略与技巧》评述

本书以应用翻译学科建设高度为旨归，从普遍的理论探讨和实践经验总结出发，建构了应用翻译理论体系。本书特色鲜明，结构纵横交错，纵向贯通，横向连缀；研究视角多元；宏观微观叙述相结合，组成了一幅脉络清晰的应用翻译研究路线图。本书采用科学的研究方法，首次将翻译原理、翻译策略和翻译技巧纳入同一个理论框架中进行探讨，见证了应用翻译学科从理论意识萌芽到走向成熟的艰辛历程，匡正了人们长期以来存在的认识误区。在总结本书学术价值的同时，也指出了不足。

1　引言

近年来，应用翻译研究引起了翻译界的高度关注，发表并出版了数量可观的论文、论著和教材。方梦之新著《应用翻译研究：原理、策略与技巧》（以下简称《应用翻译研究》，上海外语教育出版社，2013 年 5 月）的诞生更是为我国的应用翻译研究添上了浓墨重彩的一笔。作者在前言中对本书的由来作了交代，认为"应用文体翻译研究已经从泛泛的理论探讨和实践经验总结向构建学科体系和开发系统课程迈进"，"从应用翻译学科建设的高度，从应用翻译体系及其范畴的要求出发，撰写本书"。由此可见，本书凝聚了作者对应用翻译学科构建的新思考，承载了他多年来在该领域的研究努力和理论求索，对当前蓬勃发展的应用翻译及其学科建设颇有借鉴作用。

2　主要内容

《应用翻译研究》正文由十二个章节组成，正文前后是前言和附篇。前言中，作者交代了写作本书的初衷，简单介绍了书中的核心概念和全书结构，并指出本书取名的现实思考。附篇题为"应用翻译的历史与现状"，简要回顾了近代以来我国应用翻译研究概貌，并从五个方面扫描了改革开放后我国应用翻译研究取得的成就与不足。鉴于翻译教学也日渐受到关注，作者也专辟一节，对其进行专题探讨。

第一章"翻译研究概述"中，作者首先从"翻译的'理论化'"和"一分为三"两方面探讨了翻译理论之于翻译研究的重要性，并从先贤之见、当代之说探索了人们对于翻

译的认识问题,由此引出译学的"一体三环"之说。作者从社会文化、美学和学术三方面探讨了翻译的价值,并阐述了翻译研究中的多重转向问题,认为"一门学科的建立或取得开创性的突破取决于方法论的创新"(p.20)。作者认为随着多重转向的发生,必然会引入新的研究范式和途径,总结了译学研究的八种主要途径,并指出每种途径均有不可通约性或不可替代性,是翻译研究日益进步的表征(p.29)。

第二章"市场、职业化与伦理"中,作者首先探讨了翻译市场问题,认为包括翻译服务、本地化、翻译规范与标准等内容。作者探讨了翻译职业化问题,交代了翻译职业化的内涵,并对翻译职业化促生的翻译资格考试(认证)作了简要介绍。作者还结合自身审查英文版期刊的经历,探讨了翻译中的伦理问题,并认为"研究并推动译界的伦理道德建设已是一项迫切的任务"(p.54)。

第三章"应用翻译的特点与原则"中,作者首先界定了应用翻译的定义,指出了国外对应用翻译的分类研究情况和当前国内应用翻译研究的范围,探讨了应用翻译的特点,即信息性、劝导性、匿名性和时效性。并提出了应用翻译的三大原则,即目的性原则、理论原则和实践原则。

第四章"应用翻译的理论体系与范畴"中,作者确立了应用翻译研究的准确定位,该定位是对霍尔姆斯路线图进行修正的结果。接着,对应用翻译理论的分层研究进行了简要介绍,并图示了应用翻译理论的分层及其与翻译实践的远近关系。在这个分层中,作者认为应用翻译研究包括四个基本范畴,即宏观理论、中观理论、微观研究和特殊研究。

第五章"翻译策略"中,作者认为自成体系的翻译理论都有相应的翻译策略,和宏观理论研究相比,中观的翻译策略似有更大的研究空间。作者首先探讨了中观研究的理据,包括翻译策略的发轫、发展与作用等。接着,作者探讨了翻译策略的特征,即衔接性、实践性、开放性和可复制性。接着,作者探讨了翻译策略的要素,包括理论因子、目的指向和技术手段。再接着,作者探讨了翻译策略的三种构成,即条件型、选择型和组合型。最后,作者探讨了翻译策略的分类,按照其历史形成、理论渊源和实践指向,把翻译策略分为三类,即传统型翻译策略、理论型翻译策略和实践型翻译策略。

第六章"语言分析"中,作者详细探讨了语际转换、英汉语言文化对比、英汉句法结构对比、逻辑与翻译、修辞与翻译和文体与翻译等六个方面。作者指出,本章属微观研究,实际上是采用语言学的原则和方法来研究翻译,这些研究可直接作用于翻译操作的技巧或方法。

第七章"选词炼句"中,作者首先从语法、语义认知、文化和信息技术等视角探讨了翻译技巧。其次,探讨了语境与选词的相互制约关系,并辅之以例句加以分析。接着,作者探讨了词序安排和句子结构选择等问题,认为英汉语言词序和句法差异大,翻译时经常需要作出相应调整,并从时间顺序、逻辑顺序等六个方面加以剖析。再接着,鉴于英汉语句法结构差异巨大,作者探讨了英汉句子结构选择和成分连接问题,认为在不同的语言中,句子连接几乎都使用句法、词汇和语义三种手段,但在翻译中它们使用的方式和频率各不相同,且可以相互转化,并从六个方面进行了阐述。

第八章"组段成章"中,作者探讨了语段翻译问题,主要包括逻辑关系、意义的向心性、词语的匹配以及结构的调整四方面。接着,作者探讨了篇章七性,即衔接性、连贯性、意向性、可接受性、语境性、信息性、互文性,认为篇章作为一种交际手段,必须具有这七项标准,且它们之间互相关联。同时,还探讨了篇章中的格调与布局问题,认为译者只有在理解句间、段间的语义关系的基础上对连贯的语义作整体把握,才能传意达旨,把握好篇章的格调,进行好得体的布局。最后,作者探讨了标题翻译问题,并从标题结构、歧义等方面探索了其各种译法。

第九章"术语与翻译"中,作者首先从专业语境、专义与多义、词的上下义、词的近义四个方面探讨了术语与概念问题。接着,作者又探讨了术语的定名原则(如科学性、单义性、系统性、正确性、简明性和稳定性)和术语化问题(如术语的异化、术语的代称、术语的国际化和隐喻化)。最后,作者探讨了术语的翻译问题,认为术语翻译的基本要求和原则是准确、循规和入行,外来术语除了这些妙译之外,还通常采用意译、音译、半音半意译和音译后加说明词等。

第十章"文类与翻译"中,作者开篇指出文本类型是译者选择翻译策略的依据,不同类型的原文需要采用不同的翻译策略。首先,作者从四个方面探讨了分类的途径。接着,详细探讨了六种常用文体的翻译,如商务翻译、科技翻译、新闻翻译、政论翻译、广告翻译和旅游翻译,并具体阐述了它们的文本类型、词语特点、语言特点、修辞特点等不同文体特征,并针对每种文体提出了不同的翻译原则、策略和方法。而对于法律翻译、公示语翻译、学术翻译、字幕翻译等四种文类的翻译,作者只作了简要介绍,未做详述。

第十一章"译品的类型"中,作者依据功能目的论认的有关原则,认为原作并不决定译品的体裁、样式及其所含的信息量,决定译品类型的是翻译目的,译品类型只是由目的而产生的结果,并认为这位翻译中介人和译者选择译品类型及其创造性工作提供了依据。作者根据不同需要以及对原文删减或改写的不同程度、不同方式,将译品种类分为六种,即全译、节译、改译、编译、摘要(译)和综译,并对每种译品的性质、特征、适应对象、操作步骤等作了详细说明。

第十二章"应用翻译的艺术性"中,作者认为科学与艺术虽有不同的准则和方法,但也有共同之处。越来越多的现代文学作品有科技内容,而许多科技作品也具有劝导性和修辞性,并将文学手段运用到阐明科学技术之中。近几十年来,应用文体表达人性化、艺术化的趋势已较为明显,常采用各种文学手段,如形象、典故、修辞格等。接着,作者就从科技、新闻和政论文体中取例对这三种艺术性手段进行了详细剖析与阐述。

3 本书特色

《应用翻译研究》作为一部探索应用翻译理论体系构建的著作,有以下几方面鲜明特色。第一,语言平实易懂,写作深入浅出。翻译学术著作可以写得晦涩难懂,大量使用学科现有或从其他学科借用的概念术语,彰显其研究的深度,也可以化繁为简,写得深入浅出。本书的写作风格,或者说方梦之的一贯写作风格属于后者。本书中,作者对译学普遍理论的探讨和解读,其中涉及了多个译学理论,牵涉到诸多概念术语,作者本可阐述得详细些,烦琐些,但未必为读者所充分理解和接受,也未必能达到较好的交际效果。而对于新建的应用翻译理论体系,对其所作的阐释也可以繁复些,但作者还是选择使用了较为朴实的语言,并多处使用了图表或表格,方便读者理解,因为科学的最高原则应当是最简单性原则。

第二,研究视角多元,拓展了应用翻译研究新领域。应用翻译研究也必须与时俱进,必须创新,而这最能体现在研究视角或研究方法上(刘金龙,2011:213)。长期以来,人们将应用翻译研究的落脚点放在应用文体及其翻译方法、技巧之上,也就是说,多从语言学视角切入,视角较为单一,这在一些应用翻译研究著作或教材中可见一斑,如张沉香(2008)和刘小云(2009)都借助功能目的理论为理论基础,研究了法律翻译、新闻翻译、旅游翻译、广告翻译、科技翻译、公示语翻译、经贸翻译等文体的语言特点、文本特征和翻译技巧。也有学者采用新的视角,如叶苗(2009)则从语用学视角研究应用翻译,也同时指出了应用翻译的当代性特征和应用翻译理论的多重视角,这是应用翻译研究视角的突破。而本书中,作者在继承同行现有研究内容和视角的基础上,还指出了一些新的研究视角,如生态学途径、社会学途径、认知途径、社会符号学,并单辟一章探讨应用翻译的艺术性,涉及形象、典故、修辞等内容,这在某种程度上丰富了应用翻译研究内容和视角。此外,作者还探讨了翻译职业化与应用翻译的关系,包括翻译市场、翻译服务、本地化、翻译规范与标准、翻译伦理等,彰显了"翻译—社会—功能"的逻辑关联,昭示了应用翻译研究必然走向"从科学到多元互补"的发展路径(周红民,2013:41 - 50)。

第三,建构宏观理论体系,进行微观系统阐述。翻译研究中的宏观研究与微观研究是一对悖论,各有优劣,常常相互结合。其实,它们是一种科学的研究方法(穆雷,2011:213 - 230)。然而,人们往往忽略这一点。从某种程度上来说,翻译研究中人们对理论或实践的偏见就是由于对宏观研究或微观研究认识不全导致的。刘宓庆(2005:17)认为,"宏观研究具有一定的指导性,微观研究具有较多的经验性。对译学来说,二者不可偏废。"并对宏观研究与微观研究作了对比研究,认为宏观研究具有以下特征:指导性、整体性、观念层面、着眼于功能、比较抽象、不能立见成效;微观研究具有以下特征:经验性、局部性、操作层面、着眼于结构、比较具体、较易立见成效。由此观之,它们之间的互补性较为明显。全书中,第一章"翻译研究概述"是引子,其过渡到应用翻译的宏观理论研究(包括第三和第四章)和中观理论研究(第五章),实际上,这两部分属于理论层面,是应用翻译宏观理论研究,处于金字塔顶端。而微观理论研究则贴合翻译实践,在可操作层面进行,包括英汉语言文化对比、结构对比、逻辑分析、修辞分析、语境与选词、词序安排、句子结构选择、句子成分连接、语段分析、语段格调等,这些研究属于微观实践研究,是理论的源泉,处于金字塔底部。无论是宏观研究,还是微观研究,它们都有各自的特点和适应范围,如果两者协调不好就会产生各种问题,如人们对翻译理论或翻译实践的认识偏差便由此生。所以,不能用微观研究替代应用翻译的宏观理论研究,反之亦然。"但有一点,无论先从微观层面,还是宏观层面开启对翻译的研究,都不可避免地要转向宏观与微观互动的角度。只有搞好微观的个案研究,才能为宏观研究提供良好的基础;为了宏观研究的指导,微观研究才能沿着正确的方向发展。"(穆雷,2011:227)不难发现,全书中宏观与微观相得益彰,显示了作者研究中的全局观。

　　第四,结构纵横交错,重构了应用翻译研究路线图。细心的读者一定会发现,作者对全书的结构安排是极为讲究的,而这种讲究遵循了应用翻译本体研究规律。作者在前言中交代说,本书的结构纵横交错,纵向贯通,横向连缀。纵向是以翻译的一般理论为肇端,以应用翻译的宏、中、微理论为主脉,即由译学的普遍理论(第一章)缘起,通向应用翻译的宏观理论(第三章和第四章)、中观理论(第五章)和微观理论(第六章、第七章和第八章);横向是用宏、中、微三论和并列的子项连缀成篇(第九章、第十章、第十一章和第十二章)。从整个结构安排上,读者单从目录中即可管窥本书研究内容的内部逻辑体系。再加上附篇"应用翻译的历史与现状",从整体上勾勒出了我国应用翻译及其研究的历时和共时成就,正如作者所言,可"用历史的眼光和现实的视角统而观之,或可使读者了解和认识应用翻译和应用翻译研究之今昔,明确当今应用翻译工作者的责任和担当"(前言 PⅦ)。

4　评价与反思

　　《应用翻译研究》的学术价值主要表现在以下三方面。一是记录了应用翻译学科(学)从萌芽走向成熟的发展轨迹。如果说林克难和籍明文(2003)的《应用英语翻译呼唤理论指导》一文是旗帜鲜明地呼唤人们对应用翻译持有理论意识的话,那么后来的岁月里,人们就沿着这一思路探求应用翻译的理论奥妙。一方面是应用翻译实践的量大面广,另一方面是应用翻译研究基础相对薄弱(起步晚,套套微观技巧多,选题重复,无系统理论,学术底气不足)(方梦之,2003:47),这为2003年首届全国应用翻译研讨会的召开提供了现实和学理缘由。本次研讨会的主题为"应用文体翻译及应用文体翻译理论研究",相关议题还包括应用文体翻译理论的性质、任务、发展现状等诸方面。方梦之(2003:47)在会议侧记中说道,"这是一次内容广泛、论题相对集中、学术含量较高的会议。"此后,本研讨会定期召开,迄今召开了五次。每次都有一个主题和一些中心议题,讨论当时应用翻译实践和理论研究中呈现出来的新问题。如第四届全国应用翻译研讨会主题是"应用翻译教育教学研究和学科建设",议题除了包括应用翻译及其各分支的学科体系及基本范畴外,还包括各类应用文体翻译等课程的设置与教学、翻译专业本科教学及翻译专业硕士教学、应用型口笔译人才的培养等;第五届全国应用翻译研讨会主题是"应用翻译与全球信息共享",议题包括文类翻译策略与方法、应用翻译教育与教学、软件本地化与计算机辅助翻译、国际翻译项目与管理等。可以说,从应用翻译理论意识的觉醒到应用翻译理论体系的建立,作者都引领了这个过程,见证并记录了这些发展变化。第三、第四和第五章是应用翻译理论研究的核心部分,也是本书的主体部分,有些观点是作者在2003年会议上就提出来了,然后一直修订和完善,之后又提出新观点。可以说,本书记录了作者从第一次研讨会到第五次研讨会的理论思考。另外,再融合当今应用翻译研究呈现的新特点、新内容和新趋势,如翻译本科和翻译硕士教育教学、口译教学与研究、翻译职业化、翻译伦理等,逐步将应用翻译理论研究推向从无到有、从浅到深的科学发展轨道。

二是综合运用了科学的翻译方法论,对整个翻译研究有所启发。黄忠廉(2009:3)认为翻译方法论包括翻译实践方法论和翻译研究方法论。本书中,作者在这两方面的研究上可谓双管齐下。翻译实践方法论包括全译方法论和变译方法论。本书中,作者在保证应用翻译中传统的全译方法研究外,专辟第十一章"译品的类型",探讨应用翻译中的变译问题,即节译、改译、编译、摘要(译)和综译。当前学者多研究应用翻译中的翻译实践方法论,而忽视了翻译研究方法论。据黄忠廉(2009:4)的观点,他认为翻译研究方法论指"三个充分"的研究要求、"两个三角"的研究思路和从方法到学科的研究阶梯。"三个充分"包括观察充分、描写充分和解释充分,分别对应于翻译现象研究、翻译规律研究和翻译原理研究;两个三角的"小三角"为表—里—值,即语表形式—语里意义—语用价值,这是微观研究视角;两个三角的"大三角"为语—思—文,即语言比较—思维转换—文化交流,这是宏观研究视角。纵览全书,不难发现,作者是基于应用翻译实践研究,将实践中发现的规律进行总结、抽象,再将其升华到宏观理论,如第三章指出的应用翻译的性质、特点和原则与第四章中提出宏观理论、中观理论和微观理论,即完成了"三个充分"的充分观察、充分描述和充分解释。

而对于大小"三角"问题,也在其他章节分别予以阐述。至于从方法到学科问题,作者在书中论述"一体三环"时,对相应的翻译方法和研究方法的历史演变也作了交代和阐释,也是在此基础了提出了相应的应用翻译理论体系,到最后建立了应用翻译学的创建(黄忠廉,2013),体现了"方法→历史→理论→学科"这样一个翻译方法逐步从实践上升为学科的一般研究历程(黄忠廉,2009:4)。应该说,这是作者给读者留下的最大启示。

三是侧重建构了一种应用翻译研究的理论体系,旨在消除人们对应用翻译研究的偏见。当前,"理论化不强几乎是所有的应用翻译研究都存在的一个问题"(韩子满,2009:60)。当前,应用翻译研究存在两种倾向性不足:1)一味分化,一味求细,却忽视了抽象和综合。最明显的就是翻译策略、技巧和方法研究,很多应用翻译研究论著中对这些微观层面研究较多,甚至将其当作应用翻译的"全部",殊不知,"应用翻译中的技巧研究极为重要,但它不应该是应用翻译理论研究的全部,甚至是重中之重"(刘金龙,2012:6);2)虽然不少学者在努力探索一种应用翻译研究新体系,但是真正全新的科学体系尚未形成。再以翻译技巧为例,当前翻译技巧与应用翻译到底是个什么关系,也未见深入探究。还有,应用翻译研究在整个译学体系中地位如何?它们之间是个怎样的相互关系?它的次范畴又有哪些?对此问题,作者都有深入思考。正如书名《应用翻译研究:原理、策略与技巧》所示,这些不足似乎都能在本书中找到求解。作者在第三章交代了应用翻译的性质、特点和原则后,基于此,在第四章中则探讨了应用翻译的理论体系与范畴问题。在给应用翻译研究定位时,作者按照现实需求,修改了霍姆斯的翻译研究路线图,认为理论研究包括三部分:一般研究、描写研究和专门研究。专门研究分文学翻译理论研究和应用翻译理论研究。(p.83)如此一来,应用翻译研究的子系统就凸显出来了,且定位在翻译研究总系统的第三个层面,与文学翻译研究相并列。而应用翻译理论研究下设四个子系统,即宏观理论、中观理论、微观研究和特殊研究。其中,宏观理论为核心理论,关注应用翻译的普遍问题和根本问题,对翻译实践的指导主要是方法论、价值论、认识论和翻译思想层面的;中观理论为翻译策略、方案、模式、模块、计划等,受宏观理论支配和调节;微观理论指翻译方法与技巧,其源于实践,可直接用于指导翻译实践操作,但受中观理论的制约和调节。三者的关系是,中观理论是宏观理论向微观理论过渡的理论,是连接彼此的纽带。另外,鉴于"应用翻译天生就和翻译实践紧密结合在一起"(刘金龙,2012:6)这一特征,应用翻译理论层次的自下而上的解释也是从实践开始的,即:由翻译实践总结、归纳而得到翻译技巧;翻译技巧的集约化、概念化、范畴化而得到中观的翻译策略、模式或框架;再由中观理论抽象、升华为宏观理论。它们共同处于翻译实践的基础上,与实践的关系由远而近或由近而远,相互制约(p.85)。再加之一个开放的子项特殊研究,这样一来,就组成了"一幅脉络清晰的、应用翻译研究的路线图"(前言)。

至于书中的不足之处,笔者归纳为两个方面。一是内容编排上有待合理。作者在本书的结构安排上可谓煞费苦心,既遵循着"总—分"的叙述模式,又按理论体系的纵向贯通、横向连缀的路线图论说。然而,尽管如此,笔者认为里面还存在一点小问题。如第三章中,作者将后面三个小节"3.3 应用翻译的目的性原则""3.4 应用翻译的理论原则"和"3.5 应用翻译的实践原则"与前面两个小节"3.1 应用翻译的性质"和"3.2 应用翻译的特点"并列,但从内容上来看,后面三个小节应当是与前两个小节成并列关系小节的次小节,如"3.3 应用翻译的原则"。再如,第五章中第 5 小节"5.5 翻译策略分类"中,作者提到根据历史形成、理论渊源和实践指向把翻译策略分为三类:传统型翻译策略、理论型翻译策略和实践型策略。但是,在编排中,未将"5.5.2 语言学派的翻译策略""5.5.3 文化学派的翻译策略"和"5.5.4 目的论的翻译策略"纳入"理论型翻译策略"次目录之下,而是与"5.5.1 传统型翻译策略"和"5.5.5 实践型翻译策略"并列。又如,第十章中,从所述内容上来看,"10.1.4 按正式程度分类"和"10.1.5 按正式程度—语域分类"似乎可以合并,因为后者是对前者的详细说明。

二是文后参考文献著录有待规范。著作者引用他人的观点、理论或研究成果,用来支持、说明或阐释自己研究的观点或理论,应该准确标示这些参考文献的来源,原因有三:1)表明自己的该项研究具有科学依据,是前人研究成果的延续;2)表示对他人研究成果的尊重(否则会导致侵权或剽窃);3)便于读者按图索骥,如有读者认为书中所引论文、著作或其他文献对本研究具有启发性,想进一步扩展阅读,可便于查阅。然而,笔者发现,书中有些引文和参考文献目录著述不甚准确。关于引文,作者在书中未对引文都标上具体页码,如只标示"(谭载喜,2002)"(p.20),而不是"(谭载喜,2002:具体页码)",不利于读者回溯引文出处。关于参考文献,也存在一些问题,归纳如下:1)析出文献题名不准确。第 30 页第 15 条参考文献,该题名在《中国译学大辞典》中的正确写法是"社会符号学翻译法",而非"跨文化交际视野中的翻译研究方法——社会符号学翻译法";2)析出文献出版年份错误。第 31 页第 25 条参考文献中,《翻译论集》的出版年份是 1984 年,而非 1954 年;3)析出文献卷期错误。第 55 页第 18 条参考文献中,作者将年、卷、期写成"2006(20)",错误明显,因为《上海翻译》为季刊。经核实,这里的"20"应为"2"。

但瑕不掩瑜,本书不仅是应用翻译理论研究走向成熟的见证,也是整个译学研究体系中的重要一域,其特色和学术价值非常明显。阅毕本书,相信不会再有人说,"应用翻译的品位不高,不能登大雅之堂"!

(该文与程敏合作,原载于《上海翻译》2013 年第 4 期,略有改动,参考文献略)

附录3　我国的应用翻译研究:回顾与展望

——基于《上海翻译》(2003—2010)的语料分析

为了了解近年来我国应用翻译及其研究的大体情况和发展趋势,本文以《上海翻译》(2003—2010)为统计源,回顾了自从 2003 年召开首届全国应用翻译研讨会至 2011 召开第四届全国应用翻译研讨会这八年间应用翻译研究的发展变化情况。文章基于学者对应用翻译定义之上,重新厘定了应用翻译的范围,对应用翻译的语料进行了大体收集和归类,对其研究成果作出了评述,指出了不足并展望前景。

1　引言

改革开放以来,我国的应用翻译得到了快速发展,尤其是近年来,各类应用翻译的发展更是如火如荼。然而,就目前来说,译界同仁对何谓应用翻译的认识不尽相同,如有学者称应用翻译为"实用翻译"(林本椿,2000)、"非文学翻译"(林本椿,2000;李长栓,2004,2009)、"应用英语翻译"(林克难,2003)、"实用英语翻译"(林克难,2007)、"应用文体翻译"(包彩霞,2008)、"应用文翻译"(王金岳,2009)等。这种认识的不同,可能导致人们对应用翻译中诸如定义、翻译标准和原则等核心概念的认识也不尽相同。尽管如此,人们对应用翻译的认识大体相同,认为应用翻译是区别于传达有较强情感意义和美学意义的文学翻译,其特点除了重在传递信息之外,还具有匿名性、劝导性和功利性(目的性)等鲜明特征。方梦之教授认为,"应用翻译,或称实用翻译。以传达信息为目的(同时考虑信息的传递效果)。它特别区别于传达有较强情感意义或美学意义的文学翻译。应用翻译几乎包括文学及纯理论文本以外的人们日常接触和实际应用的各类文字,涉及对外宣传、社会生活、生产领域、经营活动等方方面面,包括新闻翻译、科技翻译、法律翻译、经贸翻译、广告翻译、旅游翻译等"(方梦之,2004:126)。

林克难教授(2007:6)曾指出,改革开放 20 多年来,一共发表了 1,000 余篇专门研究实用英语翻译的论文。这充分说明,实用英语翻译研究已经从无到有蓬蓬勃勃地发展起来了,已经成了翻译研究的一个重要的门类,吸引着越来越多的学者潜心钻研,成果斐然。正是在这种大背景下,2003 年 9 月 18 - 21 日中国翻译工作者协会和上海大学外国语学院联合主办了 2003 全国应用翻译研讨会。这是首届全国范围的大规模应用翻译研讨会,"这是一次内容广泛、论题相对集中、学术含量较高的会议"(方梦之,2003:47)。接着,2006 年南方医科大学外国语与国际交流学院在广州承办了第二届全国应用翻译研讨会,2009 年北京第二外国语学院在北京承办了第三届全国应用翻译研讨会,2011 年 4 月上海大学外国语学院将在上海承办第四届全国应用翻译研讨会。本文就以发表应用翻译研究学术成果的《上海翻译》(2003—2010)为个案研究,旨在揭示这八年来我国在应用翻译教学与研究中所取得的成就与存在的不足。

2 应用翻译研究语料的收集与归类

为了客观地反映我国应用翻译研究中所取得的成就和存在的不足,笔者就以《上海翻译》(2003—2010)这八年所刊发的文章为统计源进行了收集和归类①。由于迄今为止,应用翻译的定义尚未完全确立,本文就以方梦之(2003;2004)所认为的那样,即"论文和演讲涉及应用翻译的各个方面,包括应用翻译的理论和原则、范畴和体系、策略和方法、教学和教材,也包括许多具体门类中的翻译方法,涵盖了政论、科技、新闻、广告、商标、商贸、旅游、法律、财经、营销、医学、WTO 文书以及商务谈判、辞典翻译、机器翻译和翻译市场等领域"(方梦之,2003:47),以及韩子满教授所认为的:"应用翻译的范围其实比方梦之、林戊荪等学者规定的要宽,应包括除文学翻译之外所有以信息传达为主的文本翻译。科技、法律、经贸等实用文本的翻译,以及各种应用文的翻译都属于应用翻译。纯理论文本和政治、社科、外交文本的翻译也是应用翻译,因为这些文本同样也是以传达信息为主要目的。"(韩子满,2005:49)综合以上二者之言,则能在更大更宏观的范围内更为客观地揭示应用翻译研究的发展轨迹。需要说明的是,笔者在统计过程中,并未局限于期刊本身对所载文章的栏目设置和归类,也并非按照文章的题目、关键词和摘要内容等信息进行归类,而是按照文章所研究的主要内容进行重新归类。另外,对于一些交叉性研究内容的文章,笔者则按照文章所侧重研究内容进行归类,以免重复归类而导致语料分析失真。

《上海翻译》(2003—2010)八年所载应用翻译文章统计

研究分类	2003	2004	2005	2006	2007	2008	2009	2010	累计(篇)	百分比
应用翻译理论	3	4			5	3	3	2	20	2.97
应用翻译教学			2		3	4	4	3	16	2.38

（续表）

研究分类		2003	2004	2005	2006	2007	2008	2009	2010	累计(篇)	百分比
计算机辅助翻译		3	2	1	1	2	3	3	4	19	2.82
公示语翻译			1	4	4		2	2	1	14	2.08
各类应用文体(本)翻译	科技翻译	6	5	1	10	1	3		2	28	4.16
	旅游翻译	2	5	3		2	4	1		17	2.53
	新闻翻译	2		4		5	2	1	1	15	2.23
	外宣翻译	2		1		5	2	2	2	14	2.08
	商务翻译	2	3	2	1		1		1	10	1.49
	广告翻译	2	6	1	2	2				13	1.93
	金融翻译	1	1	1		2		1		6	0.89
	法律翻译	1	2	1		2	3			9	1.34
	影视翻译					2			1	3	0.45
	医学翻译	2	1	1	1		1	1		7	1.04
	政论翻译	1	1	5	1	2	1	2	2	15	2.23
社科翻译		1	1	2	5		4	6	3	22	3.27
文化翻译		5	3	3	14	4	3	4	2	38	5.65
词典研究		1	4		2	6	2	1	5	21	3.12
口译		3	3	3	3	3	2	6	1	24	3.57
翻译服务(市场)		2	1		2		1	1	1	8	1.19
应用翻译书评(序)				2	1	1	1	3	2	10	1.49
其他			5	2			2	2		11	1.63
累计(篇)		39	48	39	49	49	40	44	32	340	50.52
总载文数(篇)		97	82	93	88	82	78	77	76	673	
百分比(大约)		40.21	58.54	41.92	55.68	59.76	51.28	57.14	42.11	50.52	

　　从以上表格可以看出，八年来，我国的应用翻译取得了巨大成就，大体可以归结为以下 3 个方面。

2.1　研究的范围广泛

　　以往，学者对应用翻译的定义之所以不够全面系统，其重要原因之一在于对应用翻译所包括的范围认识不全所致，如认为应用翻译等同于应用文（体）翻译，故只侧重于一些常见的科技、旅游、新闻、法律、商务、影视、广告等文本研究，而忽视了社科、机器、文化、词典、口译以及翻译服务（市场）等与之有关的其他方面的研究。根据以上统计结果可以看出，这八年来的应用翻译研究所涉及的范围极为广泛，涉及了 22 个大的研究方面，每个方面又可以进行细分，的确涉及了"社会生活、生产领域、经营活动等方方面面"（方梦之，2003：47）。

2.2　研究的数量剧增

翻译与政治、经济、文化等方面的发展息息相关，故而，这些方面的发展必然在翻译实践和理论研究上有所反映。换言之，翻译的全面发展也必然折射出社会的全方位发展。方梦之教授曾做过调查研究，认为"从我国各外语期刊发表的论文数量来看，近一二十年来，应用翻译的研究呈突飞猛进之势，在数量上已蔚为大观，赶上了文学翻译的论文数量"（方梦之，2003：47）。安妮和刘金龙通过对 1998 年至 2007 年我国国内外语核心期刊上刊载的有关应用翻译研究的论文进行了梳理、分类和研究后，认为"应用翻译是改革开放后才有起色，而真正取得蓬勃发展则是近十年的事"，"应用翻译的研究越来越得到学者们的重视，发表的论文数量有超过文学翻译之势"（安妮、刘金龙，2008：1）。故此，我们有理由认为，"现代的翻译研究大大突破了传统意义上的文学翻译研究领域，翻译实践日趋多元化，各类应用翻译逐渐成为翻译实践中的主流"（刘金龙、刘晓民，2007：158）。通过以上统计可以看出，2004 至 2009 年这五年期间，《上海翻译》所发文中应用翻译研究文章超过了该刊当年发文总量的过半，最高达 59.76%，最低的也达 40.21% 之多。八年期间，总发文量为 673 篇，应用翻译 340 篇，占 50.52%。这从一方面反映出了我国学者中很多人热衷于关注应用翻译理论与实践研究，另一方面也表现了该刊不仅"犹如晴雨表，及时向译界学者传递翻译研究的最新成果"（刘金龙，2010：77）。

2.3　研究的深度增加

由于我国应用翻译起步晚和基础薄弱，故而在研究中存在诸多的"先天不足"在所难免，如"讨论微观技巧多，选题重复，无系统理论，学术底气不足"（方梦之，2003：47）。林克难教授曾对我国的实用英语翻译的发生、发展历程作了简要梳理，发现"实用翻译的研究还基本停留在就事论事的层面上，缺乏的是宏观层面上的总结，并提出有普遍指导意义的原则，以从整体上引领实用英语翻译"（林克难，2007：6）。正因为如此，他曾发出了"应用英语翻译呼唤理论指导"（2003）的号召，呼吁人们去关注应用翻译研究，去探索其理论建构。从统计可以看出，这八年来，在应用翻译理论研究的广度和深度方面，都有了极大改观。不仅有专文研究应用翻译理论问题，而且在其他研究技巧或方法的文章中，也表现出了极强的方法论研究色彩，已基本摆脱了以往纯粹的随感式、印象式点评，可读性和科学性更强。首先体现在学（译）者的理论意识觉醒上。林克难(2003)发出"应用英语翻译呼唤理论指导"的号召，认为应用英语翻译并不完全适用"信达雅"理论，倒是可以比照"信达雅"的翻译标准，试着定出"看、译、写"的标准，并消除人们对应用英语的歧视与偏见，开设应用英语翻译课程，培养应用英语翻译人才。2003 年，在召开首届应用翻译研讨会之际，林戊荪(2003)也认为忽视我国现实，包括忽视应用翻译前沿的理论，不管这种理论有多么深奥，也不会有多少生命力的，从而号召从事理论工作的同志们要重视应用翻译中种种变化和发展，研究这方面积累的经验和出现的问题，为引导和改进我们的翻译实践作出贡献。应该说，这是多年来，学者首次呼吁加强应用翻译理论研究，为后来的深入研究奠定了基础。

其次表现在对文本类型的思考上。比如徐梅江(2003)根据自己翻译十六大文件的亲身体会，提出翻译诸如此类文件时，翻译不仅要创新，而且译文必须标准化。贾文波(2004；2007)依据功能翻译理论，认为应用翻译应注重翻译过程中的交际互动，要根据翻译要求谋篇布局、根据文本功能实施翻译策略、根据目的语文化情景重构文本内容，以有效实现翻译目的。李定钧和陈维益(2004)从"非典""疑似病人"译名出发探讨了医学语言学的建构等。范武邱和吴迪龙(2004)探讨了逻辑思维与科技文章等 ESP 文本的翻译问题。这都体现了学人对文本类型与翻译(策略)的深入思考。

2.4　应用翻译理论建构

刘建刚和张艳莉(2007)剖析了实用文体中伪翻译现象，旨在提高我国旅游宣传、公示语等实用文体的翻译质量。林克难(2007)总结了实用翻译研究与理论发展情况，认为"看译写"与"模仿—借用—创新"的理论打开了实用翻译理论建设的新局面，是实用翻译切实可行的一种指导原则。然而，杨清平(2007)认为"看易写"原则反映了应用翻译的部分规律，可以有效地指导工具型翻译，但无法解释和指导文献型翻译，故应用翻译的原则应是目的指导下的功能原则与规范原则，因为它更能解释和概括应用翻译的基本特点和规律，且操作性强。此外，曾利沙（2008；2009）、陈刚(2008)、黄得先等(2008)等也对应用翻译理论建构提出了诸多设想，令人印象深刻，引人深思。

应用翻译理论研究是如此，应用翻译教学、计算机辅助翻译、词典研究、社科翻译、口译、翻译服务(市场)等方面亦是如此。质言之，人们经历了从理论"混沌"(觉醒)期到借用外来理论(如功能理论、文本类型理论等)，再到探索适合我国现阶段应用翻译特征的翻译理论研究的过程，已经逐步摆脱了原有的"许多文章是就事论事，基本上还停留在传统的那种'印象式、评点式、随感式'阶段，缺乏理论的总结和升华"(林克难，2007：5)。另外，笔者以为，应用翻译的质量之所以得不到较为明显的提高，原因是多方面的,既有内部的,也有外部的。而人们以往总将其归咎于诸如师资力量、译者水平、教材编写等内部因素,对于一些外部因素鲜有提及。然而,王金岳(2009:59-62)的"应用文翻译岂可再'免检'"让人耳目一新,他则从外部因素切入进行研究,对应用翻译的理论建构贡献了新的视角,使人们更加全面客观地审视应用翻译的现状和出路。

3 应用翻译研究的不足

3.1 缺乏系统性(理论)研究

和翻译学一样,应用翻译想要发展成熟、壮大,除了研究的量大面广外,还要具有一定的理论深度。通过统计发现,应用翻译中缺乏系统性研究现象较为明显。笔者发现高比例的研究者浅尝辄止,高比例的学者对同一主题仅写过一篇文章,未将其研究推向深入。[②]研究要么是泛泛而谈,或者谈谈文本的语言、文体特点等,或者粗浅地谈谈自己的几点心得体会。在系统的理论研究上,应用翻译的基础性理论研究不足,依然呈现"对于应用翻译的各种技巧,翻译界讨论得比较多,但宏观的、基础性的理论研究却比较缺乏"(韩子满,2005:50)。理论研究不足的另一表现就是多套用一些通用理论,缺乏针对性的理论见解,对此,林克难也曾作出了中肯的评价,他认为,"有的论文确实也引用了一些西方的翻译理论,其中用得比较多的是交际理论、等效理论、目的论以及归化、异化论。引用这些理论的目的基本上还是停留在对译文的评价上,是为了批评而寻找的一种理论根据,并未能提出一种结合实际、操作性比较强,比较适合中国实际情况的实用英语翻译理论来"(林克难,2007:6)。这也从另一个方面说明了应用翻译难以真正深入推进的原因。对此,曾利沙(2005;2008;2009)则作出了很好的榜样,他以旅游文本翻译为个案研究,不仅在《上海翻译》发表了数篇相关性系统研究成果,而且在其他期刊也发表了同一主题的深入研究成果。

3.2 缺乏方法论研究

"翻译方法在翻译研究中占有突出的地位,它是翻译理论研究的基本课题之一,它来自翻译实践又可指导翻译实践。主要包括两个方面:一是译者在翻译过程中对传达原作内容和形式的总设想、途径和策略以及美学态度,多属于翻译理论范畴;二是指在翻译过程中解决具体问题的办法,也称翻译技巧。"(方梦之,2004:100)换言之,翻译包括理论和实践两个层面的方法研究。统计分析表明,当前的应用翻译研究多停留在经验式、散论式的翻译技巧或方法研究上,较少从宏观角度进行综合考虑。由于应用翻译最能体现译文的使用价值和社会价值,但少有学者去研究译文的接受研究,缺乏一些较为科学的研究方法,如问卷调查、实证分析、语料库分析等新方法。

如采用语料库分析手段,可以对同一译者的不同译本进行比较,也可对不同译者的同一译本进行比较研究。仅仅依靠传统的感性展开研究的方法不甚科学,毕竟"随着翻译学科向纵深发展,对翻译的认识不断深化,研究方法的运用也愈加广泛,各种方法以其各自的方式与特征实现对翻译现象的多方位考察"(姜秋霞、杨平,2005:23)。此外,应用翻译(理论)研究中之所以鲜见像文学翻译、纯翻译理论研究那样产生重要影响的理论成果,这和应用翻译(理论)研究缺乏正确的方法论指导颇具关系。

3.3　研究内容重复

统计显示,虽然这八年来应用翻译所涉及研究领域极为广泛,但研究内容趋同现象严重。研究内容重复的表现是多方面的,包括论文选题重复、研究视角单一、用例老化陈旧等,如偏重于研究某一文体的语言、语体特征和一般通用的翻译方法,对于一些具体问题研究的视角、深度不够。比如研究科技英语翻译问题时,诸多研究则偏向于探讨科技文本的语体特征和具体的翻译方法。殊不知,科技英语中有待研究的内容很多,如其中的隐喻、术语的特征及其翻译方法等。如果按照科技英语的文体正式程度(formality)而言,可粗分为三种:科学论文(scientific paper)、科普文章(popular science/science article)、技术文本(technical prose/document)(方梦之,1999:32)。应该说,这三种科技文本的特征不尽相同,差异也较大,所要求的翻译方法也各异,这就要求研究者必然要进行细致思考和研究,避免得出的研究结果趋同、泛化。从所发表的文章来看,科技翻译研究显然没有深入下去。

4　我国应用翻译研究的前景与展望

4.1　加强应用翻译的创新研究

关于应用翻译的创新研究,方梦之和韩子满两位教授曾提到过,但也未作过多的阐述。方梦之(2003:49)认为,创新的研究还包括开辟新的研究领域和增加新的研究视角以及发掘新的研究素材等。韩子满(2005:50)认为,包括研究话题的创新及关注研究对象新发展两个方面。研究的创新又包括研究对象的扩展和研究内容的深化。笔者以为,创新研究应该包括理论、实践两个层面(包括研究方法),要求我们突破研究广度不宽、深度不够的藩篱。据统计,影视、医学、翻译服务等发文较少,经过分析后发现,研究内容不仅范围窄,而且深度不够,故研究难以深入。再比如,各类文体(本)研究中很多研究直接或间接研究文本的语言特点及其翻译技巧,从宏观角度探讨的较少,结合心理学、美学、社会学、传播学等交叉性研究的成果较少,毕竟当代的应用翻译与社会生活联系紧密,否则,应用翻译研究就失去了其应用的现实意义。故而,笔者以为,在"论证现有翻译理论对于应用翻译的适用性"(韩子满,2005:50)的同时,更要摸索出一套更适合的指导理论,其"不但能够正确地指出有些实用英语翻译质量低下,展示成功的实用英语应该是什么样子的,而且还能告诉读者应该通过什么途径,怎么去做才能切实提高实用英语翻译质量"(林克难,2007:6)。我们也可以借用文学翻译、翻译纯理论研究等的研究方法,开阔应用翻译研究的创新性研究内容和方法。总之,唯有创新研究,才能使应用翻译研究走得更远。

4.2　加强应用翻译的批评研究

近年来,翻译批评研究得到了很大发展,但主要侧重于文学翻译批评研究,而应用翻译批评起色不大。在出版的翻译批评论著中,肖维青指出"除了杨晓荣和姜治文、文军的著作之外,其他的几乎都是清一色的文学翻译批评"(肖维青,2010:82)。同时,她根据作品体裁分类,翻译批评可大致分为四大类:文学翻译批评、人文社科学术类翻译批评、科技商贸产业类翻译批评和编译作品的翻译批评(肖维青,2010:82)。然而,就算除去文学翻译批评,其他三大类的翻译批评对象内容依然很丰富,绝大多数属于应用翻译研究范畴。可惜的是,以往的翻译研究中却忽略了对这三类翻译中部分内容的批评研究,据统计分析表明,当前的应用翻译批评依然多采用挑错式、点评式的批评模式,在宏观的理论建构方面欠佳。至于其原因,杨晓荣教授曾进行过总结,"针对文(指文学理论)、史、哲、政、经、法等人文学科作品的翻译批评一向数量不多,原因也许是这些作品的翻译标准客观性稍强一些,但与前面介绍的我国翻译研究重视文学翻译的传统也不无关系"(杨晓荣,2005:16)。至于科技、商贸这类翻译的深入分析和评论不多见,其原因可能为:①此类作品的时效性比较强,而且比较零散;②内容专业化程度高;③翻译转换方式比较机械(杨晓荣,2005:17)。然而,原因或许如以上所言,但不可否认的是,现实的应用翻译发展迅速,出现了种种不尽如人意的问题,这必然要求应用翻译批评也相应地同步发展起来,对这些问题予以思考和正确指导。客观地说,当前翻译中出现的各种谬误,应该是应用翻译多于文学翻译。笔者以为,应用翻译批评也分两个层面,即实践批评和理论批评。"挑错式"的实践批评依然要加强,但关键要上升到理论层面,探讨应用翻译存在问题的内部和外部因素。总之,加强应用翻译批评研究已是刻不容缓的重要研究课题。

4.3　加强应用翻译的教学研究

应用翻译的大发展,必然要求应用翻译教学的大发展。翻译本科专业和翻译硕士专业(MTI)的获批正是顺应了这一时代潮流,开启了应用翻译的新纪元。应用翻译教学包括教学研究和教材研究两方面。在教学方面,尤其从 2005 年翻译本科专业获批以来,外语类各大期刊就相继发表了有关教学和教材方面的研究文章,有时也见《中国翻译》会开设翻译教学研究专栏,探讨翻译本科专业和 MTI 的教学规律。同时也有学者开始申报国家级、省部级等研究课题。如在前不久公布的 2010 年教育部人文社会科学研究一般项目名单中，穆雷教授和陈科芳博士等分别成功申请了"翻译硕士专业学位教育的理念与模式"和"基于能力分级的翻译专业本科和硕士教学的对接研究"等规划项目。在教材方面，"现在书市上各色翻译教材琳琅满目，但是较好的以应用文体为素材的中译外教材难找"（方梦之，2003:49）。的确，英汉翻译的应用翻译教材远多于汉英应用翻译教材，而且主要以科技英语翻译居多，其他文体的难觅踪迹。由于以往出版的翻译教材侧重于文学翻译内容，或较少关注应用翻译规律研究，则有必要对应用翻译的教材有个系统研究，于是一些大型出版社如上海外语教育出版社推出了"翻译专业本科生系列教材"和"外教社翻译硕士专业（MTI）系列教材"，外语教学与研究出版社也推出了"全国翻译硕士专业学位（MTI）系列教材"，及时满足了其教学的需要。总之，"应用翻译人才的需求与培养呼唤应用翻译教学与研究的与时俱进"（何刚强，2010:39）。然而，虽然如此，在应用翻译教学过程中，依然存在许多有待深入研究和探讨的地方，这些问题不是简单地出版几套教材或发表几篇文章所能解决。

5　结语

纵观统计分析，可知在全球一体化大背景下，应用翻译大有可为，"可以毫不夸张地说，应用翻译是人类目前翻译工作或翻译任务的主体（The bulk of translation），是翻译工作者的主战场"（何刚强，2010:37）。不过，里面值得研究的问题还很多，如"在非文学类的翻译中也有大量的'未定点'和'空白'需要处理，鉴于非文学作品的巨大实用价值，这一领域值得大力研究"（王大伟，2007:9）。笔者以为，这也是我们以后的研究指导方针。此外，笔者以为，还需加强应用翻译的其他方面的研究，如翻译发起者、译者、翻译过程、译本比较、译文接受，尤其要加强应用翻译研究成果的应用及其相关研究，具体包括两个方面：一方面是为以后的应用翻译研究提供指导，以免造成研究选题重复，研究难以深入；另一方面则要把研究成果应用于企业之中，为社会发展提供服务。

在当代，翻译与我们生活的密切关系日益凸显，罗进德（2009:Ⅷ）先生在为"刘宓庆翻译论著全集"所写的序言中说道："在信息时代和市场经济条件下，翻译行业的实务、翻译教学的内容和方法，翻译理论关注的热点都在发展变化。比如，翻译的应用研究、非文学翻译的理论问题、翻译服务行业的组织管理问题等等，都在从职业生活现场渐次进入理论研究的视野，并产生着创新性的成果。较之以古典文学为主轴的传统翻译理论，这些新作富有生气，更加贴近翻译的现实。生活气息浓厚的现场感，加上机敏的理论思考，一扫沉闷乏味的老生常谈和不知所云的食洋不化，带来一股清新风气。"罗先生的这席话就凸显了应用翻译的重要性。总之,本文虽以《上海翻译》这八年来的语料为研究对象,但对整个翻译研究具有积极的借鉴意义,权当抛砖引玉。

注释

①我国三大翻译核心期刊《中国翻译》《中国科技翻译》《上海翻译》都刊发应用翻译研究的相关成果,能及时体现翻译界的最新研究动态,可谓是我国翻译研究的缩影。《上海翻译》秉承了原《上海科技翻译》的办刊宗旨之一,亦即推动应用(文)翻译的全面发展,更旗帜鲜明地呼应译界来关注应用翻译。本研究以《上海翻译》2003—2010 年的 32 期为研究对象。

②笔者在中国知网(CNKI)上对相关作者进行过检索,发现多数作者在别的期刊上也未见发表同一主题的研究文章。

(原载于《上海翻译》2011 年第 2 期,略有改动,参考文献略)

参考文献

包惠南. 文化语境与语言翻译[M]. 北京：中国对外翻译出版公司,2003.

鲍德旺. 论科技翻译的美学取向[J]. 中国科技翻译,2006(3):1-3.

蔡力坚,王瑞. 论英语隐喻的汉译[J]. 中国翻译,1986(6):12-15.

曹建新. 浅论翻译批评[J]. 外语教学,1994(3):54-58.

陈芳蓉. 中国非物质文化遗产英译的难点与对策[J]. 中国科技翻译,2011(2):41-44.

陈刚. 旅游翻译与涉外导游[M]. 上海：上海外语教育出版社,2004.

陈刚. 旅游英汉互译教程[M]. 上海：上海外语教育出版社,2009.

陈海庆. 谋篇布局——英汉篇章互译技巧[M]. 大连：大连理工大学出版社,2009.

陈建平,等. 应用翻译研究[M]. 苏州：苏州大学出版社,2013.

陈锦阳. 公示语翻译的"三维"转换——以横店影视城为例[J]. 上海翻译,2016(1):
    38-42.

陈明瑶. 论等值标准与新闻导语翻译[J]. 上海科技翻译,2001(2):11-14.

陈望道. 修辞学发凡[M]. 上海：复旦大学出版社,2008.

陈小慰. 新编实用翻译教程[M]. 北京：经济科学出版社,2006.

陈小慰. 语言·功能·翻译——汉英理论与实践[M]. 福州：福建教育出版社,1998.

陈孝静. 英文广告仿拟翻译[J]. 云南农业大学学报(社会科学版),2009(4):89-94.

陈治安,文旭. 模糊语言学概论[M]. 重庆：西南师范大学出版社,1997.

陈治业. 科技翻译过程中的修辞意识与方法[J]. 外语教学,1996(3):43-47.

程同春. 模糊限制语在科技英语中的运用与翻译[J]. 中国科技翻译,2002(4):8-12.

戴炜华. 科技英语的文体、修辞和语言特点[J]. 上海科技翻译,1986(3):4-10.

丁国旗,范武邱,毛荣贵. 汉英翻译过程中模糊美感的磨蚀——兼谈对中国角逐诺贝
    尔文学奖的启示[J]. 外语与外语教学,2005(10):40-44.

丁衡祁. 努力完善城市公示语　逐步确定参照性译文[J]. 中国翻译,2006(6):42-46.

丁金国. 汉英对比的理论与实践[J]. 烟台大学学报(哲学社会科学版),1996(1):

78 - 86.

丁金国. 语言研究中的方法论原则[J]. 烟台大学学报(哲学社会科学版),2001(1): 111 - 120.

窦卫霖等. 中国社会文化新词英译及其接受效果研究[M]. 上海:华东师范大学出版社,2021.

端木义万. 英语报刊标题的功能及语言特色[J]. 外语研究,2001(2):46 - 50.

段连城. 呼吁:译界同仁都来关心对外宣传[J]. 中国翻译,1990(5):2 - 10.

段于兰,覃成强. 英汉科普文本的功能差异及翻译策略——功能翻译理论对科普文本翻译的启示[J]. 外语教学,2011(1):104 - 107.

范家材. 英语修辞赏析[M]. 上海:上海交通大学出版社,2003.

范祥涛,刘全福. 论翻译选择的目的性[J]. 中国翻译,2002(6):25 - 28.

范祖民. 实用英语修辞[M]. 北京:科学出版社,2010.

方梦之,范武邱. 科技英语翻译教程[M]. 上海:上海外语教育出版社,2008.

方梦之,毛忠明. 英汉-汉英应用翻译教程[M]. 上海:上海外语教育出版社,2005.

方梦之. 达旨·循规·共喻——应用翻译三原则[A]. 黄勇民. 翻译教学与研究(第一辑)[C]. 上海:复旦大学出版社,2010:1 - 8.

方梦之. 近半世纪我国科技翻译研究的回顾与评述[J]. 上海科技翻译,2002(3): 1 - 4.

方梦之. 我国的应用翻译:定位与学术研究——2003 全国应用翻译研讨会侧记[J]. 中国翻译,2003(6):47 - 49.

方梦之. 应用翻译研究:原理、策略与技巧(修订版)[M]. 上海:上海外语教育出版社,2019.

方梦之. 应用翻译研究:原理、策略与技巧[M]. 上海:上海外语教育出版社,2013.

方梦之. 英语科技文体:范式与翻译[M]. 北京:国防工业出版社,2011a.

方梦之. 中国译学大辞典[Z]. 上海:上海外语教育出版社,2011b.

方群. 应用翻译研究二十年(2000—2019)——基于 17 种外语类核心期刊的统计分析[J]. 上海翻译,2020(1):62 - 67.

冯庆华,陈科芳. 汉英翻译基础教程[M]. 北京:高等教育出版社,2009.

冯展极,鞠晶. 从顺应论的角度看英语新闻导语中的语用移情[J]. 徐州师范大学学报(哲学社会科学版),2010(2):63 - 66.

傅敬民,王一鸣. 我国应用翻译批评话语:继承与发扬[J]. 上海翻译,2017(6):1 - 6, 26.

傅敬民,喻旭东. 大变局时代中国特色应用翻译研究:现状与趋势[J]. 上海大学学报

（社会科学版），2021（4）：128－140.

傅敬民. 试论翻译研究中理论关照［J］. 外语与外语教学，2002（9）：44－46.

傅敬民. 我国应用翻译研究：成就与问题［J］. 语言教育，2019a（4）：36－41.

傅敬民. 我国应用翻译研究：回顾与反思［J］. 上海大学学报（社会科学版），2019b（5）：
94－104.

高巍，范波.科技英语翻译教学再思考：理论、途径和方法［J］. 外语电化教学，2020
（5）：65－71.

龚芬. 翻译引论［M］. 北京：高等教育出版社，2011.

郭富强. 试析科技英语中修辞格的运用及译法［J］. 苏州铁道师范学院学报（社会科学
版），2000（2）：89－93.

郭富强. 英汉翻译理论与实践［M］. 北京：机械工业出版社，2007.

郭建中. 实用性文章的翻译（上）［J］. 上海科技翻译，2001（3）：14－20.

韩子满. 应用翻译：实践与理论研究［J］. 中国科技翻译，2005（4）：48－51，61.

何刚强. 简谈单位对外宣传材料英译之策略——以复旦大学百年校庆的几篇文字材
料为例［J］. 上海翻译，2007（1）：20－22.

何恒幸. 标题翻译的三种方法［J］. 天津外国语学院学报，2003（5）：7－11.

何昆莉. 目的论下英语新闻导语翻译的应用研究［J］. 山西大同大学学报（社会科学
版），2017（2）：91－94.

何晓娃. 科技翻译的美学意识与美学修养［J］. 上海科技翻译，1995（4）：12－13.

贺学耘. 汉英公示语翻译的现状及其交际翻译策略［J］. 外语与外语教学，2006（3）：
57－59.

洪明. 论接受美学与旅游外宣广告翻译中的读者关照［J］. 外语与外语教学，2006（8）：
56－59，65.

侯维瑞. 英语语体［M］. 上海：上海外语教育出版社，1998.

胡富茂，宋江文，王文静.多模态旅游翻译语料库建设与应用研究［J］. 上海翻译，2022
（5）：26－31.

胡庚申. 从术语看译论——翻译适应选择论概观［J］. 上海翻译，2008（2）：1－5.

胡庚申. 翻译适应选择论［M］. 武汉：湖北教育出版社，2004.

胡剑波，唐忠顺. 试论仿拟的心理基础［J］. 四川外语学院学报，2002（4）：89－91.

胡六月. 方言英译原则初探——以绍兴方言为例［J］. 浙江外国语学院学报，2014（3）：
82－87.

胡社考，刘艳敏. 英语报刊标题翻译中的文化差异及处理策略［J］. 中国出版，2010
（10）：25－27.

华光耀. 论修辞手法在新闻导语中的运用[J]. 江西教育学院学报,1994(2):74 - 77.

黄丽芳. 修辞学要不要研究消极修辞[J]. 曲靖师专学报,1994(3):32 - 35.

黄民裕. 辞格汇编[M]. 长沙:湖南人民出版社,1984.

黄任. 英语修辞与写作[M]. 上海:上海外语教育出版社,1996.

黄焰结. 地震新闻标题的翻译[J]. 中国科技翻译,2009(1):5 - 9,27.

黄焰结. 足球新闻标题赏析与翻译[J]. 中国科技翻译,2007(2):55 - 59.

黄友义. 发展中国翻译事业 更好地为对外开放服务[J]. 求是,2008(10):57 - 59.

黄友义. 坚持"外宣三贴近"原则,处理好外宣翻译中的难点问题[J]. 中国翻译,2004
(6):27 - 28.

黄友义. 适应新变化,迎接新挑战——在翻译与跨文化研究新视野国际学术研讨会上
的讲话[J]. 燕山大学学报(哲学社会科学版),2014(3):63 - 66.

黄忠廉,方梦之,李亚舒,等. 应用翻译学[M]. 北京:国防工业出版社,2013.

黄忠廉,朱灵慧. "应用翻译学"重构及其文库构想[J]. 上海翻译,2017(3):10 - 14.

黄忠廉. 变译理论[M]. 北京:中国对外翻译出版公司,2002.

黄忠廉. 翻译变体研究[M]. 北京:中国对外翻译出版公司,2000.

贾文波. 从汉、英景物描写看民族审美差异——从一段旅游景介英译文看所想到的//
杨自检.英汉语比较与翻译[C]. 上海:上海外语教育出版社,2000:230 - 241.

贾文波. 旅游翻译不可忽视民族审美差异[J]. 上海科技翻译,2003(1):20 - 22.

贾文波. 应用翻译功能论[M]. 北京:中国对外翻译出版公司,2004.

贾文波. 原作意图与翻译策略[J]. 中国翻译,2002(4):30 - 33.

姜智慧. 从异化视角看民俗文化的传播——浙江省民俗文化翻译研究[J]. 中国科技
翻译,2010(2):48 - 51.

蒋好书. 对外文化翻译与交流的五个层次[J]. 中国翻译,2014(3):13 - 16.

焦一强. 从思维方式的差异看汉俄语言的表达与翻译[J]. 西安外国语学院学报,2001
(1):36 - 39.

金其斌. 英汉语新词研究与翻译[M]. 武汉:武汉大学出版社,2012.

黎千驹. 模糊语义学导论[M]. 北京:社会科学文献出版社,2007.

黎千驹. 实用模糊语言学[M]. 桂林:广西师范大学出版社,1996.

黎信. 英语对外新闻报道指南[M]. 北京:外文出版社,2009.

李国英. 英语应用文体翻译的美学思考[J]. 山西广播电视大学学报,2005(3):72 -
73.

李红琴. 谈英汉广告中的仿拟现象[J]. 北京航空航天大学学报(社会科学版),2006
(2):54 - 57.

李田心. 钱钟书为翻译学定位[J]. 韩山师范学院学报,2003(1):69－73.

李欣. 外宣翻译中的"译前处理"——天津电视台国际部《中国·天津》的个案分析[J]. 上海科技翻译,2001(1):18－22.

李亚舒,黄忠廉. 国际新闻翻译素养管窥//刘洪潮. 怎样做新闻翻译[M]. 北京:中国传媒大学出版社,2005:227－240.

林本椿. 漫谈汉英实用翻译[J]. 福建外语,1997(1):58－63.

林本椿. 应该重视非文学翻译研究和人才培养[J]. 上海科技翻译,2000(2):34－37.

林继红. 对外宣传语英译的等效观及语用策略[J]. 福建医科大学学报(社会科学版),2006(4):67－70.

林克难,籍明文. 应用英语翻译呼唤理论指导[J]. 上海科技翻译,2003(3):10－12.

林戊荪. 专业化、信息化、网络化及翻译理论——写在 2003 全国应用翻译研讨会召开之前[J]. 上海科技翻译,2003(3):1.

林晓琴. 功能理论在旅游宣传材料汉英翻译中的运用[J]. 福建师范大学学报(哲学社会科学版),2006(2):135－140.

林一樵,范武邱. 英语,你美在哪里(Ⅲ)？[J]. 科技英语学习,2004(3):41－49.

林语堂. 林语堂名著全集·第十八卷(拾遗集下)[M]. 长春:东北师范大学出版社,1994.

刘金龙. 汉语报刊超 IN 新词英译例话[M]. 北京:国防工业出版社,2010.

刘金龙. 基于翻译适应选择论视角的地方特色文化外译原则[J]. 池州学院学报,2017(1):6－10.

刘金龙. 叩问翻译之门,探寻内部规律——龚光明《翻译思维学》评介[J]. 中国翻译,2006(1):47－50.

刘金龙. 文本类型、翻译策略与应用翻译研究——以旅游宣传资料英译为例[J]. 长江大学学报(社会科学版),2007(4):109－112.

刘金龙. 英语新闻标题中的修辞格及其翻译[J]. 中国科技翻译,2011(2):45－49.

刘丽芬,黄忠廉. 变译研究:时代的召唤[J].中国科技翻译,1999(4):27－30.

刘宓庆. 翻译理论研究展望[J]. 中国翻译,1996(6):2－7.

刘宓庆. 文体与翻译[M]. 北京:中译出版社,2020.

刘其中. 汉英新闻编译[M]. 北京:清华大学出版社,2009.

刘维静. 医学英语文献中的模糊限制语及其翻译[J]. 长沙铁道学院学报(社会科学版),2014(1):154－156.

刘祥清. 音译的历史、现状及其评价[J]. 中国科技翻译,2008(2):38－41,32.

刘祥清. 音译与可译性限度的消解[J]. 中国科技翻译,2010(2):38－41,60.

刘秀芝,李红霞. 北京世界文化遗产人文景观介绍翻译研究[M]. 北京:光明日报出版社,2008.

卢小军. 国家形象与外宣翻译策略研究[M]. 北京:外语教学与研究出版社,2015.

鲁苓. 多元视域中的模糊语言学[M]. 北京:社会科学文献出版社,2010.

陆国飞. 旅游景点汉语介绍英译的功能观[J]. 外语教学,2006(5):78-81.

陆士杰. 从 Deafening Silence 说开去[J]. 科技英语学习,2000(1):41-43.

吕和发,李巍. 应用创意翻译研究[M]. 北京:国防工业出版社,2014.

吕俊. 翻译理论的功能——兼析否认理论的倾向[J]. 上海科技翻译,2003(1):3-4.

吕叔湘.我对于"修辞"的看法//中国修辞学会编.修辞和修辞教学[C].上海:上海教育出版社,1985:1-2.

吕煦. 实用英语修辞[M]. 北京:清华大学出版社,2004.

马艺,马勇. 文化视角下川剧英译策略研究初探——以川剧《滚灯》为例[J]. 四川戏剧,2013(7):64-67.

毛荣贵,范武邱. 语言模糊性与翻译[J]. 上海翻译,2005(1):11-15.

毛荣贵. 翻译美学[M]. 上海:上海交通大学出版社,2005.

毛荣贵. 新世纪大学英汉翻译教程[M]. 上海:上海交通大学出版社,2006.

毛荣贵. 英译汉技巧新编[M]. 北京:外文出版社,2001.

苗东升. 模糊学导引[M]. 北京:中国人民大学出版社,1987.

莫爱屏,黄祥,官雪梅. 岭南旅游翻译文本中文化身份构建的语言景观视角[J]. 外语与翻译,2020(3):33-39.

穆雷,仲伟合. 二〇〇一年中国译坛综述[J]. 中国翻译,2002(2):71-74.

钱钟书. 管锥编[M]. 北京:中华书局,1986.

秦云. 民航科技英语中的模糊现象及翻译[J]. 广西教育学院学报,2010(6):98-101.

邱懋如. 文化及其翻译[J]. 外国语,1998(2):19-22.

邵斌. 漫话英语时尚新词[M]. 大连:大连理工大学出版社,2006.

邵斌. 透过新词看文化——英语时尚超 IN 词[M]. 杭州:浙江大学出版社,2008.

邵璐. 翻译学视角下的语言模糊性研究[J]. 中国外语,2007(3):72-76.

邵璐. 论翻译的模糊法则[J]. 外国语,2008(3):84-91.

邵璐. 文学中的模糊语言与翻译——以《达·芬奇密码》中英文本比较研究为例[M]. 北京:商务印书馆,2011.

申小龙. 中国语言的结构与人文精神[M]. 北京:光明日报出版社,1988.

沈谦. 修辞格专题研究的新猷:评《仿拟研究》[J]. 修辞学习,2004(1):74-75.

石春让. 基于需求层次理论的大学生用英语表达中国特色文化的培养方略研究[J].

　　昌吉学院学报,2016(2):60-65.

舒也.本体论的价值之维[J].浙江社会科学,2006(3):125-132.

司显柱.对外新闻翻译与国家形象建构[J].解放军外国语学院学报,2020(5):118-
　　127.

孙然.广告英语中的模糊语言及其汉译策略[J].山东外语教学,2010(6):76-81.

谭永祥.汉语修辞美学[M].北京:北京语言学院出版社,1992.

谭载喜.奈达论翻译[M].北京:中国对外翻译出版公司,1985.

谭载喜.新编奈达论翻译[M].北京:中国对外翻译出版公司,1999.

唐艳芳.浅论仿拟辞格的英汉互译[J].浙江师范大学学报(社会科学版),2009(1):
　　117-120.

田传茂,许明武.报刊科技英语的积极修辞及其翻译[J].中国科技翻译,2001(1):
　　26-29.

田玲.翻译美学视野下科技英语翻译的美学取向[J].安徽农业科学,2010(35)
　　20505-20506,20508.

田亚亚,孙雪娥.生态翻译学对非物质文化遗产翻译的启示——陕西省非物质文化遗
　　产翻译研究[J].渭南师范学院学报,2016(10):55-60.

汪宝荣.异语的体验:鲁迅小说中绍兴地域文化英译传播研究[M].杭州:浙江大学出
　　版社,2015.

王传英,孔新柯.我国应用翻译研究可视化分析(1979—2020)[J].西安外国语大学学
　　报,2021(1):73-77.

王辞,韩征顺,许明武.科技英语文体中术语翻译的模糊处理原则[J].中国科技术语,
　　2008(5):43-46.

王方路.国内实用文体翻译研究综述[J].西安外国语学院学报,2006(1):27-31.

王逢鑫.从"雷人"到"达人"100个网络热词汉译英[M].北京:北京大学出版社,2012.

王宏印.中国传统译论经典诠释——从道安到傅雷[M].武汉:湖北教育出版社,
　　2003.

王瑞玲.新闻标题翻译的"信达雅"原则[J].中国科技翻译,2007(2):49-51.

王卫平,潘丽蓉.英语科技文献的语言特点与翻译[M].上海:上海交通大学出版社,
　　2009.

王未.消极修辞和语法问题[J].毕节学院学报,2006(3):5-7.

王小凤.文化语境顺应与文学翻译批评[J].外语与外语教学,2004(8):41-44.

王银泉,钱叶萍,仇园园.跨文化传播语境下的外宣电视新闻导语译写策略[J].中国
　　翻译,2007(2):58-62,94.

王银泉. 实用汉英电视新闻翻译[M]. 武汉:武汉大学出版社,2009.

王振国,李艳琳. 新汉英翻译教程[M]. 北京:高等教育出版社,2014.

王振平. 科普翻译中的注释[J]. 科技英语学习,2006(6):57-59.

魏小璞. 法律英语的模糊现象及其翻译[J]. 西安外国语学院学报,2005(2):75-77.

魏新俊,李轶楠.新词,流行词,常用词翻译[M]. 南京:东南大学出版社,2014。

吴苌弘. 立法文本中模糊性语词的翻译原则[J]. 上海翻译,2014(3):24-28.

吴克炎. 中国非物质文化遗产的翻译与读者认同——以中国首部汉英双语版非物质文化遗产名录为例[J]. 漳州师范学院学报(哲学社会科学版),2011(2):133-139.

吴克炎. 追求雅韵,同归殊途——英汉消极修辞"求雅"途径辨析[J]. 重庆邮电大学学报(社会科学版),2010(2):67-71.

吴义诚. 翻译研究的几个问题[J]. 中国翻译,1997(2):2-6.

伍铁平. 模糊语言学[M]. 上海:上海外语教育出版社,1999.

肖云枢. 法律英语模糊词语的运用与翻译[J]. 中国科技翻译,2001(1):5-8.

谢天振,等. 中西翻译简史[M]. 北京:外语教学与研究出版社,2010.

熊兵. 翻译研究中的概念混淆——以"翻译策略"、"翻译方法"和"翻译技巧"为例[J]. 中国翻译,2014(3):82-88.

徐昌和. 英语新词新语导论[M]. 上海:上海交通大学出版社,2009.

徐国珍. 仿拟研究[M]. 南昌:江西人民出版社,2003.

徐国珍. 论仿拟辞格接受的心理机制[J]. 陕西师范大学学报(哲学社会科学版),1997(4):157-162.

徐敏. 关于英语新闻标题翻译的思考[J]. 新闻世界,2009(12):51-53.

许静. 这个词原来这样说[M]. 上海:上海外语教育出版社,2009.

许敏,王军平. 中国非物质文化遗产文化概念的英译研究[J]. 西安外国语大学学报,2016(2):108-112.

许明武. 中国国家级风景名胜区外宣语翻译研究[M]. 武汉:武汉大学出版社,2019.

许明武. 新闻英语与翻译[M]. 北京:中国对外翻译出版公司,2006.

杨才元,吴彩亚. 英汉仿拟格的语用比较[J]. 苏州大学学报(哲学社会科学版),2002(3):87-90.

杨根培. 科技英语文章标题翻译中的"信达雅"[J]. 湖南社会科学,2008(4):139-141.

杨劲松,曾文雄. 旅游翻译中的修辞偏离操作及其顺应性美学传真[J]. 上海翻译,2008(4):37-40.

杨昆.《傲慢与偏见》中模糊语言翻译策略的实证研究[J]. 湖南工业大学学报(社会科

学版),2016(4):107-111.

阳琼.入境旅游翻译服务立体三螺旋协同创新模式[J].语言与翻译,2021(4):56-60.

杨寿康.论科技英语的美感及其在翻译中的体现[J].上海科技翻译,2004(3):15-18.

杨永刚.从功能语境视角看"非遗"旅游外宣的翻译——以扬州非物质文化旅游外宣汉英翻译为例[J].福建工程学院学报,2014(5):459-463.

姚殿芳,潘兆明.实用汉语修辞[M].北京:北京大学出版社,1987.

游兆和.对哲学基本问题与哲学本真精神的探讨[J].教学与研究,2006(7):68-73.

于建平.对科技英语语篇中若干模糊语义现象的剖析与翻译[J].中国翻译,2003(6):64-67.

余富斌.模糊语言与翻译[J].外语与外语教学,2000(10):49-52.

虞建华.文学作品标题的翻译:特征与误区[J].外国语,2008(1):68-74.

喻珊.多元化视角的现代应用翻译理论研究与实践[M].北京:中国水利水电出版社,2018.

曾利沙.从对外宣传翻译原则范畴化看语用翻译系统理论建构[J].外语与外语教学,2007(7):44-46.

曾利沙.对《2002年中国的国防》(白皮书)英译文评析——兼论对外宣传翻译"经济简明原则"[J].广东外语外贸大学学报,2005(2):5-9,16.

曾利沙.论翻译理论的多重属性——兼论译学理论研究的系统观与辩证观[J].中国科技翻译,2003(4):1-6.

曾庆茂.英语修辞鉴赏与写作[M].上海:同济大学出版社,2007.

张沉香.功能目的理论与应用翻译研究[M].长沙:湖南师范大学出版社,2008.

张光明.英汉互译思维概论[M].北京:外语教学与研究出版社,2001.

张国敬.非文学文体解析与翻译——以功能文体学为理论视角[M].天津:南开大学出版社,2017.

张红.汉英科技翻译的修辞问题[J].武汉科技学院学报,2001(2):76-79,84.

张红深.英语模糊语法学[M].武汉:武汉大学出版社,2010.

张基珮.外宣英译的原文要适当删减[J].上海科技翻译,2001(3):21-24.

张健.报刊新词英译词典[M].上海:上海科技教育出版社,2001.

张健.报刊英语研究[M].上海:上海外语教育出版社,2007.

张健.传媒新词英译研究[M].上海:上海外语教育出版社,2012.

张健.新闻英语文体与范文评析[M].上海:上海外语教育出版社,2006.

张景华.广告翻译的目的论[J].湘潭工学院学报(社会科学版),2003(3):64-67.

张俊. 科技新闻英语的修辞技法及应用初探[J]. 外语电化教学,2007(5):70-75.

张梅. 医学英语中模糊语的功能与翻译[J]. 中国科技翻译,2004(2):5-8.

张梅岗,余菁,李玮星. 科技英语修辞[M]. 北京:国防工业出版社,2008.

张乔. 模糊语义学[M]. 北京:中国社会科学出版社,1998.

张瑞嵘. 法律英语中的模糊语言及其翻译策略研究[J]. 理论月刊,2013(12):105-
    108.

张莛敏. 翻译教学中实用翻译对策浅议[J]. 昆明理工大学学报(社会科学版),2003
    (4):97-100.

张燕峰. 报纸新闻标题常用的修辞手法举例[J].牡丹江大学学报,2008(2):42-44.

张莹华. 探析广告英语中模糊语言的语用功能及翻译[J]. 吉林工程技术师范学院学
    报,2016(4):75-77.

张钰瑜. 语义翻译与交际翻译在新闻标题翻译中的应用——以 China Daily 新闻标题翻
    译为例[J]. 佛山科学技术学院学报(社会科学版),2007(6):13-17.

张允,朱章华. 译者与翻译策略的选择[J]. 中国科技翻译,2005(2):6-8,52.

赵红霞.英汉财经新闻翻译研究[M]. 北京:中国财政经济出版社,2021.

赵艳芳. 认知语言学概论[M].上海:上海外语教育出版社,2006.

郑秋芳. 应用文翻译的功能主义标准[J]. 北京第二外国语学院学报,2004(2):43-
    45,55.

周锰珍,曾利沙. 论关联性信息与价值[J]. 中国科技翻译,2006(2):23-26,35.

周晔,孙致礼. 书名、篇名的翻译[J]. 上海翻译,2009(4):30-33.

朱敏杰,朱薇. 生态翻译学视阈下的民族地区旅游景点公示语翻译[J]. 贵州民族研
    究,2016(1):124-127.

朱燕. 关联理论与文体翻译研究[M]. 长沙:国防科技大学出版社,2007.

朱一飞,汪涵昌. 中国文化胜迹故事[M]. 孙骊,巫漪云,译. 上海:上海外语教育出版
    社,1999.

朱益平. 论旅游翻译中文化差异的处理[J]. 西北大学学报(哲学社会科学版),2005
    (3):159-164.

祝朝伟,李萍. 文本类型理论与诗歌翻译[J]. 天津外国语学院学报,2002(3):6-11.

Holmes, J. The Nature and Nature of Translation Studies//Venuti, L. *The
    Translation Studies Reader* [C]. London and New York: Routledge, 2000: 172-
    185.

Nord, Christiane. *Translating As a Purposeful Activity-Functionalist Approaches
    Explained* [M]. Shanghai: Shanghai Foreign Language Education Press, 2001.

索 引